startup.WR

Wirtschaft und Recht
für die Realschule in Bayern, 9 I/III

Bearbeitet von

Jonas Lehn
Fabian Melzer
Gerhard Pfeil
Manuela Röhrle
Regina Skala
Tobias Tyll
Carina Vogl

unter Beratung von

Birgit Bezold

C.C.BUCHNER

startup.WR Realschule Bayern

Wirtschaft und Recht
Band 9 I/III

Bearbeitet von Jonas Lehn, Fabian Melzer, Gerhard Pfeil, Manuela Röhrle, Regina Skala, Tobias Tyll und Carina Vogl
unter Beratung von Birgit Bezold

Zu diesem Lehrwerk sind erhältlich:

- Digitales Lehrermaterial **click & teach** Einzellizenz, Bestell-Nr. 822181
- Digitales Lehrermaterial **click & teach** Box (Karte mit Freischaltcode), ISBN 978-3-661-82218-1

Weitere Materialien finden Sie unter www.ccbuchner.de.

Dieser Titel ist auch als digitale Ausgabe **click & study** unter www.ccbuchner.de erhältlich.

Die Mediencodes enthalten zusätzliche Unterrichtsmaterialien, die der Verlag in eigener Verantwortung zur Verfügung stellt.

1. Auflage, 1. Druck 2021
Alle Drucke dieser Auflage sind, weil untereinander unverändert, nebeneinander benutzbar.

Dieses Werk folgt der reformierten Rechtschreibung und Zeichensetzung. Ausnahmen bilden Texte, bei denen künstlerische, philologische oder lizenzrechtliche Gründe einer Änderung entgegenstehen.

An keiner Stelle im Schülerbuch dürfen Eintragungen vorgenommen werden.

Redaktion: Katharina Nieratschker, Anja Vothknecht
Layout und Satz: tiff.any GmbH, Berlin
Illustrationen: tiff.any GmbH, Berlin
Druck und Bindung: mgo360 GmbH & Co.KG, Bamberg

www.ccbuchner.de

ISBN 978-3-661-82213-6

VORWORT

Liebe Schülerinnen und Schüler,

das Fach Wirtschaft und Recht (WR) ist ab diesem Schuljahr neu für euch. Ihr könnt gespannt sein, mit welchen Themen und Fragen ihr euch in diesem Fach beschäftigen werdet.

Zunächst lernt ihr mehr über euch selbst und eure Fähigkeiten. Das Kapitel zur Berufswahlorientierung hilft euch dabei, euch auf die Ausbildungsplatzsuche vorzubereiten. Dort bekommt ihr außerdem handfeste Tipps, wie ihr im Bewerbungsprozess professionell und selbstsicher auftreten könnt. Habt ihr euren Traumjob dann erst mal gefunden, seid ihr als Arbeitnehmer in ein Netz aus Rechten und Pflichten eingebunden. Welche Rechte habe ich, was die Arbeitszeit und den Urlaubsanspruch betrifft? Wie kann ich meine Interessen gegenüber dem Arbeitgeber vermitteln?

In diesem Fach lernt ihr außerdem, wie wirtschaftliche und rechtliche Fragen euch persönlich in eurem Alltag betreffen. Wie entstehen Preise und wie könnt ihr euer Geld ökonomisch sinnvoll einsetzen? Wo bekomme ich Informationen zu Produkten und was beeinflusst meine Kaufentscheidung? Gleichzeitig schaut ihr aber auch über den Tellerrand hinaus und erfahrt, wie unser Wirtschaftssystem insgesamt organisiert ist. Wer unterstützt mich, wenn ich unverschuldet in Not gerate und nicht mehr arbeiten kann? Was leistet der Staat für mich?

Im Fachbereich Recht lernt ihr eure Rechte und Pflichten als Jugendliche kennen. Wann gehört euch eine Sache rechtlich und was passiert, wenn es bei Kaufgeschäften zu Problemen kommt? Dieser Fachbereich hilft euch, ein Verständnis für Rechtsprobleme in eurem Alltag zu entwickeln und vermittelt euch, wie ihr mit Gesetzestexten arbeiten könnt. In spannenden Fällen aus dem Strafrechtsbereich erfahrt ihr mehr über gesetzliche Regelungen bei rechtswidrigen Taten. Wann ist eine Tat strafbar und wie unterscheidet sich das von einer Ordnungswidrigkeit? Welche straf- und zivilrechtlichen Folgen kann eine Tat haben?

Wir haben mit vielen realitätsnahen Beispielen und kleinschrittigen Aufgaben ein Schulbuch entwickelt, das euch beim Lernen motivieren soll. Mit diesem Buch lernt ihr viele Dinge, die ihr auch in eurem Alltag wieder anwenden könnt.

Viel Spaß wünschen
das Autorenteam und der Verlag

Doppelauftaktseiten

Jedes Kapitel beginnt mit einer **Doppelauftaktseite**. Material und offene Aufgaben ermöglichen euch eine erste Annäherung an die Inhalte des neuen Kapitels. Dabei könnt ihr auch zeigen, was ihr schon über das neue Thema wisst.

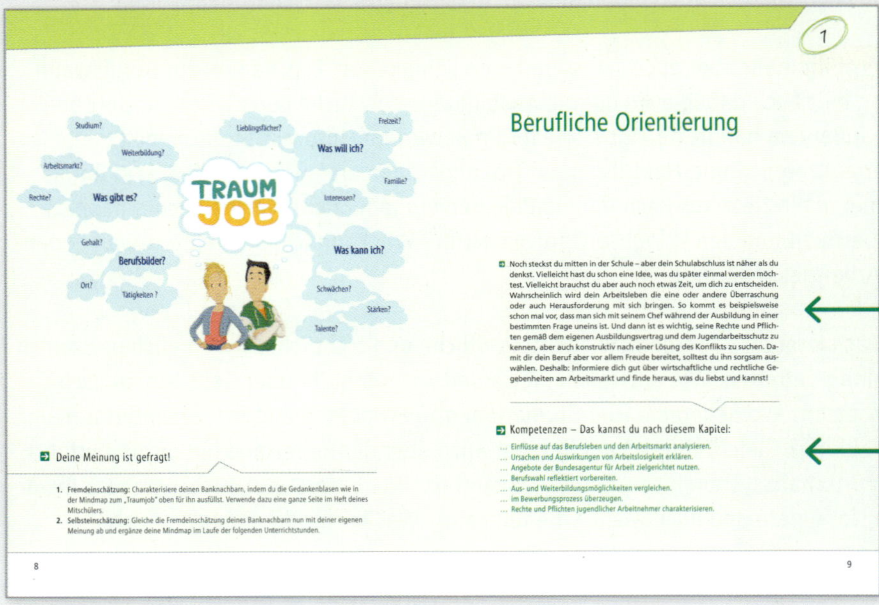

Außerdem hilft euch ein kleiner **Einführungstext**, einen Überblick zu bekommen.

Über welches **Wissen und Können** ihr am Ende des Kapitels verfügt, könnt ihr ebenfalls nachlesen.

Basisseiten

In dem **Kasten** erfahrt ihr, was ihr auf der Seite alles lernt. Der kurze Einleitungstext zeigt euch, was diese Inhalte mit eurem Alltag zu tun haben.
Anhand von realistischen Fallbeispielen werdet ihr an wirtschaftliche und rechtliche Themen herangeführt. Sie ermöglichen euch, das Gelernte auf eure eigenen Erfahrungen zu übertragen.

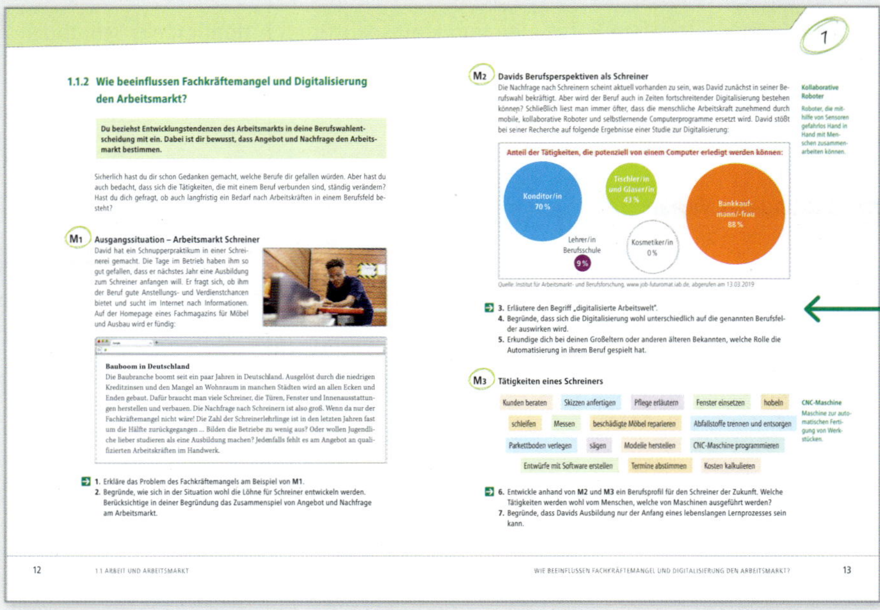

Kleinschrittige Aufgaben ermöglichen euch, die Vorgehensweise zur Lösung der Fälle selbstständig zu erarbeiten.

Methode

Ins Kapitel eingebunden sind speziell hervorgehobene Sonderseiten, mit denen ihr euch methodisches Rüstzeug aneignet.

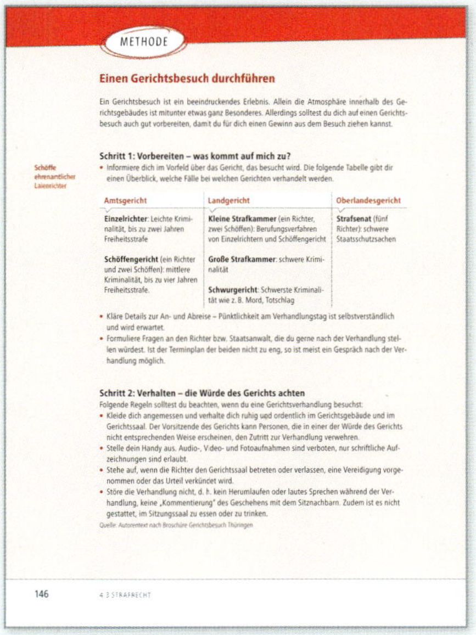

Fachwissen

Das Fachwissen des gesamten Kapitels wird am Ende des Kapitels übersichtlich zusammengefasst und ergänzt. Hier könnt ihr zur Vorbereitung oder Nacharbeit das Wichtigste nachlesen.

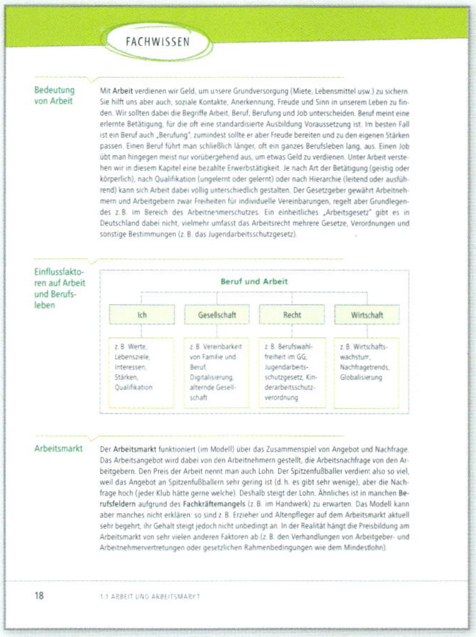

Kompetenzcheck

Der Kompetenzcheck bildet den Abschluss des Kapitels. Hier könnt ihr euch selbst überprüfen und zeigen, ob ihr die erlernten Kompetenzen in einer konkreten Situation sinnvoll anwenden könnt.

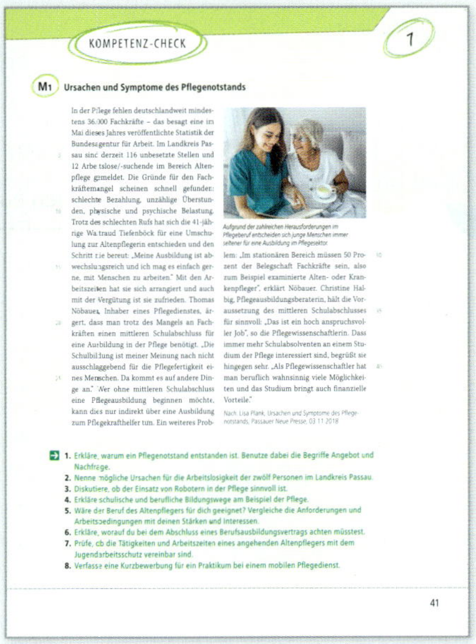

Anhang

Alle Gesetzestexte, die ihr zur Arbeit mit diesem Buch braucht, findet ihr im Anhang ab S. 162 abgedruckt. Ihr findet dort auch die Erläuterungen zu den **Operatoren**, damit ihr genau wisst, was von euch erwartet wird.

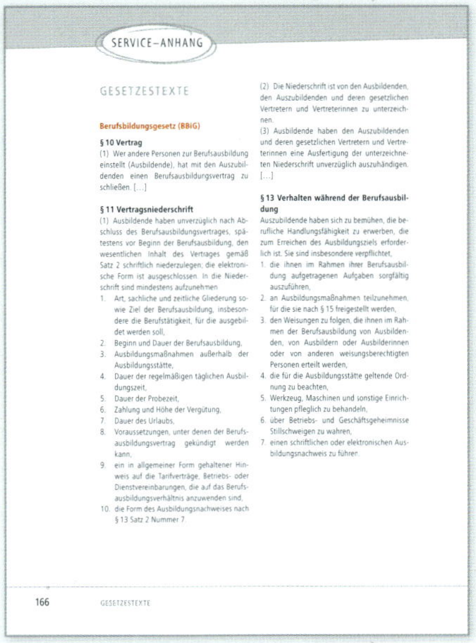

INHALTSVERZEICHNIS

Mediencode: 82213-01

Über QR-Codes könnt ihr in verschiedenen Kapiteln Zusatzmaterialien direkt über das Smartphone ansteuern. Diese können außerdem über die Eingabe der Mediencodes im Suchfeld auf www.ccbuchner.de aufgerufen werden.

Deine Meinung ist gefragt!

1. **Fremdeinschätzung:** Charakterisiere deinen Banknachbarn, indem du die Gedankenblasen wie in der Mindmap zum „Traumjob" oben für ihn ausfüllst. Verwende dazu eine ganze Seite im Heft deines Mitschülers.
2. **Selbsteinschätzung:** Gleiche die Fremdeinschätzung deines Banknachbarn nun mit deiner eigenen Meinung ab und ergänze deine Mindmap im Laufe der folgenden Unterrichtstunden.

Berufliche Orientierung

Noch steckst du mitten in der Schule – aber dein Schulabschluss ist näher als du denkst. Vielleicht hast du schon eine Idee, was du später einmal werden möchtest. Vielleicht brauchst du aber auch noch etwas Zeit, um dich zu entscheiden. Wahrscheinlich wird dein Arbeitsleben die eine oder andere Überraschung oder auch Herausforderung mit sich bringen. So kommt es beispielsweise schon mal vor, dass man sich mit seinem Chef während der Ausbildung in einer bestimmten Frage uneins ist. Und dann ist es wichtig, seine Rechte und Pflichten gemäß dem eigenen Ausbildungsvertrag und dem Jugendarbeitsschutz zu kennen, aber auch konstruktiv nach einer Lösung des Konflikts zu suchen. Damit dir dein Beruf aber vor allem Freude bereitet, solltest du ihn sorgsam auswählen. Deshalb: Informiere dich gut über wirtschaftliche und rechtliche Gegebenheiten am Arbeitsmarkt und finde heraus, was du liebst und kannst!

Kompetenzen – Das kannst du nach diesem Kapitel:

... Einflüsse auf das Berufsleben und den Arbeitsmarkt analysieren.
... Ursachen und Auswirkungen von Arbeitslosigkeit erklären.
... Angebote der Bundesagentur für Arbeit zielgerichtet nutzen.
... Berufswahl reflektiert vorbereiten.
... Aus- und Weiterbildungsmöglichkeiten vergleichen.
... im Bewerbungsprozess überzeugen.
... Rechte und Pflichten jugendlicher Arbeitnehmer charakterisieren.

1.1 Arbeit und Arbeitsmarkt

1.1.1 Welche Bedeutung hat Arbeit?

Du analysierst konkrete Lebenssituationen hinsichtlich des Wertes von Arbeit. Dabei benennst du Arten, Motive sowie wesentliche gesetzliche Grundlagen von Arbeit.

Du bist umgeben von Menschen, die in die Arbeit gehen und überlegst vielleicht selbst, einen Schülerjob anzunehmen. Arbeit kann dabei ganz unterschiedlich aussehen und je nach Lebens situation eine andere Bedeutung für die Menschen haben. Weißt du, warum deine Eltern, Lehrer oder andere Erwachsene in deinem Umfeld gerne in die Arbeit gehen? Frag nach!

M1 Neben der Schule arbeiten?

Valentin ist auf eine Anzeige in der Lokalzeitung aufmerksam geworden: es werden Zeitungsausträger für wenige Stunden pro Woche gesucht. Nun überlegt er, ob er sein Taschengeld etwas aufbessern und sich für den Schülerjob bewerben soll.

1. Hilf Valentin bei seiner Entscheidung, indem du eine Pro-Kontra-Liste für die Entscheidung erstellst.

M2 9 Gründe, warum wir arbeiten

Valentin geht es hauptsächlich darum, sich zu seinem Taschengeld ein paar Euro dazuzuverdienen. Geld scheint aber nicht der einzige Grund zu sein, warum Menschen in die Arbeit gehen:

Gesellschaftliches Ansehen

Berufung ausleben

Freizeit als Ausgleich genießen

Geld verdienen

Karriere machen

Selbstwertgefühl steigern

Tag strukturieren

Talente einsetzen

Mit Kollegen zusammen sein

9 Gründe, warum wir arbeiten, Wirtschaftsforum Listicle 35/2018

2. Erstellt in der Klasse ein Diagramm, das zeigt, wie wichtig euch die einzelnen Arbeitsgründe sind.
3. Speeddating: Stellt euch in zwei Reihen auf, sodass euch jeweils ein Partner gegenübersteht. Tauscht euch zwei Minuten lang darüber aus, welche Gründe zu arbeiten für euch am wichtigsten sind und geht dann zum nächsten Geprächspartner weiter.
4. Diskutiert in der Klasse, ob folgende Aussage stimmt: *„Du bist, was du tust."*

M3 Werthaltungen zu Arbeit reflektieren

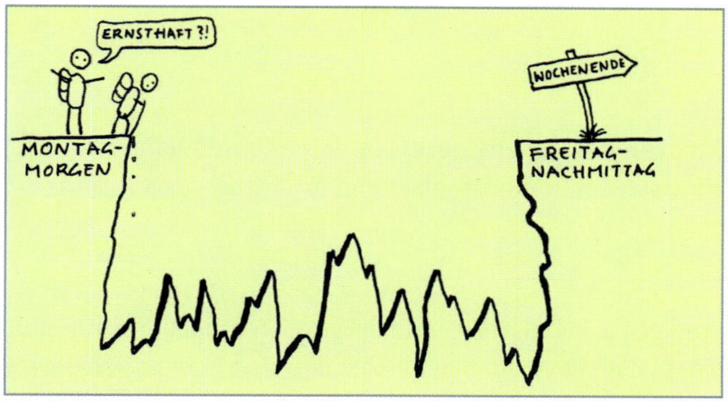

Karikatur: Chaz Hutton

5. Interpretiere die Aussage der Karikatur.
6. Vergleiche die in der Karikatur dargestellte Vorstellung von Arbeit mit deiner eigenen bzw. der deiner Familie.
7. **Arbeit ≠ Job ≠ Beruf!** Erkläre mögliche Unterschiede zwischen den drei Begriffen.

M4 Arbeiten was und wo ich will?

Valentin hat sich für den Nebenjob entschieden, muss nun aber seine Eltern überzeugen. Die meinen, dass er mit 13 Jahren noch viel zu jung für einen Job sei und sich besser auf die Schule konzentrieren solle.

§

§ 5 Jugendarbeitsschutzgesetz – Verbot der Beschäftigung von Kindern

Das Verbot gilt nicht im Rahmen des Betriebspraktikums während der Vollzeitschulpflicht, für die Beschäftigung von Kindern über 13 Jahre mit Einwilligung des Personensorgeberechtigten, soweit die Beschäftigung leicht und für Kinder geeignet ist. Die Kinder dürfen nicht mehr als zwei Stunden täglich und nicht zwischen 18 und 8 Uhr beschäftigt werden.

§ 2 Kinderarbeitsschutzverordnung – Zulässige Beschäftigungen (über 13 Jahre)

Austragen von Zeitungen, Tätigkeiten im Haushalt und Garten, Botengängen, Betreuung von Kindern, Nachhilfeunterricht, Tätigkeiten bei nichtgewerblichen Aktionen der Kirchen oder Vereine.

Artikel 12 Grundgesetz

(1) Alle Deutschen haben das Recht, Beruf, Arbeitsplatz und Ausbildungsstätte frei zu wählen.

Gemäß § 2 Jugendarbeitsschutzgesetz ist man bis 14 Jahre Kind, ab 15 und bis zum 18. Geburtstag Jugendlicher.

8. Erkläre anhand der Paragrafen, warum der Gesetzgeber die Arbeit von Kindern teils verbietet, teils erlaubt.
9. Begründe, warum der Gesetzgeber allen Deutschen in Artikel 12 GG Berufswahlfreiheit garantiert.

1.1.2 Wie beeinflussen Fachkräftemangel und Digitalisierung den Arbeitsmarkt?

Du beziehst Entwicklungstendenzen des Arbeitsmarkts in deine Berufswahlentscheidung mit ein. Dabei ist dir bewusst, dass Angebot und Nachfrage den Arbeitsmarkt bestimmen.

Sicherlich hast du dir schon Gedanken gemacht, welche Berufe dir gefallen würden. Aber hast du auch bedacht, dass sich die Tätigkeiten, die mit einem Beruf verbunden sind, ständig verändern? Hast du dich gefragt, ob auch langfristig ein Bedarf nach Arbeitskräften in einem Berufsfeld besteht?

M1 Ausgangssituation – Arbeitsmarkt Schreiner

David hat ein Schnupperpraktikum in einer Schreinerei gemacht. Die Tage im Betrieb haben ihm so gut gefallen, dass er nächstes Jahr eine Ausbildung zum Schreiner anfangen will. Er fragt sich, ob ihm der Beruf gute Anstellungs- und Verdienstchancen bietet und sucht im Internet nach Informationen. Auf der Homepage eines Fachmagazins für Möbel und Ausbau wird er fündig:

Google

Bauboom in Deutschland

Die Baubranche boomt seit ein paar Jahren in Deutschland. Ausgelöst durch die niedrigen Kreditzinsen und den Mangel an Wohnraum in manchen Städten wird an allen Ecken und Enden gebaut. Dafür braucht man viele Schreiner, die Türen, Fenster und Innenausstattungen herstellen und verbauen. Die Nachfrage nach Schreinern ist also groß. Wenn da nur der Fachkräftemangel nicht wäre! Die Zahl der Schreinerlehrlinge ist in den letzten Jahren fast um die Hälfte zurückgegangen ... Bilden die Betriebe zu wenig aus? Oder wollen Jugendliche lieber studieren als eine Ausbildung machen? Jedenfalls fehlt es am Angebot an qualifizierten Arbeitskräften im Handwerk.

1. Erkläre das Problem des Fachkräftemangels am Beispiel von **M1**.
2. Begründe, wie sich in der Situation wohl die Löhne für Schreiner entwickeln werden. Berücksichtige in deiner Begründung das Zusammenspiel von Angebot und Nachfrage am Arbeitsmarkt.

M2 Davids Berufsperspektiven als Schreiner

Die Nachfrage nach Schreinern scheint aktuell vorhanden zu sein, was David zunächst in seiner Berufswahl bekräftigt. Aber wird der Beruf auch in Zeiten fortschreitender Digitalisierung bestehen können? Schließlich liest man immer öfter, dass die menschliche Arbeitskraft zunehmend durch mobile, kollaborative Roboter und selbstlernende Computerprogramme ersetzt wird. David stößt bei seiner Recherche auf folgende Ergebnisse einer Studie zur Digitalisierung:

Kollaborative Roboter
Roboter, die mithilfe von Sensoren gefahrlos Hand in Hand mit Menschen zusammenarbeiten können.

Anteil der Tätigkeiten, die potenziell von einem Computer erledigt werden können:

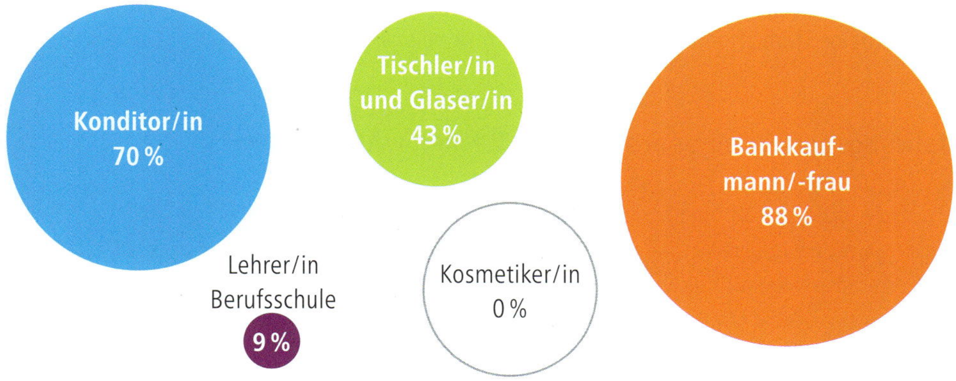

Quelle: Institut für Arbeitsmarkt- und Berufsforschung, www.job-futuromat.iab.de, abgerufen am 13.03.2019

3. Erläutere den Begriff „digitalisierte Arbeitswelt".
4. Begründe, dass sich die Digitalisierung wohl unterschiedlich auf die genannten Berufsfelder auswirken wird.
5. Erkundige dich bei deinen Großeltern oder anderen älteren Bekannten, welche Rolle die Automatisierung in ihrem Beruf gespielt hat.

M3 Tätigkeiten eines Schreiners

Kunden beraten · Skizzen anfertigen · Pflege erläutern · Fenster einsetzen · hobeln · schleifen · Messen · beschädigte Möbel reparieren · Abfallstoffe trennen und entsorgen · Parkettboden verlegen · sägen · Modelle herstellen · CNC-Maschine programmieren · Entwürfe mit Software erstellen · Termine abstimmen · Kosten kalkulieren

CNC-Maschine
Maschine zur automatischen Fertigung von Werkstücken.

6. Entwickle anhand von **M2** und **M3** ein Berufsprofil für den Schreiner der Zukunft. Welche Tätigkeiten werden wohl vom Menschen, welche von Maschinen ausgeführt werden?
7. Begründe, dass Davids Ausbildung nur der Anfang eines lebenslangen Lernprozesses sein kann.

1.1.3 Arbeitslosigkeit – was tun in der Krise?

Du bewertest mögliche Maßnahmen im Falle von Arbeitslosigkeit. Dabei bist du dir der Auswirkungen von Arbeitslosigkeit für Betroffene bewusst.

Für so manchen Schüler mag es eine Wunschvorstellung sein: von Montag bis Sonntag ohne Hausaufgaben oder sonstige Verpflichtungen. Für Marie ist dies inzwischen ein Albtraum. Sie ist mit ihrem Bachelor-Studium fertig und findet einfach keine passende Stelle …

M1 Erfahrungsbericht einer arbeitslosen Bachelor-Absolventin

Geisteswissenschaften Studienrichtungen, die sich mit Fragen der Kultur, Geschichte, Medien, Sprache usw. beschäftigen.

An nicht ganz so sonnigen Tagen, wenn ich unmotiviert im Internet surfe, keine Lust auf Bewerbungen habe und mich das Warten auf Absagen (so nenne ich es mittlerweile) halb in den Wahnsinn treibt, denke ich an einen Fakt aus einem Artikel zurück, den ich vor geraumer Zeit gelesen habe: […] Für Geisteswissenschaftler ist es nicht ungewöhnlich, zwischen einem und anderthalb Jahren arbeitssuchend zu sein. […] Manchmal muntert mich dieser Gedanke auf. Ich bin also nicht allein. Es liegt nicht an mir. […] Manchmal bringen mich diese eineinhalb Jahre auch zum Verzweifeln. Noch ein Jahr, in dem ich mir tagsüber Aufgaben vornehmen muss, um mich nicht nutzlos und ungebraucht zu fühlen und um die Stunden des Tages irgendwie bis zum Abendbrot herumzubringen. Noch ein Jahr, in dem ich mir nichts guten Gewissens leisten oder gönnen kann, außer das Nötigste. Noch ein Jahr, in dem ich mit mir hadere, ob ich doch Energie in einen Nebenjob als Kellner stecken oder noch die Absage der

aktuellen Bewerbungen abwarten soll. Arbeiten kannst du noch lang genug, genieße diese Zeit. Ein Satz, den ich schon sehr oft gehört habe, früher noch mit einem müden Lächeln und heute nur noch mit hochgezogenen Brauen kommentiere. Leider hindern mich die berühmten Hummeln im Hintern daran, so etwas wie Genuss daran zu empfinden, arbeitslos zu sein und sich jeden Tag Gedanken darüber zu machen, wie wohl der nächste Monat aussehen wird.

Anne Walther, Wo sind denn die Jobs für Geisteswissenschaftler?, www.unicum.de, 19.06.2017

1. Erkläre, wie sich die Arbeitslosigkeit auf Maries Leben und Alltag auswirkt.
2. Marie hat ein abgeschlossenes Studium und findet dennoch keine Stelle. Nenne mögliche Ursachen für ihre Arbeitslosigkeit.
3. Gib Marie Tipps, wie sie am besten mit der Krisensituation umgehen kann.

M2 Gute Ratschläge?!

Maries Freunde und Familie unterstützen sie nach Kräften, muntern sie auf und suchen nach Lösungen:

„Nimm eine Stelle mit weniger Gehalt!“

„Mach noch eine andere Ausbildung!“

„Zieh um!“

4. Diskutiere, ob die Lösungsvorschläge von Maries Familie Sinn machen.
5. Angenommen, du findest nach der Schule nicht sofort einen Ausbildungsplatz. Diskutiert mögliche Vorgehensweisen.

M3 Professionelle Hilfe bei der Arbeitssuche

M4 Internetseiten-Check

- ☑ Identität des Betreibers bei Impressum, Kontakt oder Datenschutz auffindbar
- ☑ privater Betreiber
- ☑ öffentlicher Betreiber
- ☑ Werbung sichtbar
- ☑ kostenpflichtiger Service angeboten
- ☑ aus öffentlichen Mitteln finanziert
- ☑ profesioneller Aufbau der Seite
- ☑ Quellen und weiterführende Links
- ☑ sachlicher Stil

6. Vergleicht die Internetseiten aus **M3** mithilfe der Checkliste **M4**.
7. Recherchiert in Kleingruppen, welche Dienstleistungen die Einrichtungen für Arbeitsuchende anbieten.
8. Beurteilt, welche der Einrichtungen Marie in ihrer konkreten Situation helfen können.

1.1.4 Welche Aufgaben hat die Bundesagentur für Arbeit?

Du nutzt das Angebot der Bundesagentur für Arbeit und stellst deren Bedeutung für die Gesellschaft und deinen eigenen beruflichen Werdegang dar.

Sicherlich hast du von der Bundesagentur für Arbeit gehört. Aber weißt du auch, welche Aufgaben sie rund um das Thema Arbeit erfüllt? Informiere dich und nutze das Angebot zur Berufswahl, z. B. online auf www.planet-beruf.de!

M1 Erkunde Berufsfelder auf www.planet-beruf.de

1. Erschließt euch die Berufsfelder arbeitsteilig in Gruppen und stellt sie auf einem Plakat dar. Stellt eure Ergebnisse anschließend in einem Galeriespaziergang vor.
2. Ergänze typische Berufe aus drei für dich interessanten Berufsfeldern auf deiner Mindmap (vgl. Auftaktseite).

M2 „Willkommen, wie können wir Sie weiterbringen?“

So begrüßt uns die Bundesagentur für Arbeit auf der Startseite ihres Internetauftritts. Dabei kümmert sich die Behörde um vielfältige Belange. Privatpersonen melden sich beispielsweise arbeitslos, beantragen Arbeitslosengeld, greifen auf Angebote der Jobvermittlung zurück oder lassen ausländische Abschlüsse anerkennen. Unternehmen bauen auf die Vermittlung von Arbeitskräften oder die Beratung in Personalfragen. Und sogar Schulklassen können sich bei Berufsberatern informieren.

Und du? Hier sind ein paar interessante Angebote für dich:

www.yourfirsteuresjob.eu hilft dir bei der Suche von Stellen oder Praktikumsplätzen im EU-Ausland.	Im Berufsinformationszentrum (BIZ) in deiner Nähe kannst du dich informieren!	Das Selbsterkundungstool hilft dir: www.dasbringtmich weiter.de/typischich/

3. Erkläre die Aufgaben der Bundesagentur für Arbeit.
4. Erörtere, inwiefern die Bundesagentur für Arbeit ein „Wegbegleiter des Arbeitslebens“ sein kann.
5. Sammelt in der Klasse: Welche Informationen möchtet ihr gerne von einem Berufsberater der Bundesagentur für Arbeit erhalten?
6. Befragt den Berufsberater mithilfe folgender Methode.

METHODE

So führe ich eine Expertenbefragung durch

Schritt 1: Vorbereitung
- Ziel und gewünschte Information festlegen
- Informationen zum Experten einholen (z. B. auf der Homepage)
- Befragungsart festlegen (z. B. persönlich oder per Videokonferenz)
- Fragen sammeln und auswählen
- alles Nötige mitbringen (z. B. Papier, Handy mit Mikrophon, Fragebogen)

Schritt 2: Durchführung
- höflich vorstellen (z. B. mit „Mein Name ist…“)
- um Interview bitten (z. B. mit „Hätten Sie 10 Minuten Zeit für…?“)
- Aufmerksamkeit signalisieren durch Blickkontakt und offene Körperhaltung
- zum Reden animieren durch offene W-Fragen (z. B. Was? Warum? Wie? Wer? Wo?)
- klare Antworten einfordern durch geschlossene Ja/Nein-Fragen
- klären, ob Inhalte veröffentlicht werden dürfen (z. B. O-Ton, Bilder, Namen)
- bedanken (z. B. mit „Vielen Dank, dass Sie sich Zeit genommen haben.“)

Schritt 3: Auswertung der Ergebnisse
- Ergebnisse inhaltlich aufbereiten (z. B. Aussagen zusammenfassen)
- Ergebnisse medial oder grafisch aufbereiten (z. B. Plakat, Präsentation, Portfolio erstellen)

Bedeutung von Arbeit

Mit **Arbeit** verdienen wir Geld, um unsere Grundversorgung (Miete, Lebensmittel usw.) zu sichern. Sie hilft uns aber auch, soziale Kontakte, Anerkennung, Freude und Sinn in unserem Leben zu finden. Wir sollten dabei die Begriffe Arbeit, Beruf, Berufung und Job unterscheiden. Beruf meint eine erlernte Betätigung, für die oft eine standardisierte Ausbildung Voraussetzung ist. Im besten Fall ist ein Beruf auch „Berufung", zumindest sollte er aber Freude bereiten und zu den eigenen Stärken passen. Einen Beruf führt man schließlich länger, oft ein ganzes Berufsleben lang, aus. Einen Job übt man hingegen meist nur vorübergehend aus, um etwas Geld zu verdienen. Unter Arbeit verstehen wir in diesem Kapitel eine bezahlte Erwerbstätigkeit. Je nach Art der Betätigung (geistig oder körperlich), nach Qualifikation (ungelernt oder gelernt) oder nach Hierarchie (leitend oder ausführend) kann sich Arbeit dabei völlig unterschiedlich gestalten. Der Gesetzgeber gewährt Arbeitnehmern und Arbeitgebern zwar Freiheiten für individuelle Vereinbarungen, regelt aber Grundlegendes z. B. im Bereich des Arbeitnehmerschutzes. Ein einheitliches „Arbeitsgesetz" gibt es in Deutschland dabei nicht, vielmehr umfasst das Arbeitsrecht mehrere Gesetze, Verordnungen und sonstige Bestimmungen (z. B. das Jugendarbeitsschutzgesetz).

Einflussfaktoren auf Arbeit und Berufsleben

Beruf und Arbeit

Ich	Gesellschaft	Recht	Wirtschaft
z. B. Werte, Lebensziele, Interessen, Stärken, Qualifikation	z. B. Vereinbarkeit von Familie und Beruf, Digitalisierung, alternde Gesellschaft	z. B. Berufswahlfreiheit im GG, Jugendarbeitsschutzgesetz, Kinderarbeitsschutzverordnung	z. B. Wirtschaftswachstum, Nachfragetrends, Globalisierung

Arbeitsmarkt

Der **Arbeitsmarkt** funktioniert (im Modell) über das Zusammenspiel von Angebot und Nachfrage. Das Arbeitsangebot wird dabei von den Arbeitnehmern gestellt, die Arbeitsnachfrage von den Arbeitgebern. Den Preis der Arbeit nennt man auch Lohn. Der Spitzenfußballer verdient also so viel, weil das Angebot an Spitzenfußballern sehr gering ist (d. h. es gibt sehr wenige), aber die Nachfrage hoch (jeder Klub hätte gerne welche). Deshalb steigt der Lohn. Ähnliches ist in manchen **Berufsfeldern** aufgrund des **Fachkräftemangels** (z. B. im Handwerk) zu erwarten. Das Modell kann aber manches nicht erklären: so sind z. B. Erzieher und Altenpfleger auf dem Arbeitsmarkt aktuell sehr begehrt, ihr Gehalt steigt jedoch nicht unbedingt an. In der Realität hängt die Preisbildung am Arbeitsmarkt von sehr vielen anderen Faktoren ab (z. B. den Verhandlungen von Arbeitgeber- und Arbeitnehmervertretungen oder gesetzlichen Rahmenbedingungen wie dem Mindestlohn).

digitalisierte Arbeitswelt

Ob sich die **Digitalisierung** insgesamt positiv oder negativ auf die Arbeitsnachfrage auswirken wird, ist abzuwarten. Manche fürchten, dass die menschliche Arbeitskraft in bestimmten Bereichen vermehrt durch Maschinen ersetzt wird. Als Grund dafür wird unter anderem der zunehmende Einsatz mobiler, mit Sensoren ausgestatteter Roboter genannt, die nun gefahrlos Hand in Hand mit Menschen zusammenarbeiten. Darüber hinaus können Computerprogramme inzwischen selbstständig lernen. Dieses maschinelle Lernen bzw. künstliche Intelligenz dürfte in Zukunft dafür sorgen, dass Routineaufgaben in der Fertigung und im Büro vermehrt von Hard- und Software übernommen werden. Manche Experten gehen aber davon aus, dass die damit entstehenden Freiräume genutzt werden und für den Menschen somit kreativere Tätigkeitsfelder und neue Arbeitsplätze entstehen.

Arbeitslosigkeit

Arbeitslosigkeit kann bei den Betroffenen zu finanziellen Schieflagen, Verschuldung, Langeweile, Verzweiflung, Ängsten, Krankheit, sozialer Isolation sowie zu Selbstzweifeln führen. Es gibt verschiedene Arten von **Arbeitslosigkeit**:

friktionelle	Bei einem Wechsel der Arbeitsstelle oder im Zeitraum zwischen Ausbildung und Berufsausübung kann es vorkommen, dass man vorübergehend arbeitslos ist.
saisonale	Aufgrund bestimmter Klimabedingungen oder Nachfrageschwankungen sind einige Bereiche der Wirtschaft zu bestimmten Jahreszeiten weniger ausgelastet und brauchen demnach weniger Arbeitskräfte (z. B. die Baubranche im Winter).
konjunkturelle	Wenn es der Wirtschaft schlechter geht (z. B. in Wirtschaftskrisen), sinkt die Nachfrage nach Arbeit und die Unternehmen entlassen Arbeitnehmer.
strukturelle	Längerfristig bestehende Strukturen der Wirtschaft führen dazu, dass in gewissen Wirtschaftsbereichen (sektoral, z. B. Kohlebergbau), an gewissen Orten (regional, z. B. im ländlichen Raum), für Menschen ohne bestimmte Qualifikation (qualifikationsspezifisch, z. B. fehlende Deutschkenntnisse) oder bei durch Technik ersetzbaren Tätigkeiten (technologisch, z. B. Roboter) Arbeitslosigkeit entsteht.

Bundesagentur für Arbeit

Das Sozialgesetzbuch III (SGB III) beschäftigt sich mit Regelungen zur Arbeitslosenversicherung und Arbeitsförderung und ist damit die gesetzliche Grundlage für die Aufgaben der Bundesagentur für Arbeit. In § 1 SGB III werden die Ziele der Arbeitsförderung genannt. Sie soll unter anderem „dem Entstehen von Arbeitslosigkeit entgegenwirken, die Dauer der Arbeitslosigkeit verkürzen und den Ausgleich von Angebot und Nachfrage auf dem Ausbildungs- und **Arbeitsmarkt** unterstützen". Die **Bundesagentur für Arbeit** unterstützt deshalb Arbeitssuchende, Arbeitende und auch Arbeitgeber in vielen Fragen rund um das Thema Arbeit. So bietet sie auch viele Leistungen im Bereich der Berufsorientierung an, u. a.: regionale Berufsinformationszentren (BIZ), persönliche Berufsberatung, Informationen und Selbsttests im Internet.

1.2 Berufswahl und Ausbildung

1.2.1 Wodurch wird die eigene Berufswahl beeinflusst?

Du bereitest deine Berufswahlentscheidung vor, indem du deine Interessen und Fähigkeiten sowie Anforderungen der Arbeitswelt formulierst.

Du bist Mittelpunkt und Gestalter deines Lebens. Natürlich werden äußere Rahmenbedingungen deine Wahlmöglichkeiten begrenzen, aber heute darfst du träumen und dir dein Leben wie Pippi Langstrumpf bunt gestalten: „Ich mach mir die Welt widdewidde wie sie mir gefällt." Finde zunächst heraus, wie dir dein Leben gefällt!

M1 Das will ich! – sich die Traumzukunft ausmalen

JETZT: Fühlst du dich wohl in der Schule? Was fällt dir leicht/schwer? Was wünschst du dir?

IN 3 JAHREN: Wie feierst du deinen Mittleren Schulabschluss? Gehst du weiter zur Schule? Machst du eine Ausbildung?

ERSTER ARBEITSTAG: Wo bist du? Draußen oder drinnen? Arbeitest du alleine oder im Team? Arbeitest du mit Kunden? Wie sieht deine Kleidung aus? Wieviel verdienst du?

ZIEL TRAUMZUKUNFT: Wo lebst du? Hast du Familie? Arbeitest du viel? Worauf bist du stolz? Welchen Luxus gönnst du dir? Was bedeutet für dich Erfolg?

1. Führt euch gegenseitig durch die Stationen des dargestellten Lebenswegs und schließt aus der Beantwortung der Fragen auf persönliche Werte, Träume und Interessen.
2. Lebenswege verlaufen selten schnurgerade. Erkläre, inwiefern „Umwege" sogar vorteilhaft sein können.

M2 Das kann ich! – Stärken ausspielen

Kreativität gehört mir – ich hab eine 1 in Kunst!

Die 1 in Kunst habe ich auch. Aber ich male auch in der Freizeit!

3. Erobere dir so viele Stärkenpunkte wie möglich. Überzeuge dafür wie im Beispiel deinen Nachbarn davon, dass die jeweilige Stärke eher auf dich zutrifft als auf ihn. Es wird um jeden Punkt gespielt, auch wenn du auf den ersten Blick nicht über diese Stärke verfügst. Ihr entscheidet dann gemeinsam, wer den Punkt erhält.
Los geht das Spiel um:

Begeisterungsfähigkeit ◘ rechnerische Fähigkeiten ◘ sprachliche Fähigkeiten ◘ Merkfähigkeit ◘ Pünktlichkeit ◘ technisches Verständnis ◘ Geschicklichkeit mit den Händen ◘ selbstständiges Arbeiten ◘ frei vor Gruppen sprechen ◘ strukturiertes Arbeiten ◘ Pflichtbewusstsein ◘ Mitgefühl ◘ Teamfähigkeit ◘ Kritikfähigkeit ◘ Durchsetzungsvermögen

M3 Das gibt es! – Stärken mit Anforderungen der Arbeitgeber abgleichen

Hard Skills
berufsspezifische Fachkompetenzen.

Soft Skills
berufsunabhängige (oft persönliche und soziale) Schlüsselqualifikationen.

4. Ordne die genannten Fähigkeiten den Begriffen Hard Skills und Soft Skills zu.
5. Bewerte mit den Zeichen ++ + 0 – ––, inwiefern du diese Kompetenzen schon (erworben) hast.
6. Diskutiert folgende Aussage: *Die Berufswahl beginnt schon in den Kinderschuhen.*
7. Sammelt in der Klasse: Was könnt ihr noch tun, um euch gut auf eure Berufswahl vorzubereiten?

1.2.2 Welche schulischen und beruflichen Wege gibt es?

Du bewertest schulische und berufliche Aus- und Weiterbildungsmöglichkeiten hinsichtlich verschiedener Kriterien.

Du hast dir nun schon Gedanken darüber gemacht, was du willst und kannst. Als nächstes musst du herausfinden, welche Möglichkeiten der Arbeitsmarkt bietet und wie du ans Ziel kommen kannst. Willst du nach der Schule auf die FOS, eine duale Ausbildung anstreben oder einen ganz anderen Weg gehen? (Fast) alles ist möglich!

M1 Kein Abschluss ohne Anschluss

➔ **1.** Recherchiere im Internet deine Möglichkeiten im bayerischen Schulsystem.

M2 Blick voraus nach dem Mittleren Schulabschluss

➔ **2.** Schätze die verschiedenen Wege nach dem Abschluss hinsichtlich der Kriterien Sicherheit, Anforderungen, Zukunftsperspektiven und Einkommen ein.

3. Wähle kriterienorientiert drei für dich interessante Berufsfelder aus (vgl. S. 16 **M1**).

M3 Informiere dich im Gruppenpuzzle!

Das **FSJ (Freiwilliges Soziales Jahr)** bietet neben dem **FÖJ (Freiwilliges Ökologisches Jahr)** und **Bundesfreiwilligendienst (BufDi)** die Möglichkeit, Einblick in verschiedene Berufsfelder zu bekommen. Ein Einsatz als FSJler, FÖJler oder BufDi dauert zwischen 6 und 24 Monaten. Man erhält in dieser Zeit ein Taschengeld. Die Freiwilligen leisten einen wichtigen Beitrag zum Zusammenleben in der Gesellschaft. Einsatzbereiche können z. B. Kindertagesstätten, Umweltschutzverbände, Sportvereine, Feuerwehr, Flüchtlingsunterkünfte oder Seniorenheime sein.

Mediencode: 82213-01 Recherchelinks zum FSJ, FÖJ und BufDi

Die **duale Ausbildung** erfolgt an zwei Orten: In der Berufsschule und im Betrieb. Die meisten der 350 anerkannten Ausbildungsberufe werden so erlernt. In der Berufsschule lernt man das theoretische Wissen und im Ausbildungsbetrieb die praktischen Fertigkeiten. Die Ausbildung dauert – je nach Beruf – zwischen 2 und 3,5 Jahren. Die Ausbildung wird mit einer Abschlussprüfung (im Handwerk: Gesellenprüfung) beendet. Duale Ausbildungsberufe sind z. B. Gärtner, Verkäufer u.v.m. Während der Ausbildung erhält man eine Ausbildungsvergütung.

Mediencode: 82213-02 Recherchelinks zur dualen Ausbildung

Bei einer **schulischen Ausbildung** wird man in Vollzeit an einer Schule auf einen zukünftigen Beruf vorbereitet. Die Ausbildung findet meist an Berufsfachschulen statt. Man hat wie in der Realschule Ferien, muss aber ein Praktikum ableisten. Eine schulische Ausbildung an einer staatlichen **Berufsfachschule** ist kostenlos. Private Schulen hingegen verlangen oft Schulgeld. Neben den Physiotherapeuten werden z. B. auch Erzieher, Kinderkrankenpfleger, Fremdsprachenkorrespondenten und Designer an Berufsfachschulen ausgebildet. Die Ausbildung dauert meist 1–3,5 Jahre.

Mediencode: 82213-03 Recherchelinks zur schulischen Ausbildung

Die **Fachoberschule (FOS)** ermöglicht Schulabgängern mit Mittlerem Schulabschluss innerhalb von zwei Jahren die Fachhochschulreife, innerhalb von drei Jahren die fachungebundene bzw. – bei Vorliegen einer zweiten Fremdsprache – die allgemeine Hochschulreife. Mit dem Mittleren Bildungsabschluss kann man unter bestimmten Voraussetzungen ebenso an das Gymnasium wechseln. Zugang zum Studium erhält man übrigens später auch über den Besuch einer **Berufsoberschule (BOS)** nach einer ersten Berufsausbildung, mit Abschlüssen der beruflichen Aus- und Weiterbildung (z. B. Techniker oder Meister) oder über ein Berufskolleg.

Mediencode: 82213-04 Recherchelink zur FOS

4. Recherchiert über die QR-Codes die Möglichkeiten nach dem Mittleren Schulabschluss arbeitsteilig in vier Gruppen.
5. Bildet dann Expertengruppen und informiert euch gegenseitig.
6. Informiere und teste dich auf der Internetseite der „AusbildungsOffensive-Bayern": Ausbildung, Studium oder duales Studium?

Mediencode: 82213-05 Test der Ausbildungs Offensive-Bayern

1.2.3 Wie verfasst man eine überzeugende Bewerbung?

Du erstellst eine erfolgsversprechende Bewerbung. Dafür verfasst du ein auf die Stelle abgestimmtes Anschreiben und einen aussagekräftigen Lebenslauf.

Bestimmt musst du nicht lange suchen, bis du deinen Wunsch-Ausbildungsplatz findest. Aber: Erfüllt die Stelle auch deine Erwartungen? Und kannst du die Erwartungen des Arbeitgebers erfüllen? Wenn du dir über diese Fragen im Klaren bist, kannst du dich an deine Bewerbung setzen. Wie kannst du einen besonders guten Eindruck vermitteln?

M1 Gute Ratschläge?

Noch bevor er die erste Bewerbung für eine Ausbildung weggeschickt hat, ist Moritz schon genervt von den gut gemeinten Ratschlägen seiner Eltern und Freunde ...

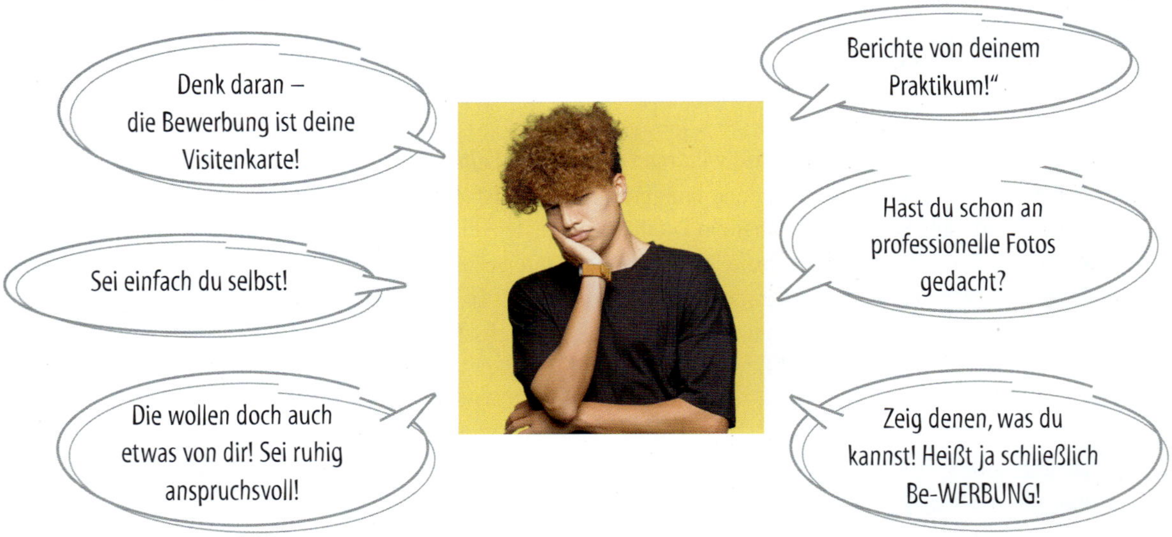

1. **Erkläre anhand von Beispielen, was die Eltern und Freunde mit ihren Ratschlägen meinen.**
2. **Begründe, dass eine positive Grundeinstellung bei der Berufswahl und -ausübung wichtig ist.**

M2 Analysiere die Stellenanzeige!

Moritz' schlechte Laune ist längst verflogen. Stundenlang surft er im Internet und sucht nach interessanten Stellenanzeigen. Diese eine spricht ihn ganz besonders an:

AUSBILDUNG
zum Kaufmann im Einzelhandel (m/w/d)

Deine Aufgaben: *Du machst mit uns den Unterschied.*
- Werde Teil unserer Familie und ein Experte rund um unseren hochwertigen Kaffee.
- Abwechslungsreiche kaufmännische Ausbildung (Rechnungswesen, Warenwirtschaft, Marketing)

Dein Profil: *Du erfindest uns immer wieder neu.*
- Idealerweise mittlerer Schulabschluss
- Erste Praxiseinblicke, z. B. durch ein Schülerpraktikum
- Hohe Leistungs- und Lernbereitschaft
- Einsatz-Flexibilität innerhalb der üblichen Ladenöffnungszeiten

Deine Vorteile: *Gemeinsam bleiben wir anders.*
- Du erhältst ein attraktives Gehalt sowie einen Mitarbeiter-Rabatt.
- Während der Arbeit bekommst du kostenlose Getränke.
- Wir fördern Weiterbildungen, z. B. zum Barista.

3. Drücke die Anforderungen des Unternehmens mit eigenen Worten aus.
4. Erkläre, wie das Unternehmen Jugendliche für sich begeistern möchte.
5. Nenne „versteckte" Anforderungen des Unternehmens, die man aus den aufgeführten Vorteilen („Deine Vorteile") ableiten könnte.

M3 Stimme das Anschreiben auf die Stellenanzeige ab!

Moritz ist fest entschlossen, sich zu bewerben und legt gleich mit dem Anschreiben los. Er weiß, dass er auf richtige Grammatik und Rechtschreibung sowie ein schönes, stimmiges Layout achten soll. Dass das Anschreiben maximal eine Seite lang und gut lesbar sein soll, hat er auch schon gehört. Aber welche Inhalte soll er eigentlich im Anschreiben erwähnen?

✗ Erzähle im Anschreiben nicht deinen Lebenslauf nach, sondern …	✓ Belege deine Motivation für die Stelle und das Unternehmen! (Ich will es!)	✓ Belege, dass du die Anforderungen aus der Stellenanzeige erfüllst! (Ich kann es!)

6. Erstelle eine Formatvorlage mithilfe des Musteranschreibens im Mediencode.
7. Erkläre, warum folgender Textbeginn nicht besonders überzeugend ist: *„Sehr geehrter Herr Gruß, mit großem Interesse habe ich Ihre Anzeige in der JOBBÖRSE der Bundesagentur für Arbeit gelesen."*
8. Formuliere einige Sätze zu Moritz' (möglicher) Motivation („Ich will es!").

Mediencode: 82213-06 Musteranschreiben nach DIN Norm

M4 Belege, dass du die Anforderungen aus der Stellenanzeige erfüllst!

Jetzt ist es an der Zeit, selbstbewusst zu sein und die eigenen Kompetenzen aufzuzeigen. Dabei darf man ruhig von Erfolgen im Leben berichten. So kann Moritz dabei vorgehen:

in der Stellenanzeige genannte Anforderungen:	Anforderungen in eigenen Worten:	eigene Erfahrungen, die den Anforderungen entsprechen:	Textbaustein für das Anschreiben:
erste Praxiseinblicke	erste Arbeitserfahrungen	Ferienjob an der Tankstelle, Kunden zufrieden	Letzte Sommerferien habe ich bei meinem Ferienjob an der Tankstelle erste Arbeitserfahrungen gesammelt. Mehrere Kunden haben sich dabei für meinen guten Service bedankt.
Einsatz-Flexibilität	...	...	
...			

9. Ergänze die Tabelle **M4** für alle Punkte von „Dein Profil" aus der Stellenanzeige **M2**. Gehe dabei davon aus, dass Moritz ähnliche Erfahrungen im Leben macht wie du selbst.

10. Erstelle ein Anschreiben für eine von dir gewählte Stellenausschreibung.

M5 Passe den Lebenslauf für jede neue Bewerbung an!

Je nach Stelle, Alter und Erfahrung des Bewerbers bieten sich unterschiedliche Inhalte eines Lebenslaufs an. Für einen Minderjährigen kann es z. B. Sinn machen, seine Eltern oder Geschwister im Lebenslauf zu erwähnen, später sind diese Informationen unwichtig. Moritz hat sich letztes Jahr zwar für ein Praktikum in der Redaktion einer örtlichen Tageszeitung beworben und den Lebenslauf von damals am PC abgespeichert, nun macht er sich aber so seine Gedanken über dessen Überarbeitung...

11. Formuliere den Abschnitt „Schülerzeitung" (**M5**) in Moritz' Lebenslauf im Mediencode so um, dass er gut zu der in **M2** angebotenen Stelle passt.
12. Erörtere, in welchen Fällen eine kleinschrittigere Gliederung (z. B. in Persönliches – Arbeitserfahrungen – Auslandserfahrungen – Fremdsprachenkenntnisse – Sonstige Kenntnisse – Soziales Engagement – Hobbys) Sinn macht.
13. Erstelle einen eigenen tabellarischen Lebenslauf für eine Bewerbung deiner Wahl.

Mediencode:
82213-07
Moritz' Lebenslauf

M6 Hebe dich von der Masse ab!

Moritz hat Bedenken, dass sein Schreiben in der Flut an Bewerbungen untergeht. In seinem Fall soll die Bewerbung auch online eingereicht werden. Er kann also nicht durch ein besonders schönes Papier oder ähnliches auffallen, sondern verschickt nur eine PDF. Was können Bewerber tun, um „Schema F" zu vermeiden und sich von der Masse abzuheben?

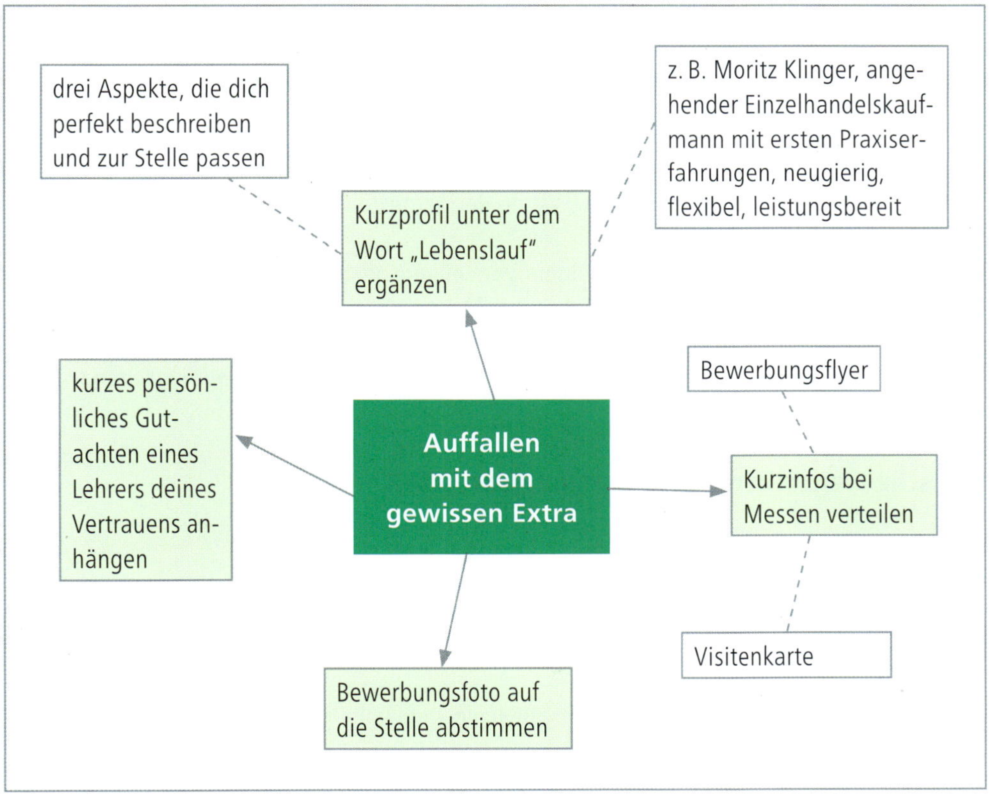

14. Recherchiere im Internet zu den Vorschlägen aus **M6**.
15. Werde kreativ und erstelle deinen eigenen Bewerbungsflyer.

1.2.4 Wie überzeugt man im Vorstellungsgespräch?

Du führst ein gelungenes Vorstellungsgespräch. Dabei präsentierst du deine Stärken, Interessen und Werte in angemessener Weise.

Die Freude ist oft groß, wenn die Einladung zu einem Vorstellungsgespräch kommt. Immerhin heißt das ja, dass der Arbeitgeber Interesse an dir hat und dich vielleicht als Mitarbeiter gewinnen möchte. Da ist es naheliegend, dass der eine oder andere nervös wird. Behalte aber lieber einen klaren Kopf und bereite dich gründlich auf das Gespräch vor.

M1 Vorbereitung ist alles

Moritz hat es völlig richtig gemacht. Er hat sich in der Woche vor dem Gespräch gründlich vorbereitet. Er hat Informationen zum Unternehmen gesammelt, seine Anfahrt mit den öffentlichen Verkehrsmitteln geplant, sich mögliche Fragen und Antworten überlegt und verschiedene Outfits probiert.

1. Vergleiche die Bilder aus **M1**: Welcher Eindruck wird vermittelt? Welche Fähigkeiten und Eigenschaften schreibst du der dargestellten Person zu?
2. Diskutiert, ob folgende Outfits bei einem Vorstellungsgespräch erlaubt bzw. nötig sind: *Krawatte* ▪ *Piercings* ▪ *Jeans* ▪ *kurzer Rock* ▪ *High Heels* ▪ *Tattoos* ▪ *Make-Up* ▪ *Blazer*
3. Beurteile folgende Aussage: *„Viel wichtiger als Kleidung sind Noten und Fähigkeiten."*

M2 Typische Fragen in einem Vorstellungsgespräch

Ice-Breaker auflockernde Fragen, um ins Gespräch zu kommen

Frage	Tipps und Denkanstöße
Wie sind Sie hergekommen?	knappe Antwort, nur Ice-Breaker
Wo liegen Ihre Stärken?	selbstbewusst sein, Stärken mit Beispielen belegen
Wo liegen Ihre Schwächen?	solche nennen, die man beheben kann (z. B. Computerkenntnisse)
Warum haben Sie sich bei uns beworben?	auf Anforderungen aus der Stellenanzeige eingehen; zeigen, dass man sich über das Unternehmen informiert hat
Warum sollten wir Sie auswählen?	Anforderungen aus der Stellenanzeige mit eigenen Stärken belegen
Wer ist Ihr Vorbild?	Passung zur Stelle hinterfragen, Aussage über Interessen tätigen

Frage	Tipps und Denkanstöße
Was machen Sie in Ihrer Freizeit?	Interesse an deiner Person; Vereinbarkeit mit Arbeitszeiten; erwartete Work-Life-Balance
Welche Erwartungen haben Sie an uns?	eigene Motivation für die Stelle zeigen
Wo wollen Sie in 20 Jahren stehen?	Bereitschaft des Bewerbers zu Weiterbildung und Veränderung, Aussage über eigene Werte

Work-Life-Balance
Situation, in der Arbeit und Freizeit im richtigen Verhältnis zueinander stehen

4. Bereite das Vorstellungsgespräch auf eine von dir gewählte Stelle vor, indem du die Fragen (**M2**) beantwortest.
5. Nimm Stellung zu folgender Aussage: *„Ein Vorstellungsgespräch findet auf Augenhöhe statt. Der Arbeitgeber will auch herausfinden, ob er die Erwartungen des Bewerbers erfüllt."*
6. Sammelt Ideen für mögliche Fragen an den Personalverantwortlichen.
7. Überprüfe deine Profile in Sozialen Netzwerken und Spuren im Internet: Sind alle öffentlich zugänglichen Daten in Ordnung?

HINWEIS!
Im Vorstellungsgespräch können Fragen zu deinen Einträgen in Sozialen Netzwerken auf dich zukommen!

M3 Der erste Eindruck bleibt

Wir lassen uns in der Einschätzung eines Menschen oft vom ersten Eindruck lenken. Dies sollte dir schon bei der Begrüßung des potenziellen Arbeitgebers bewusst sein. Du solltest dich vorstellen und vielleicht noch einen netten Satz ergänzen. Außerdem solltest du auf einen festen Händedruck und Blickkontakt achten und warten, bis dir ein Platz angeboten wird. Moritz macht es dir vor:

8. Spielt die Begrüßung vom Klopfen an der Tür bis zum Hinsetzen zu zweit nach (**M3**).
9. Überprüft die Wirkung eurer Körpersprache, indem ihr das Verhalten des Bewerbers im Rollenspiel abwandelt:
ohne Lächeln ▪ mit laschem Händedruck ▪ mit gesenktem Blick ▪ mit verschränkten Armen ▪ mit überschlagenen Beinen im Sitzen ▪ sehr schnell sprechend
10. Simuliert ein Vorstellungsgespräch in Kleingruppen.
  a) Informiert den „Personalverantwortlichen" in eurer Gruppe über eure gewählte Stelle.
  b) Spielt das Vorstellungsgespräch nach.
  c) Reflektiert das Gespräch: Was ist euch schwergefallen? Was habt ihr beobachtet?

1.2.5 Wie überzeugt man bei Auswahltests und in Assessmentcentern?

Du bearbeitest Auswahltests und gängige Assessmentcenteraufgaben erfolgreich. Dabei schätzt du deine Stärken und Schwächen realistisch ein.

Assessmentcenter meist mehrtägige Eignungsprüfung von Bewerbern

Du hast eine positive Rückmeldung zu deiner Bewerbung bekommen. Allerdings wurdest du nicht zu einem Vorstellungsgespräch eingeladen, sondern sollst dich bei einem Assessmentcenter präsentieren. Keine Panik! Vor allem große Unternehmen gehen häufig diesen Weg und schauen sich so mehrere Bewerber an einem Tag an. Ob du die Stelle bekommst oder nicht – ein Assessmentcenter ist in jedem Fall eine spannende Erfahrung. Typische Aufgaben kannst du hier schon einmal ausprobieren.

M1 Tests über Tests

Assessmentcenter-Tests gibt es in verschiedensten Varianten. Getestet werden unter anderem IQ (Intelligenzquotient), Allgemeinbildung, Eignung, Persönlichkeit, Logik, Konzentration und Rechtschreibung.

Mediencode: 82213-08 Auswahltests

1. Teste dich im Internet und mache Aufgaben aus verschiedenen Bereichen.

M2 Selbstpräsentation

„Erzählen Sie etwas über sich selbst" – klingt erst einmal einfach. Meist hat man dabei 2–5 Minuten Zeit, um einen ersten positiven Eindruck zu vermitteln und seine Präsentationssicherheit unter Beweis zu stellen. Falls du dabei unsicher oder nervös bist, denke an den Hasen:

Haltung	Brust raus und Kinn anheben – schon stehst du aufrecht. Nimm einen Stift in die Hand, falls deine Hände nicht wissen, wohin.
Atmung	Weiteratmen! Das Gehirn braucht den Sauerstoff. Mach beim Sprechen ganz bewusste Atempausen.
Spannung	Nicht durchhängen! Spür deinen Bauch, halte Körperspannung und strahle Selbstbewusstsein aus.
Erdung	Steh mit beiden Beinen fest auf dem Boden!

2. Sammelt in der Klasse Informationen, die in eine Selbstpräsentation gehören.
3. Erstelle eine Gliederung für deine eigene Selbstpräsentation mit dem Ablauf: Das bin ich – das kann ich – das will ich.
4. Probe deine Selbstpräsentation mit „dem Hasen".

HINWEIS !
Eine Videoaufnahme kann dir helfen, Stärken und Schwächen deiner Rede zu erkennen.

M3 Fallstudie = Case Study

Some companies want you to speak English during the assessment. You might get a task, that you will have to solve as a group of three to five people.
These are your rules:

- Everybody has to agree to the decision in the team.
- You have to make a decision.
- This is your case:

You work for an insurance company. You and your colleagues often go to your customers by car. One of the company cars has broken down, so your manager wants to buy a new one. You have to choose one of the following models.

5. Kläre mithilfe eines Online-Wörterbuchs wichtige Begriffe für die Diskussion.
6. Führt eine Gruppendiskussion von 10 Minuten auf Englisch (**M3**).
7. Erkläre, wie man sich als Bewerber am besten in der Gruppendiskussion mit anderen Bewerbern verhält.

M4 Rollenspiel

Mit Rollenspielen werden oft Konfliktsituationen nachgespielt. Jetzt gilt es, ruhig und professionell zu bleiben. Hier die Aufgabe für ein Telefongespräch:

Kollege der Abteilung Produktion:
- die Fertigung verzögert sich
- will Überstunden vermeiden
- wichtig ist die Qualität

Kollege der Abteilung Vertrieb:
- hat dem Kunden die sofortige Auslieferung versprochen
- wichtig ist der Umsatz

8. Setzt euch Rücken an Rücken und führt das Telefongespräch.
9. Leite aus den Erfahrungen der Übungen (**M1–M4**) ab: Was sind deine Stärken? Welche Werte und Qualifikationen erwarten Arbeitgeber?

1.2.6 Was regelt ein Berufsausbildungsvertrag?

Du entwickelst Lösungsstrategien für Probleme, die in der Ausbildung auf dich zukommen können. Dabei benennst du Rechte und Pflichten aus einem Ausbildungsverhältnis.

Du hast die Zusage zu deinem Ausbildungsplatz bekommen? Herzlichen Glückwunsch! Zum 1. September beginnst du deine Ausbildung. Doch bevor es losgeht, musst du noch den Ausbildungsvertrag unterzeichnen. Aber welche Rechte und Pflichten ergeben sich eigentlich daraus?

M1 Ein ganz besonderer Tag

Luan hat seinen mittleren Schulabschluss in der Tasche und möchte eine Ausbildung zum Einzelhandelskaufmann bei der Firma Mechatec beginnen. „Heute ist ein ganz besonderer Tag", sagt seine Mutter beim Frühstück, „Wir fahren nachher los und unterschreiben deinen Ausbildungsvertrag!"

Berufsausbildungsvertrag (§§ 10, 11 Berufsbildungsgesetz – BBiG)

Zwischen dem/der Ausbildenden (Ausbildungsbetrieb) Öffentlicher Dienst ☐

KNR	IHK-Firmenident-Nr.	Tel.-Nr.
Anschrift des/der Ausbildenden (Ausbildungsbetrieb)		

und dem/der Auszubildenden
männlich ☐ weiblich ☐ divers ☐
Berufsausbildung im Rahmen eines dualen Studiums ☐

Name	Vorname
Straße, Haus-Nr.	
PLZ	Ort

Auszug aus einem Ausbildungsvertrag

1. Erläutere, warum es ein „ganz besonderer Tag" für Luan ist.
2. Erkläre, warum § 11 BBiG für den Berufsausbildungsvertrag die Schriftform vorsieht.
3. Begründe, dass auch die Eltern laut Gesetz den Ausbildungsvertrag unterschreiben müssen.

M2 Genau hingeschaut!

Das Berufsbildungsgesetz (BBiG) regelt Rechte und Pflichten in der Ausbildung sowie deren Organisation.

Luan hat die Rechte und Pflichten, die sich aus seinem Ausbildungsvertrag ergeben, genau geprüft. Sein Ausbildungsvertrag weist, so wie es im Berufsbildungsgesetz (BBiG) vorgeschrieben ist, eine Vielzahl von Inhalten auf, unter anderem:

Ausbildungszeit | Ausbildungsvergütung | Dauer der täglichen Arbeitszeit

Dauer des Urlaubs | Dauer der Probezeit | Ziel der Berufsausbildung

4. Begründe, warum die Inhalte aus **M2** für jeden Ausbildungsvertrag gesetzlich vorgeschrieben sind.

M3 „Der Chef hat immer recht?!"

Luan hat seine Ausbildung inzwischen begonnen und auch Auszubildende aus anderen Abteilungen kennengelernt. Ihm macht die Arbeit richtig Spaß, aber seine Kollegen Mike und Celine klagen doch über das eine oder andere Problem:

Meine Ausbilderin meint, dass ich jeden Freitagnachmittag die Werkstatt putzen soll. Ich habe das ja die ersten Wochen gemacht, aber jetzt reicht es! Gestern habe ich ihr gesagt, dass ich mir das nicht weiter gefallen lassen muss. Sie hat mir nur entgegnet, dass ich vollen Einsatz bringen muss, wenn ich mein volles Gehalt will. Das hätte sie mir schließlich schon im Vorstellungsgespräch gesagt und außerdem: Wer zahlt, schafft an!

Herr Wagner hat mir gestern gedroht, dass ich die Probezeit nicht überstehe, wenn ich so weitermache. Gut, ich habe mir nicht besonders viel Mühe gegeben und vergessen mein Berichtsheft zu führen. Aber er schaut das doch sowieso nie an… Und die Werkzeuge habe ich auch nicht gereinigt. Aber das alles ist doch wohl nicht so schlimm, oder? Ich habe ihm schon gesagt, dass ich mir von ihm gar nichts sagen lasse.

5. Beschreibe die Probleme der Auszubildenden Mike und Celine im Betrieb.
6. Informiert euch im Gruppenpuzzle über die Rechte und Pflichten von Auszubildenden nach §§ 13–17 BBiG: (siehe S. 162f.)

Verhalten? | Rechte? | Vergütung? | Zeugnis? | Berufsschulunterricht?

7. Beurteile, ob die Kritik der Ausbilder in den dargestellten Fällen **M3** gerechtfertigt ist.
8. Diskutiert die Aussage: *„Wer zahlt, schafft an."*
9. Spielt ein Gespräch eines der Azubis aus **M3** mit dem/der Vorgesetzten nach, in dem ihr zu einer Lösung des Konflikts kommt.

Mediencode: 82213-09 Methode Gruppenpuzzle

1.2.7 Wie werden jugendliche Arbeitnehmer gesetzlich geschützt?

Du wendest Regelungen zum Jugendarbeitsschutz in unterschiedlichen Situationen an. Dabei begründest du, dass jugendliche Arbeitnehmer besonders schutzbedürftig sind.

Du kennst viele Menschen, die in den unterschiedlichsten Berufsfeldern arbeiten. Dabei läuft jedoch nicht immer alles rund. Gerade Jugendliche, die ins Berufsleben eintreten oder kurz davorstehen, sollten sich gut auf diesen Lebensabschnitt vorbereiten. Wenn es am Arbeitsplatz Probleme gibt, lohnt sich ein Blick in die Gesetze!

M1 Schutzbedürftig?

1. Stelle mögliche Interessen von Arbeitgebern und Arbeitnehmern in den dargestellten Situationen (**M1**) gegenüber.
2. Begründe, dass gerade Jugendliche im Arbeitsverhältnis besonders geschützt werden sollten.

M2 In Ordnung oder nicht?

Im Berufsschulchat tauschen sich die Auszubildenden über ihre Erfahrungen aus.

Emil (16) Ich habe vor kurzem meine Ausbildung zum Gerüstbauer begonnen. Gestern sollte ich beim Einrüsten eines 8-geschossigen Gebäudes ganz oben mitarbeiten. Das Gerüst war noch nicht mal fertig und oben kein Seitenschutz befestigt. Da ich nicht als Memme dastehen wollte, bin ich mit wackeligen Knien hochgestiegen. Hätte ich auch nein sagen können?

Paula (17) Ich arbeite in einem Supermarkt und muss jeden Tag mehrere Stunden Regale auffüllen. Dazu muss ich die schweren Kisten durch den ganzen Supermarkt schleppen, weil es nicht genug Hilfsmittel für alle Angestellten gibt. Abends bin ich völlig fertig und habe solche Rückenschmerzen, dass ich sogar schon beim Arzt war. Muss ich mir das gefallen lassen?

Mona (16) Bei uns im Betrieb ist zurzeit wirklich viel los. Ich fange morgens um 9 Uhr an und bin normalerweise mit je 30 Minuten Brotzeit- und Mittagspause um 18 Uhr fertig. Momentan kann es aber durchaus sein, dass wir Azubis bis 22 Uhr bleiben sollen und manchmal nach der stressigen Woche auch noch am Samstag schuften müssen. Ist das eigentlich erlaubt?

M3 Das Jugendarbeitsschutzgesetz

§

§ 15 Fünf-Tage-Woche
Jugendliche dürfen nur an fünf Tagen in der Woche beschäftigt werden. Die beiden wöchentlichen Ruhetage sollen nach Möglichkeit aufeinander folgen.

§ 22 Gefährliche Arbeiten
(1) Jugendliche dürfen nicht beschäftigt werden
1. mit Arbeiten, die ihre physische oder psychische Leistungsfähigkeit übersteigen, [...]
3. mit Arbeiten, die mit Unfallgefahren verbunden sind, von denen anzunehmen ist, dass Jugendliche sie wegen mangelnden Sicherheitsbewusstseins oder mangelnder Erfahrung nicht erkennen oder nicht abwenden können, [...]

Jugendliche
15–17 Jahre alt

§ 4 Arbeitszeit
(1) Tägliche Arbeitszeit ist die Zeit vom Beginn bis zum Ende der täglichen Beschäftigung ohne die Ruhepausen (§ 11).

§ 8 Dauer der Arbeitszeit
(1) Jugendliche dürfen nicht mehr als acht Stunden täglich und nicht mehr als 40 Stunden wöchentlich beschäftigt werden.

§ 14 Nachtruhe
(1) Jugendliche dürfen nur in der Zeit von 6 bis 20 Uhr beschäftigt werden.

→ **3.** Prüfe, ob die dargestellten Situationen (**M2**) den Regelungen des Jugendarbeitsschutzgesetzes (**M3**) entsprechen.
4. Erläutere, wie sich die Jugendlichen in den geschilderten Situationen verhalten sollten.

Berufswahl als Entscheidungsprozess

Schon Kinder überlegen, was sie einmal werden wollen. Dabei werden sie von den Berufen der Eltern, Wahrnehmungen ihrer Umwelt und eigenen Wesensmerkmalen unbewusst beeinflusst.

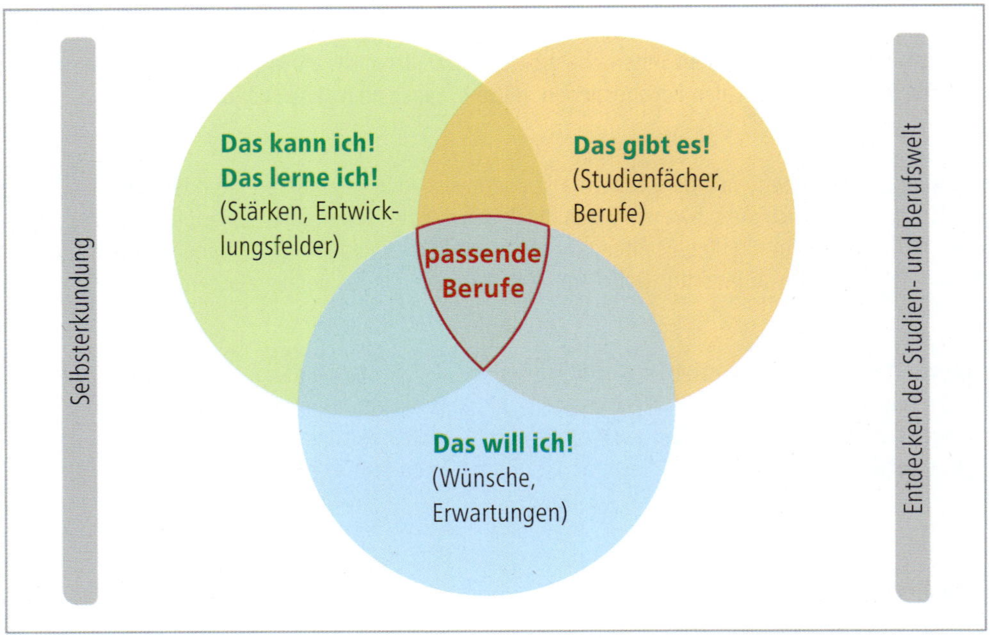

Berufsfelder

Deine Interessen und Fähigkeiten leiten dich zu möglichen Berufsfeldern, innerhalb derer mit ähnlichen Materialien gearbeitet wird oder ähnliche Tätigkeiten ausgeführt werden. Jedes Berufsfeld bietet dabei eine Vielzahl an Berufen, jeder Beruf eine Vielzahl an Stellen, jede Stelle eine Vielzahl an Tätigkeiten. Mit der Entscheidung für ein Berufsfeld, stehen einem also noch (fast) alle Türen offen.

Anforderungen von Berufen

Man sagt, viele Wege führen nach Rom. Dieser Satz trifft auch auf schulische und berufliche Qualifikationsmöglichkeiten zu. Allerdings sollte man sich frühzeitig damit beschäftigen, welche Anforderungen und **Zugangsmöglichkeiten** der eigene Traumberuf hat. In manchen Fällen wird ein bestimmter Schulabschluss vonnöten sein, in anderen Fällen vielleicht sogar ein besonders guter Notendurchschnitt oder besondere Leistungen in einem speziellen Fach. Darüber hinaus sollte man sich darüber im Klaren sein, welche **Soft Skills** von einem erwartet werden. Dies ist abhängig von Beruf und Arbeitgeber. Wichtig ist in jedem Fall, sich der eigenen Stärken, Schwächen, Werte und Interessen bewusst zu sein und diese mit dem anvisierten Beruf abzugleichen.

Bewerbung

Eine Bewerbung ist Werbung für sich selbst – man sollte sich also im besten Licht präsentieren. Die klassische Bewerbung besteht aus Deckblatt, **Anschreiben**, Lebenslauf und Anlagen (Praktikumsbescheinigungen, Zeugnisse). Mit zusätzlichen Bewerbungsbestandteilen wie einem Bewerbungsflyer oder einem Kompetenzprofil kann man sich von anderen Bewerbern absetzen. Bewerbungen werden heute fast ausschließlich über Online-Masken oder per E-Mail abgegeben. Bei letzterer Variante sollte man die Bewerbung aussagekräftig benennen, als ein PDF-Dokument speichern und unter Angabe des Betreffs verschicken. Bei jedem Kontakt mit dem potenziellen Arbeitgeber gilt: Der erste Eindruck zählt! In Zeiten des Fachkräftemangels sind junge, fleißige und zuverlässige Mitarbeiter zwar gefragt, dennoch kann es auf eine Ausbildungsstelle viele Bewerber geben. In jedem Fall ist die Bewerbung sprachlich einwandfrei, d. h. ohne Rechtschreib- und Grammatikfehler, ansprechend formatiert und inhaltlich auf die Stelle zugeschnitten zu verfassen. Eine Standardbewerbung an verschiedene Unternehmen zu schicken, führt selten zum Ziel. Ein professionelles **Bewerbungsfoto** rundet den ersten Eindruck ab.

Anschreiben

Anschreiben und Lebenslauf sollten wie zwei Zahnräder ineinandergreifen und die wesentlichen Fragen beantworten:
- Wer ist der Bewerber?
- Was kann der Bewerber?
- Was will der Bewerber?

Die Funktion des Anschreibens ist es also nicht, das Leben des Bewerbers nachzuerzählen. Vielmehr geht es darum, zu belegen, dass man die in der Stellenanzeige genannten Anforderungen erfüllt (Ich kann es!). Außerdem sollte man die eigene Motivation für das Unternehmen und die mit der Stelle verbundenen Tätigkeiten darlegen (Ich will es!). Da Personalverantwortliche pro Bewerbung oft nur wenige Minuten Zeit haben, gelten folgende drei Regeln für das Anschreiben:

1. Keep it short and simple: Beantworte kurz und bündig die wesentlichen Fragen. Schreibe maximal eine Seite.
2. Aufmerksamkeit und Interesse wecken: Beginne dein Anschreiben mit einem Satz, der Interesse weckt und zum Weiterlesen anregt.
3. Liefern plus 1: Liefere, was die Stelle von dir verlangt. Lege dar, inwiefern du ein Gewinn für das Unternehmen bist.

Natürlich sollte der Bewerber nicht überheblich wirken, eine positive Selbstpräsentation im Anschreiben ist aber Pflicht. Dazu gehört einerseits die Vermeidung von Konjunktiven. Andererseits gilt es, die in der Stellenanzeige genannten Anforderungen mit Erfahrungen aus dem eigenen Leben zu belegen. Der Arbeitgeber will wissen, ob der Bewerber seine Ansprüche erfüllen kann.

Lebenslauf

Viele Personalverantwortliche lesen zuerst den Lebenslauf. Dieser klärt über wesentliche Lebens- und Arbeitsetappen des Bewerbers auf. Die tabellarische Form ist Standard. Wahlmöglichkeit besteht zwischen einer chronologischen und einer funktionalen Gliederung. Grundsätzlich gilt: Je erfahrener und älter der Bewerber, desto weniger Sinn macht eine chronologische Gliederung. Die Auswahl an Unterpunkten hängt von dem eigenen Lebenslauf und der ausgeschriebenen Stelle ab. Für die Bewerbung um eine Ausbildung könnte man z. B. folgende Gliederungspunkte anführen: Persönliches – Schulbildung – Arbeitserfahrungen – Auslandserfahrungen – Fremdsprachenkenntnisse – Sonstige Kenntnisse – Soziales Engagement – Hobbys. Gewichtung und Ausgestaltung der einzelnen Punkte sollten in jedem Fall auf die Stelle zugeschnitten sein. Während Auslandserfahrungen für den Beruf des Bäckers wohl kaum von Bedeutung sind, sind sie für einen Fremdsprachenkorrespondenten ganz wesentlich und sollten im Lebenslauf genauer beschrieben werden. Ähnliches gilt für Praktika, Nebenjobs und sonstige Tätigkeiten. Aus diesem Grund kann ein Lebenslauf durchaus 2–3 Seiten umfassen. Die abschließende Unterschrift ist dabei immer noch erwünscht.

Bewerbungsflyer

Nicht immer liegt dem Bewerber eine Stellenanzeige vor, auf die er sich beziehen kann. Eine sogenannte **Initiativbewerbung** erfolgt ohne vorheriges Angebot des Arbeitgebers. Natürlich kann man dem Unternehmen „einfach mal eine Bewerbung schicken“. Oft ergibt sich auch bei Ausbildungs- und **Berufsmessen** die Möglichkeit, mit dem potenziellen Arbeitgeber ins Gespräch zu kommen. In diesem Fall ist es effektiv und eindrucksvoll, wenn man dem Personalverantwortlichen gleich eine Kurzbewerbung übergeben kann. Das Format des Bewerbungsflyers bietet sich dafür an. Meistens handelt es sich um ein zweifach gefalztes DIN A4-Blatt im Querformat. Der Flyer kann z. B. eine Kurzfassung des Bewerbungsanschreibens enthalten. Außerdem werden die letzten Tätigkeiten und besondere Kompetenzen des Bewerbers aufgeführt.

Vorstellungsgespräch

Jedes Vorstellungsgespräch verläuft anders. Schließlich sind sowohl Bewerber als auch Personalverantwortliche Menschen mit eigenen Einstellungen und Eigenheiten. Insofern gibt es nicht DAS Vorstellungsgespräch und man wird in der konkreten Situation immer spontan reagieren müssen. Dennoch gibt es einen typischen Ablauf, der der Realität oft sehr nahekommt:

Vorbereitung				
Informationen zum Unternehmen sammeln	Fragen zum Unternehmen überlegen	Eigene Stärken und Schwächen sammeln	Anfahrt planen: Pünktlichkeit ist Pflicht!	Kleidung auswählen und zurechtlegen

Begrüßung		
Gib zur Begrüßung die rechte Hand.	Stelle dich mit deinem vollständigen Namen vor.	Warte, bis dir ein Platz angeboten wird.

Interview	
Beantworte alle Fragen ehrlich, z. B.: Was sind Ihre Lieblingsfächer und warum?	Stelle deine Fragen, z. B.: Wie stehen die Chancen, nach der Ausbildung übernommen zu werden?
Verabschiedung	
Bedanke dich für das Gespräch.	Verabschiede dich mit „Auf Wiedersehen".

Assessmentcenter

Assessmentcenter sind aus den Personalauswahlverfahren großer Unternehmen kaum noch wegzudenken. Die vielversprechendsten Bewerber werden dabei in ein bis drei Tagen auf ihre Eignung getestet. Dabei geht es keineswegs nur um Fachkompetenzen und IQ, meist stehen Persönlichkeit und Soft Skills im Mittelpunkt. Die Bewerber werden deshalb nicht nur bei den offiziellen benannten Aufgaben beobachtet, sondern auch bei der Begrüßung und in der Mittagspause. Oft ist das Gespräch in der Kantine aussagekräftiger als jede Selbstpräsentation. Gängige Assessmentcenter-Aufgaben sind:

Selbstpräsentation	frei oder themengebunden, mit Skizze/Präsentation oder ohne
Fallstudie (= Case Study)	meist: Treffen einer unternehmerischen Entscheidung in der Gruppe
Rollenspiel	meist: Gesprächsführung und Verhalten in Konfliktsituationen
Tests	Intelligenz, Fachwissen, Allgemeinwissen, Logik, Kreativität usw.
Schreibübung	Ausdrucksfähigkeit, Rechtschreibung
Kreative Aufgaben	Aufgaben kreativ lösen, z. B. durch Basteln und Zeichnen

Bei fast allen Aufgaben geht es nicht so sehr darum, eine perfekte Lösung zu haben. Wichtiger ist, wie man sich bei der Bewältigung der Aufgabe präsentiert. Man sollte sich immer bewusst sein, dass das Verhalten während der Übungen Aufschluss über die eigenen Stärken und Schwächen sowie Werte und Interessen gibt.

Berufsausbildungsvertrag

Grundlage für eine geordnete und einheitliche Berufsausbildung sind die staatlich anerkannten Ausbildungsberufe. Für jeden Ausbildungsberuf erlässt die Bundesregierung eine **Ausbildungsordnung im Berufsbildungsgesetz** (BBiG), die den jeweiligen Ausbildungsberuf beschreibt und die hierfür zu erwerbenden Fertigkeiten, Kenntnisse und Fähigkeiten für alle verbindlich festlegt.

Vor Beginn einer Berufsausbildung muss zwischen dem Ausbildenden und dem Auszubildenden in schriftlicher Form ein Berufsausbildungsvertrag geschlossen werden (§ 10 BBiG). Auch Nichtvolljährige unterschreiben ihn, aber zusammen mit einem ihrer Erziehungsberechtigten. Im Ausbildungsvertrag sind die **Rechte und die Pflichten beider Vertragspartner** – Auszubildender und Ausbilder – schriftlich festgehalten, damit im Streitfall jeder zu seinem Recht kommt. So muss jeder

Ausbildungsvertrag laut Berufsbildungsgesetz (BBiG) bestimmte Angaben enthalten, wie z. B. die Berufsbezeichnung, Dauer und Aufbau der Ausbildung, Regelungen zur täglichen Arbeitszeit, Probezeit, **Ausbildungsvergütung** und Urlaub, geltende Tarifverträge und Betriebsvereinbarungen (§ 11 BBiG).

Rechte und Pflichten laut Berufsbildungsgesetz

Die wichtigsten Rechte von Auszubildenden sind gleichzeitig die Pflichten des Ausbildenden und umgekehrt.

Azubis haben Anspruch auf ...	Azubis müssen ...
• systematische Unterweisungen, um das Ausbildungsziel in der vorgesehenen Zeit zu erreichen. • eine angemessene Ausbildungsvergütung. • kostenlos zur Verfügung gestellte Ausbildungsmittel. • Freistellungen für Berufsschule und Prüfungen – bei voller Fortzahlung der Vergütung. • Befreiung von allen Aufgaben, die nicht der Ausbildung dienen. • Teilnahme am Berufsschulunterricht. • Befreiung von allen Aufgaben, die ihre körperlichen Kräfte übersteigen. • ein Zeugnis nach Ende der Ausbildung. • Information über Arbeitsschutzmaßnahmen. • eine Arbeitszeit von höchstens acht Stunden täglich und 40 wöchentlich (solange sie unter 18 Jahre alt sind).	• sich bemühen, die beruflichen Fähigkeiten zu erlernen. • Aufgaben sorgfältig ausführen. • am Berufsschulunterricht teilnehmen. • ihr Berichtsheft führen – regelmäßig und wahrheitsgemäß. • Weisungen im Rahmen der Ausbildung befolgen. • die Ordnung der Ausbildungsstätte beachten. • Werkzeuge, Maschinen etc. pfleglich behandeln. • Betriebs- und Geschäftsgeheimnisse bewahren. • den Arbeitsschutz einhalten. • bei Krankheit ein ärztliches Attest vorlegen.

Jugendarbeitsschutzgesetz

Auszubildende genießen im Arbeitsrecht eine Sonderstellung. Weil sie meist noch nicht volljährig sind, werden sie vom Gesetz besonders geschützt, denn Kinder und Jugendliche sollen noch nicht den gleichen Belastungen ausgesetzt werden wie Erwachsene. Das **Jugendarbeitsschutzgesetz** (JArbSchG) schützt junge Menschen unter 18 Jahren, egal ob Auszubildende, Arbeiter oder Angestellte vor Arbeit, die zu früh beginnt, die zu lange dauert, die zu schwer ist, die sie gefährdet oder die für sie ungeeignet ist. Es verbietet im Allgemeinen die Erwerbsarbeit von Kindern unter 15 Jahren und regelt die besonderen Rechte von jugendlichen Mitarbeitern hinsichtlich Arbeitszeiten, Ruhepausen, Schicht-, Nacht- und Akkordarbeit, gefährlichen Arbeiten, Überstunden, Urlaub und Besuch der Berufsschule.

M1 Ursachen und Symptome des Pflegenotstands

In der Pflege fehlen deutschlandweit mindestens 36.000 Fachkräfte – das besagt eine im Mai dieses Jahres veröffentlichte Statistik der Bundesagentur für Arbeit. Im Landkreis Passau sind derzeit 116 unbesetzte Stellen und 12 Arbeitslose/-suchende im Bereich Altenpflege gemeldet. Die Gründe für den Fachkräftemangel scheinen schnell gefunden: schlechte Bezahlung, unzählige Überstunden, physische und psychische Belastung. Trotz des schlechten Rufs hat sich die 41-jährige Waltraud Tiefenböck für eine Umschulung zur Altenpflegerin entschieden und den Schritt nie bereut: „Meine Ausbildung ist abwechslungsreich und ich mag es einfach gerne, mit Menschen zu arbeiten." Mit den Arbeitszeiten hat sie sich arrangiert und auch mit der Vergütung ist sie zufrieden. Thomas Nöbauer, Inhaber eines Pflegedienstes, ärgert, dass man trotz des Mangels an Fachkräften einen mittleren Schulabschluss für eine Ausbildung in der Pflege benötigt. „Die Schulbildung ist meiner Meinung nach nicht ausschlaggebend für die Pflegefertigkeit eines Menschen. Da kommt es auf andere Dinge an." Wer ohne mittleren Schulabschluss eine Pflegeausbildung beginnen möchte, kann dies nur indirekt über eine Ausbildung zum Pflegekrafthelfer tun. Ein weiteres Problem: „Im stationären Bereich müssen 50 Prozent der Belegschaft Fachkräfte sein, also zum Beispiel examinierte Alten- oder Krankenpfleger", erklärt Nöbauer. Christine Halbig, Pflegeausbildungsberaterin, hält die Voraussetzung des mittleren Schulabschlusses für sinnvoll: „Das ist ein hoch anspruchsvoller Job", so die Pflegewissenschaftlerin. Dass immer mehr Schulabsolventen an einem Studium der Pflege interessiert sind, begrüßt sie hingegen sehr. „Als Pflegewissenschaftler hat man beruflich wahnsinnig viele Möglichkeiten und das Studium bringt auch finanzielle Vorteile."

Aufgrund der zahlreichen Herausforderungen im Pflegeberuf entscheiden sich junge Menschen immer seltener für eine Ausbildung im Pflegesektor.

Nach: Lisa Plank, Ursachen und Symptome des Pflegenotstands, Passauer Neue Presse, 03.11.2018

1. Erkläre, warum ein Pflegenotstand entstanden ist. Benutze dabei die Begriffe Angebot und Nachfrage.
2. Nenne mögliche Ursachen für die Arbeitslosigkeit der zwölf Personen im Landkreis Passau.
3. Diskutiere, ob der Einsatz von Robotern in der Pflege sinnvoll ist.
4. Erkläre schulische und berufliche Bildungswege am Beispiel der Pflege.
5. Wäre der Beruf des Altenpflegers für dich geeignet? Vergleiche die Anforderungen und Arbeitsbedingungen mit deinen Stärken und Interessen.
6. Erkläre, worauf du bei dem Abschluss eines Berufsausbildungsvertrags achten müsstest.
7. Prüfe, ob die Tätigkeiten und Arbeitszeiten eines angehenden Altenpflegers mit dem Jugendarbeitsschutz vereinbar sind.
8. Verfasse eine Kurzbewerbung für ein Praktikum bei einem mobilen Pflegedienst.

... möglichst viel Geld verdienen.
... hohe Steuern bekommen.
... einen möglichst hohen Verkaufspreis erhalten.
... möglichst billig konsumieren.
... den Lohn selbst verhandeln.
... Freiheit bei der Berufswahl.
... eine gute Versorgung mit Gütern und Dienstleistungen.

... eine gute Absicherung durch die Rente im Alter.
... geringe Löhne zahlen.
... vom Staat finanziell unterstützt werden.
... krankenversichert sein.
... hohe Löhne erhalten.
... wenig Steuern zahlen.
... die Umwelt schützen.

Deine Meinung ist gefragt!

1. Klärt die Textbausteine, Fragen und Begriffe in der Klasse.
2. Sammelt an der Tafel sinnvolle Sätze aus den Satzbausteinen und begründet eure Formulierungen.
   Beispiel: Unternehmen … wollen … möglichst viel Geld verdienen.
3. Arbeite für private Haushalte, Unternehmen und Staat jeweils die zwei deiner Meinung nach wichtigsten Interessen heraus.
4. Stelle deine Ergebnisse einem Partner vor und vergleicht eure Auswahl gemeinsam.

2

Wirtschaftliches Handeln in der Sozialen Marktwirtschaft

Vor der Schule beim Bäcker eine Breze holen, in der Mittagspause zum Dönerladen, am Nachmittag shoppen gehen. Jeden Tag kaufst du ein und triffst wie jede andere Privatperson dabei wirtschaftliche Entscheidungen. Warum kaufst du dir ein Marken-Smartphone für über 800 Euro, während andere Geräte vielleicht 200 Euro und weniger kosten? Welche Auswirkungen hat es für den Markt und die Unternehmen, wenn du dir ein T-Shirt für 3,99 Euro kaufst? Du kannst dabei dein eigenes Verbraucherverhalten unter die Lupe nehmen und kritisch hinterfragen.

Neben privaten Haushalten und Unternehmen gibt es auch noch den Staat, der das Leben mitbestimmt. Es gibt Länder, in denen die Entscheidungen, was produziert wird und zu welchem Preis verkauft wird, vom Staat getroffen werden. In Deutschland werden dagegen nur einige „Spielregeln" vom Staat vorgegeben, wie z. B. Steuerhöhe, Mindestlohn und Arbeitslosengeld. Diese Regeln, die das wirtschaftliche Handeln in einem Land vorgeben, machen die Wirtschaftsordnung einer Gesellschaft aus. Die Wirtschaftsordnung der Bundesrepublik Deutschland ist die Soziale Marktwirtschaft.

Kompetenzen – Das kannst du nach diesem Kapitel:

... Kaufentscheidungen mithilfe des ökonomischen Prinzips treffen.
... das Verhalten von Anbietern und Nachfragern auf Märkten grafisch darstellen, um die Bildung des Marktpreises zu erklären.
... wirtschaftliche Zusammenhänge in einem Kreislaufmodell darstellen.
... die Soziale Marktwirtschaft von der freien Marktwirtschaft abgrenzen.
... die Bedeutung der Ziele in der Sozialen Marktwirtschaft für Unternehmen und private Haushalte erkennen.
... Chancen und Risiken freiheitlicher Elemente für die wirtschaftlichen Akteure beurteilen.
... an Beispielen die Bedeutung der sozialen Sicherung begründen.
... die Zukunft der gesetzlichen Rentenversicherung beurteilen.

2.1 Wirtschaftliches Handeln

2.1.1 Warum kann man sich nicht alles kaufen, was man möchte?

Du triffst deine Kaufentscheidungen unter Beachtung des ökonomischen Prinzips. Dabei bist du dir des Spannungsfelds zwischen unbegrenzten Bedürfnissen und knappen Gütern bewusst.

Bestimmt hast du schon einmal davon geträumt, sehr viel Geld zu haben und dir alles leisten zu können. Sofort fallen dir viele Sachen ein, die du kaufen möchtest. Aber hast du auch Wünsche, die du dir selbst mit viel Geld nicht erfüllen könntest?

M1 Der erste Schultag

Heute ist der erste Schultag nach den Sommerferien. Tim geht in die 8. Klasse und freut sich, seine Freunde wiederzusehen. Müde schleppt er sich aus dem Bett, nachdem der Wecker geklingelt hat und macht sich fertig für die Schule. Zum Frühstück isst er hungrig ein Marmeladenbrötchen und seine Mutter gibt ihm Geld für die Pause mit. Am Morgen ist es draußen noch ziemlich kalt, also zieht sich Tim eine Jacke über und fährt pünktlich von Zuhause mit dem Fahrrad los, um nicht zu spät zu kommen. Im Klassenzimmer angekommen begrüßt er seine Freunde und bekommt gar nicht mit, dass sein Lehrer schon mit dem Unterricht beginnen will. Er hofft, dass die Lehrer heute noch keine Hausaufgaben aufgeben, denn er will am Nachmittag noch Basketball spielen gehen.

1. Nenne Tims Bedürfnisse an seinem ersten Schultag.
2. Vergleiche deine Bedürfnisse heute mit denen von Tim.
3. Ordne alle Bedürfnisse aus Aufgabe 1 und 2 nach ihrer Dringlichkeit. Beginne mit dem wichtigsten Bedürfnis.
4. Wilhelm Busch, Zeichner und Erfinder von Bildergeschichten, schrieb in einem seiner Gedichte: *„Ein jeder Wunsch, wenn er erfüllt, kriegt augenblicklich Junge."* Erkläre die Aussage an einem selbstgewählten Beispiel aus deinem Konsumverhalten.

M2 Wirtschaftlich handeln, wie geht das?

Am Wochenende geht Tim mit seinem besten Freund Felix in die Stadt. Er hat von seiner Mutter 80,00 Euro bekommen, um sich neue Schuhe zu kaufen und ins Kino zu gehen. Folgende Alternativen stehen für ihn zur Wahl:

Fahrt	Schuhe	Kino	Essen	Trinken
Bus: Hin- und Rückfahrt zusammen 4,00 €, Dauer je 20 Minuten	**Markenschuhe:** Kosten 60,00 €, Tims Lieblingsschuhe	**3D-Kinoticket:** 10,00 €	**Popcorn:** 5,00 € **Eis im Becher:** 3,00 €	**0,5l Limo:** 3,00 €
ODER	ODER	ODER	ODER	ODER
Fahrrad: keine Kosten, Dauer je 45 Minuten	**No-Name-Schuhe:** Kosten 40,00 €, optisch den Markenschuhen ähnlich	**2D-Kinoticket:** 8,00 €	**Nachos:** 6,00 € **Stieleis:** 1,00 €	**0,3 l Limo:** 2,00 € **0,3 l Wasser:** 2,00 €

5. Begründe, wofür du das Geld an Tims Stelle ausgeben würdest.
6. Erläutere am Beispiel von Tims Ausflug in die Stadt, warum zwischen Wünschen und Realität ein Spannungsfeld besteht.

M3 Felix muss sich entscheiden

Tims Freund Felix will sich ein Smartphone kaufen. Er hat die letzten Monate sein Taschengeld gespart und nun 200,00 Euro zur Verfügung. Ihm fällt die Entscheidung nicht leicht.

7. Erkläre die Unterschiede zwischen Felix und Tims Vorschlägen in Bezug auf Mitteleinsatz (Aufwand) und Nutzen (Ertrag).
8. Begründe, ob du dich für Tims oder Felix' Vorgehen entscheiden würdest.
9. Die beiden Freunde treffen in der Stadt auf ihren Klassenkameraden Ahmed. Der schlägt vor, mit minimalem Mitteleinsatz einen maximalen Nutzen zu erreichen. Überprüfe, ob er damit Tim oder Felix zustimmt (vgl. Fachwissen S. 52).
10. Du willst dir eine neue Jacke kaufen. Erläutere, wie du deine Kaufentscheidung triffst.

2.1.2 Wie verhalten sich Anbieter und Nachfrager auf dem Markt?

Du erläuterst das unterschiedliche Verhalten von Anbietern und Nachfragern auf Märkten.

Wenn du in einen Supermarkt zum Einkaufen gehst, sind viele Preise vorgegeben und meistens nicht verhandelbar. Anders ist es auf einem Wochenmarkt. Dort werden die Preise teilweise erst ausgehandelt, da bei Obst und Gemüse die Qualität nicht immer identisch ist. Hast du schon einmal einen Preis auf einem (Wochen)Markt verhandelt?

M1 Der Apfelmarkt in Deutschland

1. Nenne mögliche Gründe, warum die Deutschen gerne Äpfel kaufen.
2. Erkläre, wie Konsumenten und Produzenten (Landwirte) sich bei einem sehr hohen Apfelpreis verhalten.

M2 Das Angebot an Äpfeln

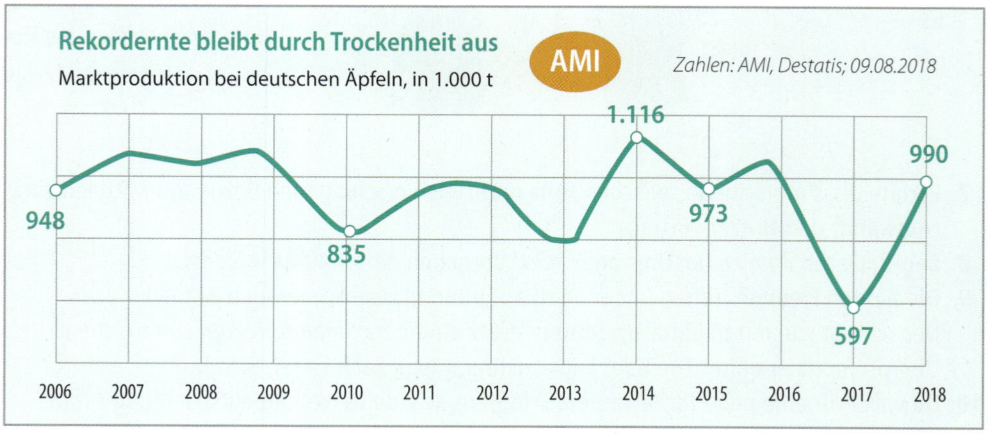

3. Erkläre, warum die angebotene Menge an Äpfeln in Deutschland schwankt.
4. Übertrage das Diagramm bei Aufgabe 5 in dein Heft und zeichne einen möglichen Preisverlauf für den Apfelpreis für die Jahre 2013–2018 ein. Verwende dabei die Informationen aus **M2** und beurteile für jedes Jahr, ob der Apfelpreis gefallen oder gestiegen sein könnte.
5. Stelle den dargestellten Verlauf der Angebotsmenge für Äpfel in der Tabelle grafisch in einem Preis-Mengen-Diagramm dar.

Preis je Tonne in €	Angebot an Äpfeln in Tausend t
800	1100
750	950
700	800
650	650
600	500

Diagramm zu Aufgabe 4

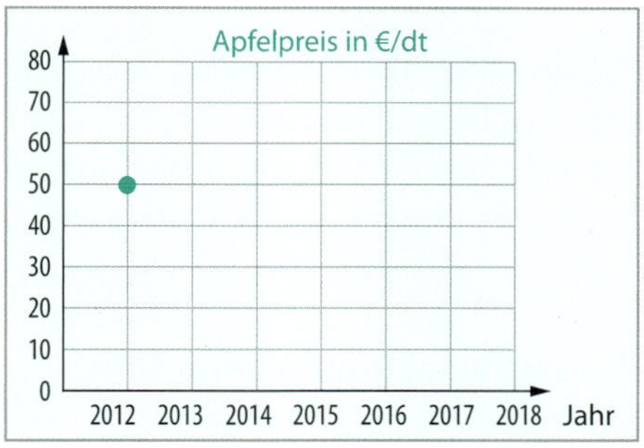

Dezitonne (dt) ≙ 100 kg

6. *„Wegen gesunkener Apfelpreise geben viele Bauern auf"*. Erläutere diese Zeitungsüberschrift und deren Folgen für den Apfelmarkt.

M3 Die Nachfrage nach Äpfeln

Aktuell gibt es in Deutschland ca. 200 unterschiedliche Apfelsorten auf dem Markt. Trotzdem essen immer weniger Menschen Äpfel. In den Jahren 2013–2017 ist der Konsum in Deutschland um zehn Prozent zurückgegangen. Der Trend geht Richtung Äpfel mit intensiver Rotfärbung und eher süßlichem Geschmack. Die sinkende Nachfrage ist auf einen insgesamt sinkenden Konsum von Obst allgemein in den letzten Jahren zurückzuführen. Dieser Effekt wird verstärkt durch die gute und günstige Verfügbarkeit von anderen, vor allem exotischen Obstsorten.

7. Nenne Ursachen für die gesunkene Nachfrage nach Äpfeln in Deutschland.
8. Erkläre, wie sich die Apfelpreise aufgrund der gesunkenen Nachfrage in den Jahren 2013–2017 entwickelt haben könnten.
9. Erläutere, wie sich die nachgefragte Menge nach einem Gut bei sinkendem Preis verändert.
10. Stelle den dargestellten Verlauf der Nachfragemenge für Äpfel in der Tabelle grafisch in einem Preis-Mengen-Diagramm dar.

Preis je Tonne in €	Nachfrage an Äpfeln in Tausend t
800	500
750	650
700	800
650	950
600	1100

2.1.3 Wie kommt der Preis zustande?

Du stellst das Verhalten von Anbietern und Nachfragern grafisch dar, um die Bildung des Marktpreises zu erklären.

Bist du auf der Suche nach einem neuen Kleidungsstück, informierst du dich in der Regel im Handel oder im Internet. Manchmal vergleichst du Preise und wartest auf ein spezielles Angebot. Ein anderes Mal hast du es aber eilig und kaufst sofort. Hast du schon einmal etwas gekauft und dich im Nachhinein geärgert, weil der Preis zu hoch war?

M1 Preisschwankungen beim Skikauf

Martina ist auf der Suche nach neuen Skiern für den kommenden Winter. Daher geht sie nach der Schule mit ihren Eltern zum örtlichen Sportfachgeschäft und findet bekannte Markenski inkl. Bindung für 249,95 Euro im Angebot. Ihre Skilänge ist leider nicht vorrätig und müsste erst bestellt werden. Sie ist sich aber unsicher und will sich noch einmal im Internet über dieses Skimodell informieren. Bei zwei bekannten Onlineshops sind die Ski fast ausschließlich positiv bewertet und zu folgenden Preisen zu haben:

Bei einem teuren Produkt wie Ski, sollten Qualität und Preis vor dem Kauf genau geprüft werden.

Am Abend will sie den Skikauf mit ihren Eltern abschließend besprechen und zeigt ihnen die Bewertungen und Angebote im Internet. Sie ist überrascht, als sie Folgendes sieht:

1. Erläutere, wie sich speziell im Internet die Preise für Ski abhängig von der Tageszeit verändern können.
2. Nenne weitere Faktoren, die die Preise von Ski beeinflussen könnten.
3. Zeige mithilfe von **M1** die unterschiedlichen Preisinteressen von Anbietern und Nachfragern.

M2 Der Eismarkt an Martinas Schule

Im letzten Schuljahr gab es einen Rekordsommer mit Temperaturen über 30 °C. Da es an Martinas Schule bisher keinen Eisverkauf gab, startete die SMV eine Umfrage. Sowohl die Schüler als auch die Mensa wurden zum Kauf und Verkauf von Eis in der Pause befragt. Die Umfrage ergab folgendes Ergebnis:

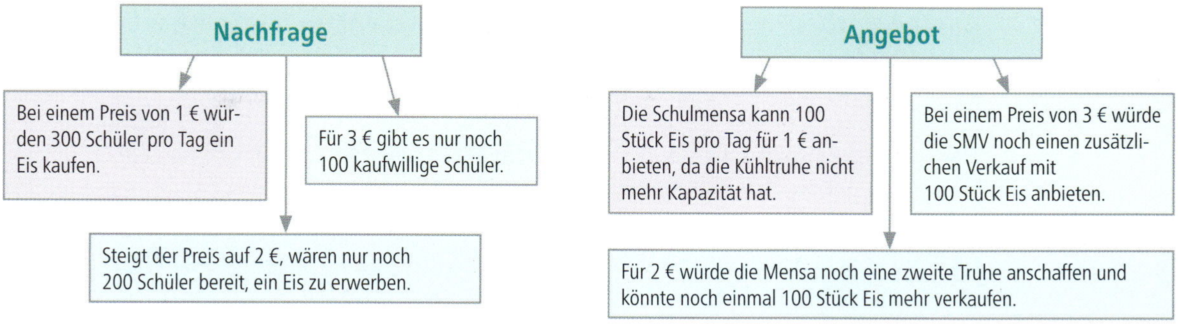

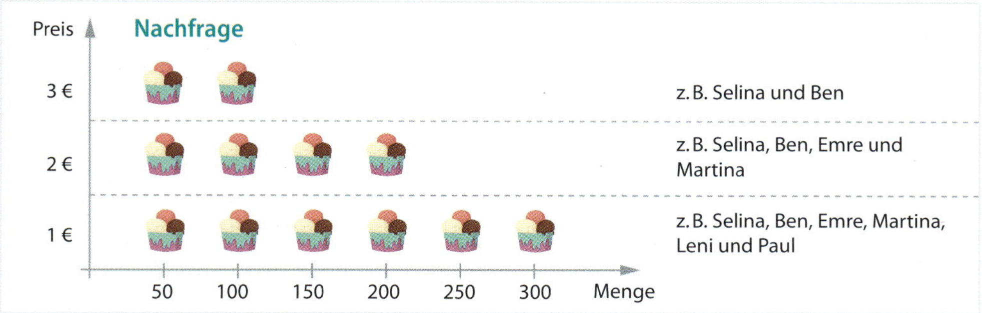

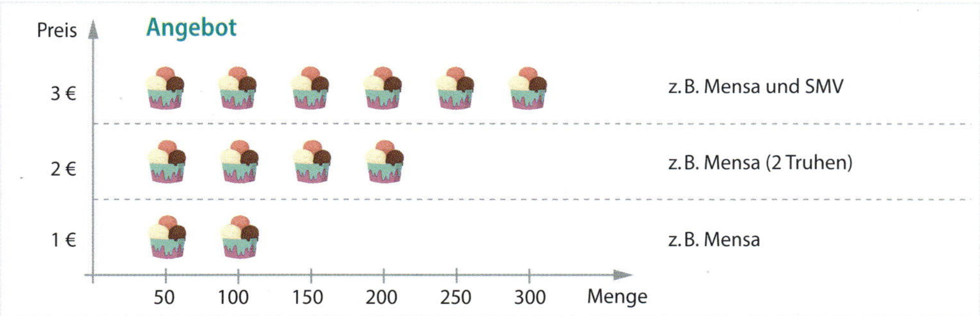

4. Übertrage die Umfrageergebnisse der SMV von Martinas Schule in ein Preis-Mengen-Diagramm. Verbinde die Punkte anschließend zu einer Angebotskurve A (gesamtes mögliches Angebot) und einer Nachfragekurve N (gesamte mögliche Nachfrage) für die verschiedenen Preise.

5. Ermittle grafisch den optimalen Preis für Eis an Martinas Schule.

6. Erkläre mithilfe des Diagramms, wie viel Stück Eis zu diesem Preis pro Tag verkauft würden.

7. Erläutere, warum bei einem zu niedrigen Preis die Anbieter und bei einem zu hohen Preis die Nachfrager nicht zufrieden wären.

2.1.4 Wie kann man wirtschaftliche Zusammenhänge in einem Modell darstellen?

Du stellst die Zusammenhänge zwischen Unternehmen und privaten Haushalten in einem Modell dar. Du ordnest wirtschaftliche Aktivitäten richtig in das Kreislaufmodell ein.

Wenn du zum Beispiel auf der Suche nach einem neuen Smartphone bist, kannst du in einen Elektronikmarkt gehen. Dort informierst du dich und lässt dich beraten. Dabei hast du es selten mit dem Unternehmer selbst zu tun, sondern mit Angestellten, die für ihre Arbeit Geld bekommen. Weißt du, was diese mit diesem Geld machen?

M1 Fußballschuhe im Wirtschaftskreislauf

Sam braucht neue Fußballschuhe. Zum Glück gibt es nur wenige Minuten entfernt von ihm das Outlet eines großen Sportartikelherstellers. Als sein Vater am Nachmittag aus dem Büro nach Hause kommt, fahren sie zusammen zum Sportoutlet und lassen sich von den Mitarbeitern beraten. Letztlich kauft Sams Vater ihm einen modernen Schuh ohne Schnürsenkel und aus einem ultradünnen Material, welcher eine optimale Ballkontrolle verspricht.

1. Erläutere den Zusammenhang der wirtschaftlichen Aktivitäten, die auf den orangen und den grünen Pfeilen dargestellt sind.
2. Begründe folgende These: *„Bei wirtschaftlichen Aktivitäten fließen sowohl Geld als auch Güter zwischen den Beteiligten hin und her."*

M2 Der einfache Wirtschaftskreislauf

Das Modell des einfachen Wirtschaftskreislaufs besteht aus zwei Sektoren: den privaten Haushalten und den Unternehmen. Das Unternehmen, in dem Sams Vater arbeitet, gehört also zum Sektor Unternehmen, Sams Familie gehört zum Sektor private Haushalte. Zugleich sind alle gleichartigen wirtschaftlichen Aktivitäten zu sogenannten Strömen zusammengefasst. Es wird dabei zwischen Geld- und Güterströmen unterschieden. Das Modell bildet also die wirtschaftlichen Aktivitäten zwischen Haushalten und Unternehmen ab.

Dabei bekommen die privaten Haushalte für ihre geleistete Arbeit (Güterstrom) von den Unternehmen einen Lohn (Geldstrom). Diesen geben sie aus, indem sie bei den Unternehmen Güter und Dienstleistungen konsumieren. Das Geld befindet sich somit immer im Kreislauf zwischen Unternehmen und privaten Haushalten.

3. Nenne einen Grund, warum im Modell des Wirtschaftskreislaufs die Zusammenfassung aller Unternehmen zum Sektor Unternehmen vorteilhaft ist.

4. Erstelle das Modell des einfachen Wirtschaftskreislaufs selbst. Verwende dazu die Informationen aus **M1** und **M2**.

M3 Wirtschaftliche Transaktionen

1 Sams Vater kauft sich Schokolade in Herrn Möllers Supermarkt.

2 Sams Mutter bekommt ihren Lohn als Physiotherapeutin von Herrn Stark ausbezahlt.

3 Herr Stark bezahlt den Fliesenleger Herrn Flink für das Fliesen seines Bades.

4 Sams Vater kauft sich 10 Aktien von Adidias.

5 Herr Stark überweist die Pacht für die Räume seiner Physiotherapiepraxis an Herrn Möller.

6 Herr Flink hat einen Physiotherapie-Termin bei Sams Mutter.

5. Ordne die genannten Akteure den Sektoren „Haushalte“ und „Unternehmen“ zu. Ordne dann die wirtschaftlichen Transaktionen den entsprechenden Strömen zu.
Beispiel 1:
Haushalt: Sams Vater
Unternehmen: Möllers Supermarkt
Güterstrom: Schokolade
Geldstrom: Kaufpreis

6. Beurteile folgende Aussage mithilfe des einfachen Wirtschaftskreislaufs:
„Zahlen Unternehmen höhere Löhne, profitieren sie selbst davon.“

FACHWISSEN

Bedürfnisvielfalt und Güterknappheit

Bedürfnisse sind Gefühle des Mangels, verbunden mit dem Wunsch, diesen Mangel zu beseitigen. **Güter** sind Mittel, um die Bedürfnisse zu befriedigen.

Bedürfnisvielfalt: **Wir haben unendlich viele Bedürfnisse.** ← **Konsum** → **Güterknappheit:** **Wir haben nur begrenzte Mittel zur Verfügung.**

Ökonomisches Prinzip

Um Bedürfnisse bestmöglich zu befriedigen und gut zu wirtschaften, sollte man nach dem **ökonomischen Prinzip** handeln. Dabei gibt es zwei Varianten:

Beim **Maximalprinzip** soll mit **vorgegebenem Mittelaufwand** ein **maximaler Ertrag** erreicht werden.

So kannst du versuchen, mit deinem festgelegten Taschengeld möglichst viele Bedürfnisse zu befriedigen.

Beim **Minimalprinzip** soll ein **vorgegebener Ertrag** mit **minimalem Mittelaufwand** erreicht werden.

So kannst du ein bestimmtes Computerspiel zu einem möglichst geringen Preis kaufen.

Preisbildung auf Märkten → Preis-Mengen-Diagramm (Marktmodell)

Auf Märkten treffen Angebot und Nachfrage zusammen.

Die **Anbieter** haben die Bereitschaft, ihre Güter zu einem bestimmten Preis zu verkaufen. **Je höher der Preis ist, desto mehr Anbieter sind bereit, ihre Güter anzubieten.** Produktionskosten oder der zu erwartende Gewinn beeinflussen das Angebot. Steigen die Kosten der Produktion, sind weniger Unternehmen bereit, zu diesen Bedingungen noch zu produzieren.

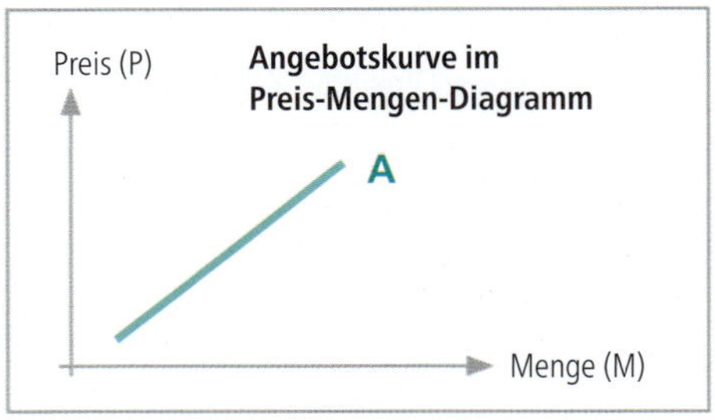

Die **Nachfrager** haben die Bereitschaft, die Güter zu einem bestimmten Preis zu kaufen. **Je höher der Preis ist, desto weniger Nachfrager sind bereit, Güter zu kaufen.** Veränderungen der Konsumgewohnheiten (z. B. Streaming statt Blu-ray-Kauf), persönliche Vorlieben, die zur Verfügung stehenden finanziellen Mittel oder Trends beeinflussen die Nachfrage.

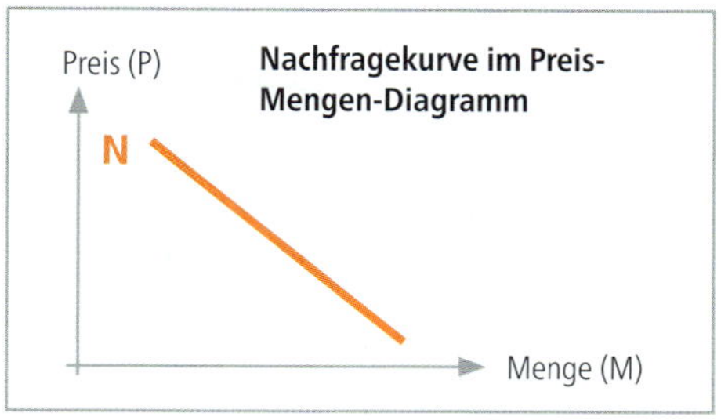

Gleichgewichtspreis P_G **und -menge** M_G entstehen am Schnittpunkt von Angebot und Nachfrage. Dies kann in einem **Preis-Mengen-Diagramm (Marktmodell)** veranschaulicht werden.

Der **Gleichgewichtspreis** ist der optimale Preis. Alle Nachfrager, die bereit sind diesen Preis zu zahlen, erhalten das Gut auch zu diesem Preis. Aber auch alle Anbieter, die ihr Gut zu diesem Preis anbieten, können das Gut verkaufen.

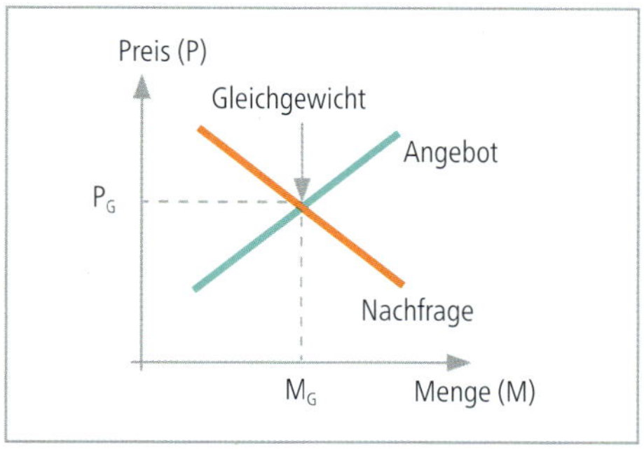

Also werden zu diesem Preis alle Nachfrager und Anbieter bedacht, denn keiner, der diesen Preis akzeptiert, geht leer aus.

Der einfache Wirtschaftskreislauf

Mit dem **Modell des einfachen Wirtschaftskreislaufs** lassen sich die wirtschaftlichen Aktivitäten zwischen privaten Haushalten und Unternehmen vereinfacht darstellen.

Dabei werden folgende Annahmen getroffen:
Sämtliche private Haushalte werden zum **Sektor Haushalt**, alle produzierenden Wirtschaftseinheiten zum **Sektor Unternehmen** zusammengefasst. Gleichartige Aktivitäten werden zu **Strömen** zusammengefasst, wobei zwischen **Geld- und Güterströmen** unterschieden wird.

2.2 Die Soziale Marktwirtschaft als Wirtschaftsordnung

2.2.1 In welcher Wirtschaftsordnung möchtest du leben?

Du ordnest wirtschaftliche Gegebenheiten der passenden Wirtschaftsordnung zu.

Vielleicht hast du schon einmal davon geträumt, in einem anderen Land zu leben. Unter Palmen, direkt am Meer oder in einer Weltmetropole. Bei deinen Träumereien orientierst du dich vielleicht am Wetter oder an den jeweiligen Kulturen. Mindestens ebenso wichtig ist die Frage nach den wirtschaftlichen Sicherheiten und Möglichkeiten, denn auch in einem anderen Land musst du konsumieren, arbeiten und sparen. Was wäre dein Traumland?

M1 Wirtschaftsordnungen im Vergleich

	Praahta 	Dyllen 
Wirtschaftliche Freiheit	Alle Preise bilden sich auf dem Markt durch Angebot und Nachfrage.	Alle Preise werden durch den Markt festgelegt. Der Staat greift aber manchmal ein, wenn der Markt zu unerwünschten Ergebnissen führt.
Steuern und Sozialabgaben	Es werden wenig Steuern gezahlt. Sozialabgaben sind keine fällig.	Es werden Steuern und Sozialabgaben verlangt, die sich an der Höhe des Einkommens und Vermögens orientieren, d.h. wer mehr hat, zahlt auch mehr. Wer ganz wenig verdient, zahlt gar keine Steuern.
Risiken und Sicherheiten	Jeder entscheidet selbst, gegen welche Risiken (z. B. Krankheit, Arbeitslosigkeit) eine Versicherung abgeschlossen werden soll.	Der Staat verpflichtet die Bürger sich gegen viele Risiken abzusichern.

1. Erläutere, in welchem Land du lieber leben würdest.
2. Ordne einem der beiden Länder die Wirtschaftsordnung der **freien Marktwirtschaft** zu.
3. Erkläre, warum man die Wirtschaftsordnung in Dyllen als sozial bezeichnen könnte.

M2 Die Soziale Marktwirtschaft

TONY: Hi, ich bin Tony. Ich komme aus Praahta und bin aktuell zu Besuch bei der Familie meines Cousins Frank in Dyllen.

FRANK: Hallo, ich bin Frank. Mit meinem Cousin gehe ich gerne Skateboard fahren. Gestern bin ich aber gestürzt und habe heute starke Schmerzen in der Hand. Wir fahren heute in ein Krankenhaus und lassen den Arm röntgen.

Im Krankenhaus angekommen…

TONY: Hast du nur diese Karte vorgezeigt? Musst du nichts zahlen?

FRANK: Ich weiß auch nicht genau, wie das funktioniert. Aber ich muss auf jeden Fall nichts zahlen. Wir können daheim mal meinen Vater fragen.

Wieder zuhause…

FRANKS VATER: Die Krankenkassenkarte hat jeder, der gesetzlich krankenversichert wird. Die Kosten der Behandlung zahlt die Krankenkasse, die das Geld von den Bürgern und vom Staat bekommt. Jeder Arbeitnehmer zahlt einen Teil seines Einkommens in die gesetzliche Krankenversicherung. Der Unterschied zu eurem System in Praahta ist folgender: Bei uns herrscht so viel freier Markt wie möglich, aber gleichzeitig auch so viel Staat wie nötig. Der Staat greift immer dann ein, wenn das soziale Wohl gefährdet ist und hilft denjenigen, die nicht in der Lage sind, sich selbst zu helfen. Das nennt man Soziale Marktwirtschaft.

TONY: Ich habe das alles immer noch nicht verstanden und werde das Ganze nochmal im Internet nachlesen.

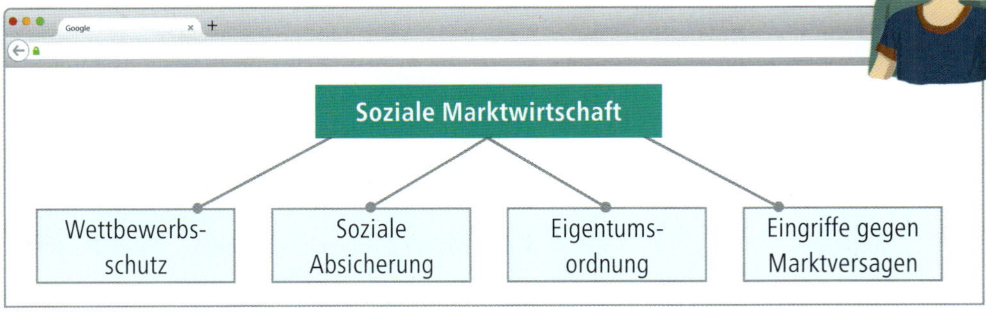

4. Recherchiere im Internet nach Beispielen für die genannten staatlichen Eingriffe.
5. Diskutiert die folgende These: *In der freien Marktwirtschaft geht es den Menschen besser, weil jeder nur für sich selbst sorgen muss.*

2.2.2 Was sind die Ziele der Sozialen Marktwirtschaft?

Du begründest an Beispielen die Bedeutung der Sozialen Marktwirtschaft aus Sicht der privaten Haushalte und der Unternehmen.

Wenn du mit der Schule fertig bist, beginnt für dich vielleicht schon das Arbeitsleben und du verdienst dein eigenes Geld. Damit es auch langfristig genug Arbeitsplätze in Deutschland gibt, ist der Staat in der Pflicht.

M1 Die Gründerväter der Sozialen Marktwirtschaft

Der erste Wirtschaftsminister der Bundesrepublik Deutschland hieß Ludwig Erhard. Zusammen mit Professor Alfred Müller-Armack entwickelte er das Konzept der „Sozialen Marktwirtschaft". Eines der bekannten Zitate von ihm lautet: *„Ich will, dass der Einzelne sagen kann: ‚Ich will mich aus eigener Kraft bewähren, ich will das Risiko des Lebens selbst tragen, will für mein Schicksal selbstverantwortlich sein. Sorge du, Staat, dafür, dass ich dazu in der Lage bin'."*

1. Nenne konkrete Beispiele aus den Bereichen Arbeit und Gesundheit, bei denen man sich aus eigener Kraft bewährt und für sein Schicksal selbstverantwortlich ist.
2. Entwickle Vorschläge, wie sich der Staat verhalten sollte, um dies zu gewährleisten.

M2 Die Soziale Marktwirtschaft im Grundgesetz

§

Art. 2 GG Freiheit der Person
(1) Jeder hat das Recht auf die freie Entfaltung der Persönlichkeit, soweit er nicht die Rechte anderer verletzt [...].

Art. 5 GG Meinungsfreiheit
(1) Jeder hat das Recht, seine Meinung in Wort, Schrift und Bild frei zu äußern [...]. [...] Eine Zensur findet nicht statt.

Art. 11 GG Freizügigkeit
(1) Alle Deutschen genießen Freizügigkeit im ganzen Bundesgebiet.

Freizügigkeit
Recht, seinen Wohn- und Aufenthaltsort frei zu wählen

Art. 12 GG Berufsfreiheit
(1) Alle Deutschen haben das Recht, Beruf, Arbeitsplatz und Ausbildungsplatz frei zu wählen.

Art. 14 GG Eigentum und Erbrecht
(1) Das Eigentum und das Erbrecht werden gewährleistet.
(2) Eigentum verpflichtet. Sein Gebrauch soll zugleich dem Wohle der Allgemeinheit dienen.

Art. 15 GG Sozialisierung
(1) Grund und Boden, Naturschätze und Produktionsmittel können [...] durch ein Gesetz, das Art und Ausmaß der Entschädigung regelt, in Gemeineigentum [...] überführt werden.

3. Erläutere, inwiefern sich die Idee der Sozialen Marktwirtschaft im Grundgesetz wiederfindet.

M3 Was den Gründervätern wichtig war

Das übergeordnete Ziel der Sozialen Marktwirtschaft lässt sich im Titel des bekanntesten Buches von Ludwig Erhard erkennen. Diesem Ziel untergeordnet lassen sich drei Leitideen ableiten:

Beschränkung der Macht von Staat <u>und</u> Unternehmen	Soziale Sicherung	Bestmögliche Versorgung mit Gütern

4. Erläutere, wie die drei Leitideen zum „Wohlstand für Alle" führen könnten.
5. Vergleiche die in **M3** genannten Leitideen mit den Eigenschaften der Sozialen Marktwirtschaft (vgl. S. 55 **M2**).

M4 Wege zum Ziel

- *staatliche Eingriffe in den Markt*
- *freier Wettbewerb*
- *Verankerung der Berufsfreiheit im Grundgesetz (siehe M2)*
- *Verhinderung von Betrug und Absprachen*
- *freier Gütermarkt*
- *Wirtschaftswachstum*
- *Sozialversicherung, in die Arbeitnehmer und -geber einzahlen*
- *freier Marktmechanismus*
- *Solidarität in der Gesellschaft*
- *Eigentumsrechte*

6. Kläre die unbekannten Begriffe. Recherchiere dazu ggf. im Internet.
7. Ordne die in **M4** genannten Aspekte den passenden Leitideen aus **M3** zu.
8. Zeige die Bedeutung eines funktionierenden Bildungssystems für die Erreichung der Ziele und Prinzipien in **M3** und **M4**.
9. Begründe, dass sich die Merkmale der Sozialen Marktwirtschaft mit folgendem Spruch zusammenfassen lassen (**M3**, **M4**): *So viel Markt wie möglich, so viel Staat wie nötig.*

M5 Aktuelle Herausforderungen

- Gerechte Vermögens- und Einkommensverteilung
- Globalisierung
- Klimawandel
- Digitalisierung
- Demographischer Wandel
- Staatsverschuldung

10. Bildet Gruppen und wählt jeweils ein Thema pro Gruppe. Bereitet eine kurze Präsentation vor, bei der ihr euer Thema erklärt und aktuelle Risiken und Lösungsideen für die Soziale Marktwirtschaft in Deutschland vorstellt.

2.2.3 Welche Bedeutung haben marktwirtschaftliche Freiheiten in der Sozialen Marktwirtschaft?

Du beurteilst an Beispielen die Bedeutung freiheitlicher Elemente in der Sozialen Marktwirtschaft, indem du Chancen und Risiken für private Haushalte und Unternehmen vergleichst.

In Deutschland gibt es ca. 35.000 Kfz-Betriebe. In vielen Orten gibt es für die jeweilige Automarke ein Autohaus. Zusätzlich existieren zahlreiche kleine Werkstätten, in denen Autos repariert werden können. Welche Automobilbetriebe (Hersteller, Autohäuser, Werkstätten,…) kennst du in deiner Nähe?

M1 Autohaus Köhler

Martina Köhler arbeitet seit 15 Jahren im Familienbetrieb ihrer Eltern. Diese hatten vor 30 Jahren in Ingolstadt das Autohaus Köhler gegründet. Es beschäftigt insgesamt 26 Angestellte in den Bereichen Verwaltung, Reparatur und Verkauf. Martina hat viele Ideen, wie sie ihr Unternehmen umwandeln und im Konkurrenzkampf mit anderen Autohäusern vor Ort bestehen will.

1. Entwickle Ideen, wie Martina Köhler ihr Unternehmen gegenüber Konkurrenten in eine gute Position bringen könnte.
2. Vergleiche Chancen und Risiken des Internets als Verkaufsplattform für lokale Autohäuser.
3. a) Entscheide begründet, ob der Staat in der Sozialen Marktwirtschaft bei folgenden Entscheidungen von Frau Köhler eingreifen sollte.

- Frau Köhler will mehr Werbung machen und dadurch mehr Autos verkaufen.
- Frau Köhler will während einer schlechten Auftragslage den Angestellten das Gehalt halbieren.
- Frau Köhler will eine zweite Verkaufshalle bauen, um mehr Autos ausstellen zu können.
- Frau Köhler will im kommenden Herbst vier neue Auszubildende einstellen.

   b) Beurteile mithilfe des Wirtschaftskreislaufs die Auswirkungen der Entscheidungen jeweils aus Sicht des Unternehmens und privater Haushalte.

M2 Wirtschaftliche Entscheidungen eines Autoherstellers

Frau Köhler bezieht sämtliche Autos von einem großen Autohersteller in der Nähe. Dieser hat angekündigt, in den kommenden Jahren 9.500 Stellen abzubauen. Bei aktuell ca. 61.000 Arbeitsplätzen in Deutschland bedeutet das eine Streichung von knapp jeder sechsten Stelle. Das Unternehmen erklärte, dass Jobprofile wegfallen und neue entstehen werden. So ist geplant, bis zu 2.000 neue Expertenstellen in den Bereichen Digitalisierung und Elektromobilität zu schaffen, welche primär von internen Fachkräften besetzt werden sollen.

4. Nenne mögliche Gründe, weshalb so viele Stellen gestrichen werden müssen.
5. Nimm Stellung zu folgender Aussage: *Bei der Streichung einer so großen Menge an Arbeitsplätzen muss der Staat einschreiten.*
6. Stelle Chancen und Risiken des Stellenabbaus für die Region gegenüber.

M3 Nachhaltige Investments – Wird die Autobranche grün?

Das Thema Ökologie beschäftigt die Automobilbranche spätestens, seitdem die Medien intensiv über den Klimawandel und die Erderwärmung berichten. Tatsächlich trägt derzeit der Verkehrssektor mit ungefähr 13 % zu den weltweiten Treibhausgas-Emissionen bei. [...] Insbesondere in den Schwellen- und Entwicklungsländern wird das Mobilitätsbedürfnis weiter zunehmen. Das ist völlig legitim. Allerdings wird sich der steigende Bewegungsdrang der Weltbevölkerung nicht durch den schwerpunktmäßigen Einsatz von Verbrennungsmotoren befriedigen lassen. Vor allem die Umweltverschmutzung und die Begrenztheit von Rohöl sprechen gegen die [...] Antriebsart, die von der Automobilindustrie immer noch als Spitzentechnologie gepriesen wird. [...] Es wird spannend zu beobachten sein, welche Unternehmen den technologischen Wandel bewältigen und welche an ihm scheitern werden.

Limacher, Roman: Nachhaltige Investments – Wird die Autobranche grün?, www.n-tv.de, 16.11.2009

7. Erläutere, welche wirtschaftliche Bedeutung „nachhaltige Investments" für die Autobranche in Deutschland haben könnten.
8. Begründe folgende Aussage: *Der Staat als übergeordnete Instanz sollte langfristig denken und nachhaltiges Handeln einfordern.*
9. Recherchiere im Internet und erstelle zu einem der drei Themen einen kurzen Hefteintrag. Präsentiere die Ergebnisse anschließend.
  a) Staatliche Vorgaben für mehr Nachhaltigkeit bzw. weniger CO_2-Emission in der Automobilbranche
  b) Entwicklung der Verkaufszahlen alternativer Antriebstechnologien (z. B. Hybrid, Elektro)
  c) Aktuelle Nachhaltigkeitsziele der großen deutschen Automobilhersteller.

2.2.4 Was ist das Soziale an der Sozialen Marktwirtschaft?

Du begründest an verschiedenen Beispielen die Bedeutung und Notwendigkeit der sozialen Sicherung.

In Deutschland bekommen Erziehungsberechtigte für jedes Kind vom Staat monatlich einen festen Betrag, das Kindergeld. Deine Eltern bekommen auch für dich Kindergeld. Warum entscheidet sich der Staat für eine solche Maßnahme, die ihm viel Geld kostet? Weißt du, wie viel Kindergeld der deutsche Staat für dich bis zum 25. Geburtstag zahlt?

M1 Wenn es zur Kündigung kommt …

Hannas Mutter Christa arbeitet als Fahrzeugtechnikerin bei einem bayerischen Automobilhersteller. Durch die Energiewende ist das Unternehmen zu Umbaumaßnahmen und Einsparungen gezwungen. Daher wird Christa am 14.04. gekündigt. Die Kündigung ist durch den Kündigungsschutz erst mit einer Frist von zwei Monaten zum Quartalsende möglich, daher erfolgt die Kündigung erst zum 30.06. Christa begibt sich auf Jobsuche, findet aber zum 01.07. nicht sofort eine neue Arbeitsstelle.

1. Erkläre aus Sicht von Christa und ihrem Arbeitgeber, warum ein Kündigungsschutz sinnvoll ist (Wiederholung).
2. Erläutere, wie Christa ihren Lebensunterhalt ab Juli finanzieren könnte.
3. Begründe anhand von Christas Fall die Bedeutung der gesetzlichen Arbeitslosenversicherung.
4. Informiere dich im Internet über die Regelungen zum Arbeitslosengeld in Deutschland (z. B. Voraussetzungen, Höhe, Dauer).

M2 Was passiert im Krankheitsfall?

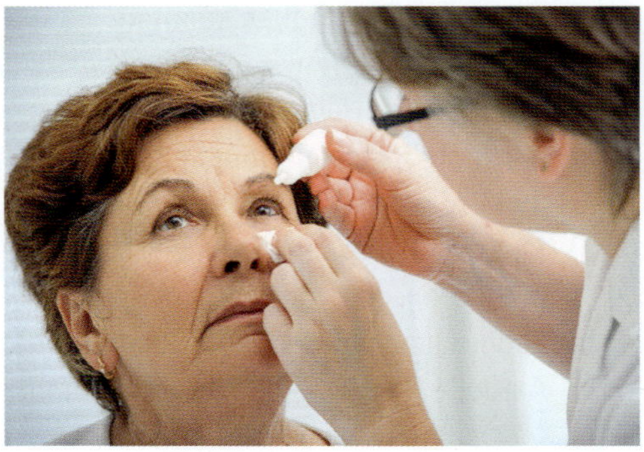

Im Juli ist Christa krank und muss zum Arzt. Bei ihr wird eine Allergie festgestellt, wodurch weitere Untersuchungen und Medikamente nötig werden.

CHRISTA: „Ich will eigentlich gar nicht mehr zum Arzt, weil das Geld im Moment so knapp ist. Die ganzen Behandlungen sind sicher sehr teuer."

HANNA: „Das zahlst du nicht selbst, die Kosten werden von deiner Krankenkasse übernommen."

CHRISTA: „Das macht doch keinen Sinn. Ich zahle aktuell ja gar nichts in die gesetzliche Krankenversicherung ein, da ich keine Arbeit habe."

5. Nimm Stellung, ob Christa oder Hanna Recht haben sollten.

6. Das Solidarprinzip besagt: *Einer für alle und alle für einen*. Erkläre anhand von **M1** und **M2**, wo dieses Prinzip in der Kranken- und Arbeitslosenversicherung zu erkennen ist.

7. Die gesetzliche Sozialversicherung besteht aus fünf Säulen. Neben der gesetzlichen Arbeitslosenversicherung (**M1**) und der gesetzlichen Krankenversicherung (**M2**) gibt es noch drei weitere Elemente. Erläutere, welche der folgenden Versicherungen deiner Meinung nach für alle Arbeitnehmer verpflichtend sein sollten. Begründe deine Antwort jeweils.

- *Rentenversicherung*
- *Unfallversicherung*
- *Reiseversicherung*
- *Hausratversicherung*
- *Pflegeversicherung*
- *Autoversicherung*

8. Erläutere, wie durch die Zwangsmitgliedschaft in der gesetzlichen Sozialversicherung das im Grundgesetz verankerte Recht auf freie Entfaltung der Persönlichkeit (vgl. S. 56, **M2**, Art. 2 GG) gewährleistet wird.

M3 Ausbildung für alle

Hanna macht dieses Jahr ihre Mittlere Reife. Im Herbst wird sie eine Ausbildung zur Physiotherapeutin an einer Berufsfachschule beginnen. Da ihre Mutter sie derzeit finanziell nicht unterstützen kann, recherchiert sie zum Thema BAföG:

BAföG in der Ausbildung

1. Was ist BAföG?

Die Abkürzung BAföG leitet sich von dem Wort Bundesausbildungsförderungsgesetz ab. Dieses Gesetz regelt in Deutschland die staatliche Unterstützung für die Ausbildung von Schülern und Studierenden. Das heißt, wenn deine Eltern nicht genug Geld haben, um dich in der Ausbildung zu unterstützen, kannst du finanzielle Hilfe vom Staat erhalten.

2. Wer bekommt BAföG?

Du kannst BAföG beantragen, wenn du

- nach der 10. Klasse weiterhin auf eine gemeinbildende Schule gehst. Dazu gehören Fachschulen, Berufsfachschulen, Akademien und Hochschulen.
- ein duales Studium absolvierst.
- in deiner ersten Ausbildung (Ausnahme: duale Berufsausbildung) bist.
- bei Beginn der Ausbildung jünger als 30 Jahre bist.

BAföG in der Ausbildung, www.azubi.de, abgerufen am 13.01.2020

9. Begründe, warum auf dem BAföG-Antrag zusätzlich das Einkommen der Eltern angegeben werden muss.

10. Diskutiert die Sinnhaftigkeit des BAföG für euch selbst und Auszubildende in Hannas Situation.

2.2.5 Wie funktioniert die gesetzliche Sozialversicherung?

Du ordnest einzelne Sachverhalte begründet der passenden Sozialversicherung zu. Dabei wirst du dir sowohl der Finanzierung als auch der vielseitigen Absicherung durch die gesetzliche Sozialversicherung bewusst.

Wenn du krank bist, kannst du zu einem Arzt gehen, ohne die Kosten selbst zu tragen. Wenn du alt bist, bekommst du monatlich eine Rente, die dir deinen Lebensunterhalt ohne Arbeitseinkommen sichern soll. Wenn du deinen Arbeitsplatz verlieren solltest, bekommst du Arbeitslosengeld als Absicherung. Aber woher nimmt der Staat das Geld für alle diese Leistungen?

M1 Welchen Beitrag leisten wir selbst?

Hadiye Mustafi arbeitet in der Marketingabteilung eines Münchner Leuchtenherstellers. Sie ist sehr überrascht, dass sie monatlich nur 1.834,50 Euro überwiesen bekommt, obwohl ihr Gehalt bei 2.800 Euro liegt. Daher schaut sie sich die letzte Gehaltsabrechnung genauer an:

Lohn- und Gehaltsabrechnung
Gilt als Verdienstbescheinigung.
Bitte sorgfältig aufbewahren.

Lichtqualität GmbH
Schützenstr. 1, 82008 Unterhaching

Frau Hadiye Mustafi
Peitinger Str. 110
81379 München

Abrechnung für	August 2021	Eintrittsdatum	15.09.2018
Bundesland	BY	Geb.datum	13.09.1997
Sozialversicherung		St.-Kl.	I
SV-Nummer	14301075V132	**Urlaub**	
RV	18,60 %	Anspr. VJ	0
KV	15,70 %	Anspr. LJ	30
PV	3,30 %	genommen	16
AV	2,40 %	verbl.	14
Religion	isl	Kinderfreibeträge	0,0
Krankenkasse	BEK Betriebskrankenkasse		
Freibetrag			
jährlich	0,0	monatlich	0,0
Kreditinstitut	Stadtsparkasse München		
IBAN	DE16701500000060101234		
BIC	SSKMDEMMXXX		

	Gesamt-Brutto
Jahresgehalt	33.600,00 €
Monatsgehalt	2.800,00 €

Abzüge		Jährlich	Monatlich
Lohnsteuer		4.279,92 €	356,66 €
Solidaritätszuschlag		235,32 €	19,61 €
Kirchensteuer		342,36 €	28,53 €
Summe der Steuern		4.857,60 €	404,80 €
Rentenversicherung	9,300 %	3.124,80 €	260,40 €
Krankenversicherung	7,850 %	2.604,00 €	217,00 €
Pflegeversicherung	1,775 %	596,40 €	49,70 €
Arbeitslosenversicherung	1,200 %	403,20 €	33,60 €
Summe Sozialversicherung		6.728,40 €	560,70 €
Summe der Abzüge		11.586,00 €	965,50 €

Differenz	Betrag
Gesamt-Brutto	2.800,00 €
Gesamte Abzüge	965,50 €
Netto:	1.834,50 €

1. Erkläre Hadiye mithilfe von **M1**, welche Abzüge sie von ihrem Gehalt hat.
   Suche im Internet nach einem Brutto-Netto-Rechner und gib dort Hadiyes Daten ein. Ermittle mithilfe des Rechners, wovon die Höhe der Sozialversicherungsbeiträge abhängt.
2. Ermittle die aktuelle Höhe der Beiträge zu den jeweiligen Sozialversicherungen.
3. Diskutiert, ob das Ergebnis aus Aufgabe 2 aus Sicht von privaten Haushalten und Unternehmen gerecht ist.
4. Ordne die Leistungen der jeweils passenden Sozialversicherung zu.

Gesetzliche Rentenversicherung
Gesetzliche Krankenversicherung
Gesetzliche Pflegeversicherung
Gesetzliche Arbeitslosenversicherung

- *Ärztliche Behandlung*
- *Altersrente*
- *Arbeitslosengeld*
- *Kosten für ein Pflegeheim*
- *Reha-Maßnahmen*
- *Weiterbildungen*
- *Krankenbett*
- *Berufsberatung*
- *Umschulungen*
- *Entbindung*
- *Pflegegeld*
- *Erwerbsunfähigkeitsrente*

M2 Wie wir bei Unfällen abgesichert sind

Die gesetzliche Unfallversicherung ist die am wenigsten bekannte deutsche Sozialversicherung. Sie hat im Gegensatz zu den anderen vier Säulen der gesetzlichen Sozialversicherung eine Besonderheit: Der Arbeitgeber muss den kompletten Beitrag alleine zahlen. Jeder, der in einem Arbeits- oder Ausbildungsverhältnis steht, ist versichert. Der Versicherungsschutz umfasst neben den typischen Arbeitsunfällen auch Wegeunfälle sowie Berufskrankheiten.

5. Erkläre, warum die gesetzliche Unfallversicherung nur Sache des Arbeitgebers ist (**M1**, **M2**).
6. Entscheide, bei welchen Unfällen die gesetzliche Unfallversicherung zuständig ist:
   a) Hadiye rutscht auf dem Weg in die Arbeit aus und zieht sich eine Knieverletzung zu.
   b) Hadiye stolpert beim Joggen am Nachmittag und bricht sich das Bein.
   c) Hadiye schneidet sich in der Arbeit mit einem Cutter-Messer in den Finger.
   d) Hadiye wird auf dem Weg von der Arbeit von einem Fahrradfahrer angefahren. Sie fällt hin und ihre Brille geht kaputt.
7. Ein Unfall auf dem Weg zur Betriebstoilette ist durch die gesetzliche Unfallversicherung abgedeckt. Diskutiert, ob man auch abgesichert ist, wenn man im Homeoffice auf die Toilette geht.

2.2.6 Welche Herausforderungen erwartet die gesetzliche Rentenversicherung?

Du beurteilst die Zukunft der gesetzlichen Rentenversicherung. Dabei wird dir die Notwendigkeit einer privaten Altersvorsorge bewusst.

Du hast noch dein ganzes Arbeitsleben vor dir. Dabei zahlst du als Angestellter Monat für Monat in die gesetzliche Rentenversicherung ein. Aber wird deine zukünftige Rente ausreichen, um deinen Lebensunterhalt zu decken?

M1 Der Generationenvertrag der staatlichen Altersvorsorge

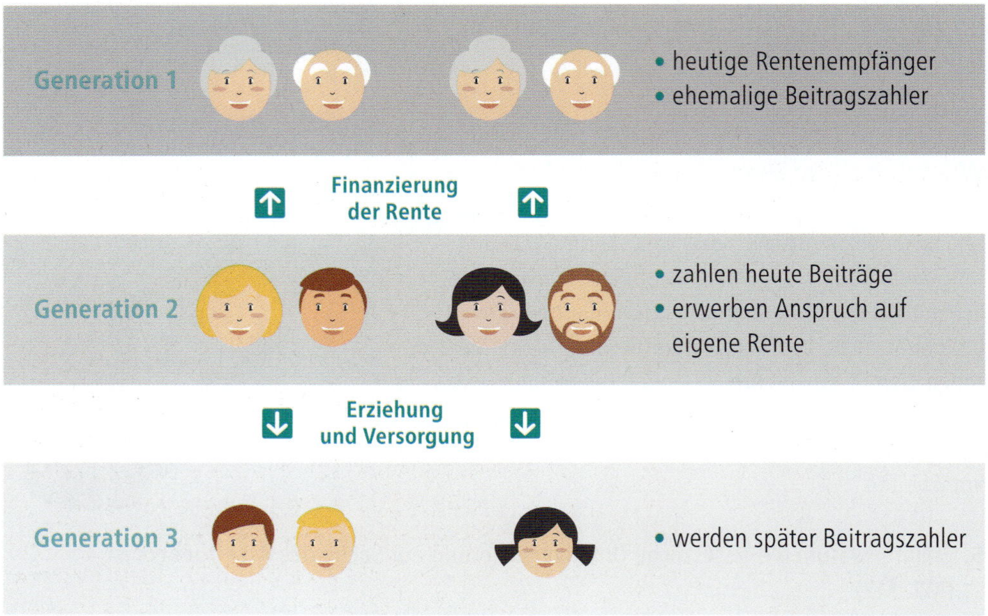

© STC Research

1. Beschreibe die Funktionsweise der gesetzlichen Rentenversicherung.
2. Erläutere, wie durch den Generationenvertrag das Solidarprinzip der Sozialversicherung gewährleistet wird.
3. Entscheide begründet, ob die folgenden Aussagen wahr oder falsch sind.
   a) Die heutige Arbeitnehmergeneration (Generation 2 in **M1**) zahlt die Beiträge für ihre eigene Rente später.
   b) Die eigene Rente hängt nur von der Höhe der eigenen Einzahlungen in die Rentenversicherung ab.
4. Hadiye zahlt bei ihrem Gehalt von 2.800,00 Euro brutto monatlich 260,40 Euro in die gesetzliche Rentenversicherung und 560,70 Euro insgesamt in die gesetzliche Sozialversicherung (vgl. S. 62, **M1**). Nimm mithilfe von **M1** Stellung zur Höhe dieser Abgaben.

M2 Heute arbeiten für die Rente von morgen

Hadiyes Opa Erol hat sich ihre Abrechnung auch einmal angeschaut und sagt zu ihr: „Du zahlst ja nur 260,40 Euro Beiträge zur Rentenversicherung im Monat." Hadiye ist nur erstaunt und sagt: „Ich finde das viel zu viel, denn durch die vielen Abzüge vom Lohn bleibt mir kaum genug Geld zum Leben." Erol ärgert sich über die Argumente seiner Enkelin: „Das sehe ich komplett anders. Ich habe mein ganzes Arbeitsleben eingezahlt und bekomme heute nur eine Rente von 750,00 Euro. Wir haben früher so viel eingezahlt, dass die Rentner eine ausreichende Rente bekommen haben."

5. Erkläre anhand von Hadiyes Gespräche mit Erol, wie aus dem Generationenvertrag ein Generationenkonflikt werden könnte.

M3 Der demografische Wandel in Deutschland

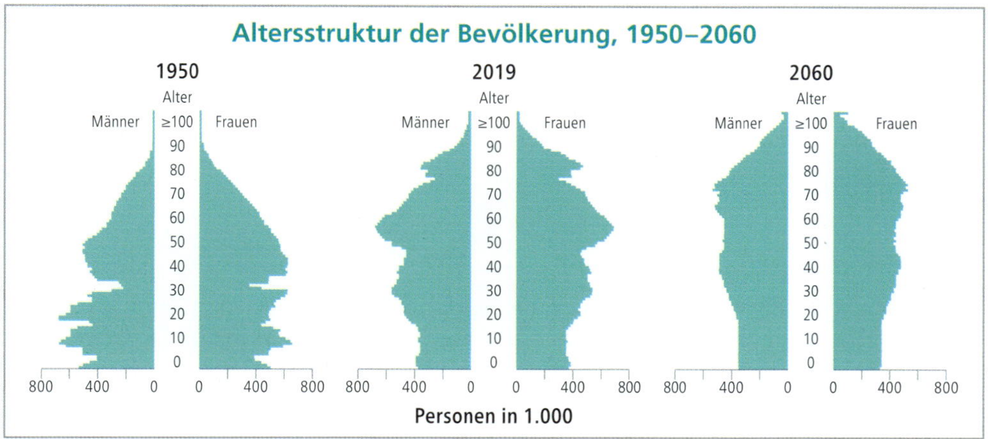

2060: 14. koordinierte Bevölkerungsvorausberechnung, Variante 2
Datenquelle: Statistisches Bundesamt
© Bundesinstitut für Bevölkerungsforschung/Demografieportal (2020)

6. Erläutere Auswirkungen auf die gesetzliche Rentenversicherung.
7. Diskutiert folgenden Vorschlag: *Das Renteneintrittsalter muss angehoben werden.*
8. Recherchiere weitere aktuelle Vorschläge zur Lösung des Rentenproblems.
9. Erläutere, warum durch die Entwicklung in **M3** auch Belastungen für andere Zweige der gesetzlichen Sozialversicherung entstehen können.

Mediencode: 82213-11 Interaktive Bevölkerungspyramide des Statistischen Bundesamts

M4 Zusätzlich privat vorsorgen?

Erol erklärt Hadiye weiter: „Deine Rentenhöhe ist sehr unsicher, daher solltest du noch private Altersvorsorge betreiben." Hadiye erwidert: „Aber Opa, wie soll ich das machen? Mein Geld ist doch auch so schon jeden Monat sehr knapp." Erol: „Schau mal, ich habe mir vor 40 Jahren mit deiner Oma eine Wohnung gekauft, in der wir heute ohne Miete leben können. Dadurch habe ich vorgesorgt, weil meine 750,00 Euro Rente heute niemals für eine Mietwohnung zusätzlich reichen würden."

10. Erkläre, warum ein Immobilienkauf von Vielen als eine gute Form der privaten Altersvorsorge eingestuft wird.

FACHWISSEN

Freie und Soziale Marktwirtschaft

	Freie Marktwirtschaft	Soziale Marktwirtschaft
Lenkung	Steuerung durch den Markt über Angebot und Nachfrage	Steuerung durch den Markt mit staatlichen Eingriffen
Preisbildung	Angebot und Nachfrage	Angebot und Nachfrage mit wenigen staatlichen Vorgaben (z. B. Mietpreisbremse)
Zielsetzung der Unternehmen	Gewinnmaximierung	Sozialverträgliche Gewinnmaximierung
Wettbewerb	Sehr stark ausgeprägt, keine staatlichen Eingriffe	Wettbewerb wird durch den Staat gefördert (z. B. Verbot von Preisabsprachen).
Löhne und Gehälter	Werden zwischen Arbeitgebern und -nehmern frei ausgehandelt	Werden zwischen den Arbeitgebern und -nehmern ausgehandelt unter Einhaltung der staatlichen Vorgaben (z. B. Mindestlohn)
Eigentum	Privateigentum wird durch den Staat geschützt.	Privateigentum wird durch den Staat geschützt.

Idee und Voraussetzungen der Sozialen Marktwirtschaft

Nach Ende des Zweiten Weltkriegs bestand bezüglich der Neugestaltung der Wirtschaftsordnung große Unsicherheit. Die erste Idee war eine stark regulierte Wirtschaft. Der Wirtschaftspolitiker Ludwig Erhard erkannte jedoch, dass neben einem starken Staat ein freier Markt entscheidend sei. Die neu entstandene **Soziale Marktwirtschaft** sollte daher das **Prinzip des Marktes mit dem des sozialen Ausgleichs verbinden**. Ziel war eine Wirtschaftsordnung mit **„so viel Markt wie möglich, so viel Staat wie nötig"** zu schaffen.

Die Soziale Marktwirtschaft ist verfassungsrechtlich zwar nicht vorgeschrieben, der Gesetzgeber ist aber an die **Grundrechte** (Art. 1–19 GG) und das **Sozial-** und das **Rechtsstaatsgebot** (Art. 20 Abs. 3 GG und Art. 28 Abs. 1 GG) gebunden, d. h. die Soziale Marktwirtschaft entspricht am ehesten den gebotenen freiheitlichen und demokratischen Grundsätzen.

Ziele der Sozialen Marktwirtschaft

Die Soziale Marktwirtschaft strebt, Mitbegründer Ludwig Erhard zufolge, nach **Wohlstand für Alle.** Dieses Hauptziel soll durch folgende drei Leitideen erreicht werden:

- **Soziale Sicherung** (z.B. Sozialversicherung)
- **Beschränkung der Macht von Staat und Unternehmen** (z. B. staatliche Eingriffe in den Markt, Verhinderung von Betrug und Absprachen)
- **Bestmögliche Versorgung mit Gütern** (z. B. Wirtschaftswachstum, freier Wettbewerb)

Nachhaltiges Wirtschaften

Die Soziale Marktwirtschaft ist ein Wirtschaftssystem, bei dem sowohl ökologische als auch soziale Standards verfolgt werden, um langfristig wirtschaftlich erfolgreich zu sein.

In einer zerstörten Umwelt ist kein Wohlstand möglich. Daher hat der Staat ein Interesse daran, durch Umweltvorgaben z. B. eine gute Wasserqualität zu erhalten oder den CO_2-Ausstoß zu minimieren.

Zusätzlich führen soziale Stabilität und Sicherheit zu einer besseren wirtschaftlichen Leistungsfähigkeit und damit zu Wachstum. In einer Zeit gesellschaftlicher Unruhen oder großer Ungerechtigkeiten kommt auch die wirtschaftliche Aktivität zum Erliegen.

Freiheitliche Bausteine der Sozialen Marktwirtschaft

Eine zentrale Säule der Sozialen Marktwirtschaft ist das **freie Spiel der Marktkräfte** (Angebot und Nachfrage).

Freiheitliche Bausteine				
Man kann frei entscheiden, wann und mit wem man welche Verträge schließt (Konsumfreiheit).	Man kann den Beruf und den Arbeitsplatz frei wählen (Berufswahlfreiheit).	Man kann sich als Unternehmer selbstständig machen (Gewerbefreiheit).	Unternehmen können bestimmen, was und wie viel sie produzieren (Produzentensouveränität).	Unternehmer dürfen die Preise für ihre Güter und Dienstleistungen selbst festlegen (Marktpreisbildung).

Soziale Bausteine der Sozialen Marktwirtschaft

Die eben genannten marktwirtschaftlichen Freiheiten sollen durch den Staat beschränkt werden, wenn die soziale Gerechtigkeit oder Sicherheit gefährdet ist.
Beispiele für **soziale Elemente**:

- Gesetzliche Sozialversicherung (Arbeitslosenversicherung, Krankenversicherung, Pflegeversicherung, Rentenversicherung, Unfallversicherung)
- Kindergeld
- Bundesausbildungsförderungsgesetz (BaföG)/Berufsausbildungshilfe (BAB, finanzielle Förderung bei dualen Ausbildungen)
- Steuerprogression (höhere Einkommen werden höher besteuert als niedrige Einkommen)

Die gesetzliche Sozialversicherung

Die **gesetzliche Sozialversicherung** besteht aus **fünf Säule**n. Pflichtversichert sind grundsätzlich alle Arbeitnehmer sowie Bezieher von Arbeitslosengeld I und II. Die Arbeitnehmer zahlen Beiträge in die Sozialversicherung gemäß ihrem Einkommen und erhalten im Gegenzug von der Gemeinschaft Hilfe entsprechend ihres Bedarfs. Daher solidarisieren sich die Gesunden mit den Kranken (in der Kranken- und Pflegeversicherung), die Jungen mit den Alten (in der Rentenversicherung) und die Arbeitenden mit den Arbeitslosen (in der Arbeitslosenversicherung) (**Solidarprinzip**). Die Sozialversicherungsbeiträge werden zur Hälfte vom Arbeitgeber und zur Hälfte vom Arbeitnehmer getragen.

	Funktion	Leistungen
Gesetzliche Arbeitslosenversicherung	Finanzielle Absicherung gegen Arbeitslosigkeit	z. B. Arbeitslosengeld, Umschulungen
Gesetzliche Krankenversicherung	Kostenübernahme im Falle von Erkrankung oder Schwangerschaft	z. B. Arztbehandlung, Arzneimittel, Krankenhausaufenthalt
Gesetzliche Pflegeversicherung	Absicherung bei Pflegebedürftigkeit	z. B. Kosten für stationäre oder häusliche Pflege
Gesetzliche Rentenversicherung	Schutz bei Gefährdung oder Verlust der Erwerbsfähigkeit	z. B. Rentenzahlungen, Rehabilitationsmaßnahmen
Gesetzliche Unfallversicherung	Absicherung im Falle von Arbeitsunfällen oder Berufskrankheiten	z. B. Heilbehandlung (bei Berufskrankheiten), Renten (bei Arbeitsunfällen)

Grenzen der Belastbarkeit

In den letzten Jahrzehnten ist die gesetzliche Sozialversicherung z.B. durch den demografischen Wandel an ihre Grenzen gestoßen. Besonders deutlich wird dies bei der Betrachtung der gesetzlichen Rentenversicherung, die auf dem **Generationenvertrag** beruht. Dieser „Vertrag" steht für die Solidarität der arbeitenden Generationen, die mit ihren Beiträgen die Renten der vorherigen Generation zahlen.

Infolge der immer älter werdenden Bevölkerung, müssen immer weniger Beitragszahler für immer mehr Rentner aufkommen. Die arbeitenden Menschen fühlen sich benachteiligt, da immer höhere Beiträge von ihnen gefordert werden. Die Rentnergeneration ihrerseits möchte nach einem langen Arbeitsleben eine angemessene Rente bekommen, um ihren Lebensabend ohne Existenzängste finanzieren zu können. So entwickelt sich der Generationenvertrag aktuell zunehmend zu einem **Generationenkonflikt**.

Diese Probleme der gesetzlichen Rentenversicherung führen zu einer immer größeren Bedeutung der **privaten Altersvorsorge**. Dazu kann man beispielsweise **Geld privat ansparen,** um es im Alter verfügbar zu haben. Auch ein Immobilienkauf ist eine gute Option, da im Idealfall nur noch die laufenden Kosten einer Immobilie getragen werden müssen (vgl. Kapitel 3 S. 90–93).

M1 Rentenvorsorge trotz Hartz IV?

Karikatur: Klaus Stuttmann

1. Beschreibe und interpretiere die Karikatur.
2. Erkläre, wie die gesetzliche Rentenversicherung funktioniert und weshalb private Altersvorsorge immer wichtiger wird.
3. Erläutere, was man unter Hartz IV versteht und nenne drei weitere Elemente der sozialen Sicherung der Sozialen Marktwirtschaft in Deutschland.
4. Seit 2014 gilt in Deutschland ein flächendeckender gesetzlicher Mindestlohn. Diskutiere aus Sicht von privaten Haushalten und Unternehmen die Einführung eines solchen flächendeckenden Mindestlohns.
5. Erläutere aus Sicht des Mannes in der Karikatur die Notwendigkeit wirtschaftlicher Entscheidungen.
6. Beurteile folgende Aussage:

   In Deutschland werden ca. 20 % des Einkommens für Lebensmittel ausgegeben.

7. Nenne jeweils zwei Einflussfaktoren, die die Höhe des Lebensmittelangebots und der Lebensmittelnachfrage bestimmen.
8. Erkläre, wie man nach dem ökonomischen Prinzip Lebensmittel kaufen kann.
9. Entscheide begründet, ob folgende Aussage wahr ist.
   Konsum der privaten Haushalte kommt auch wieder den privaten Haushalten zugute.

HANDYS RAUS!

Deine Meinung ist gefragt!

1. Begründe gegenüber deinem Partner, warum du genau das Handy gekauft hast, das du jetzt besitzt.
2. Vergleicht eure Begründungen dahingehend, wo ihr gleich entschieden habt und wo nicht.

3

Verbraucherschutz und verantwortungsbewusstes Verbraucherverhalten

Verbraucherentscheidungen treffen wir fast täglich – beim Pausenverkauf, im Modeladen, im Supermarkt, im Internet, bei der Bank. Kleine alltägliche Dinge kaufen wir meist ohne groß darüber nachzudenken. Manchmal stehen jedoch auch größere Kaufentscheidungen an – welches Fahrrad, welches Handy, welcher Computer soll es sein? Bei den vielen Informationen fühlt man sich oft verloren – welcher Information kann ich vertrauen, welcher Test ist neutral, welche Bewertung glaubhaft, welches Produkt fair und nachhaltig hergestellt? Dazu wird noch versucht, unsere Entscheidung zu beeinflussen – sogar in Social Networks. Auch wenn es an das Bezahlen geht, stehen einem vor allem im Internet viele Möglichkeiten offen. Für größere Anschaffungen ist es vielleicht sogar nötig, sich einen Kredit zu besorgen – ohne in eine Schuldenfalle zu tappen. Auf der anderen Seite hat man aber vielleicht auch Geld zum Sparen übrig – wo sollte man das am besten anlegen? Zum Glück ist man als Verbraucher besonders geschützt und mit dem richtigen Know-How kann jeder vernünftige und nachhaltige Entscheidungen treffen!

Kompetenzen – Das kannst du nach diesem Kapitel:

... dich zu einer Konsumentscheidung umfassend online und offline informieren.
... deine Informationsquellen bezüglich ihrer Glaubwürdigkeit, Unabhängigkeit und Qualität beurteilen.
... in einer Konsumsituation begründet eine geeignete Zahlungsmöglichkeit auswählen.
... Beeinflussung durch Social Media erkennen.
... bei Käufen im Internet überlegt handeln.
... eine verantwortungsbewusste Konsumentscheidung treffen.
... Möglichkeiten der Kreditbeschaffung aufzeigen.
... die Gefahren einer Überschuldung erkennen und Möglichkeiten der Problemlösung aufzeigen.
... für unterschiedliche Anlageziele sinnvolle Geldanlagemöglichkeiten auswählen.

3.1 Verantwortungsvolles Verbraucherverhalten

3.1.1 Wie kann man sich beim Smartphonekauf informieren?

Du suchst und bewertest Informationsquellen, um dich auf eine Konsumentscheidung vorzubereiten.

Wenn du dir etwas Teureres kaufen möchtest, ist es sinnvoll, vorher Informationen über dein Wunschprodukt einzuholen. Je nach Informationsquelle, sind die Informationen besser oder schlechter. Darum ist es wichtig, dass du Informationsquellen gut einschätzen kannst, um geeignete auszuwählen. Aber wie soll das bei der Vielzahl an Möglichkeiten gehen?

M1 Emma braucht Informationen

Seit fast einem Jahr trägt Emma Prospekte aus und hat mittlerweile gut 600 Euro auf ihrem Konto angespart. Sie möchte sich endlich auch ein neues Smartphone kaufen, und nicht immer die gebrauchten Geräte ihrer Eltern verwenden. Diese finden die Idee gut und unterstützen Emma dabei. Emma ist sich jedoch noch nicht sicher, welches Gerät sie überhaupt haben möchte und begibt sich auf Informationssuche.

1. Sammle Möglichkeiten, woher Emma Informationen bekommen könnte.
2. Begründe, welche drei deiner Informationsmöglichkeiten du Emma empfehlen würdest.

M2 Welche Internetquelle ist geeignet?

Emma möchte sich zuerst selbst informieren, bevor sie in den Telefonladen geht. Sie geht deshalb ins Internet und ruft eine Suchmaschine auf. Dabei erhält sie u. a. folgende Ergebnisse:

Smartphone Suche

Handy - 309 Smartphones im Test - Test - Stiftung Warentest
https://www.test.de/Handys-und-Smartphones-im-Test-4222793-0/
Die Tests von Handys der Stiftung Warentest machen Ihnen den **Smartphone**-Kauf … In der Test-Datenbank **Smartphones** finden Sie alles – vom …

Großer Smartphone Vergleich– die Top-Modelle
http://wxy.jaqua-bloggt.de/meine-top-5-Handys/
Jaqueline bloggt heute über ihre liebsten **Smartphones** … **Smartphones**: Style und Optik …

3. Erkläre, welche Begriffe du für die gewünschten Informationen in die Suchmaschine eingeben würdest. Probiert eure Ideen in Partnerarbeit am Computer aus.
4. Entscheide begründet, welche der beiden Internetquellen Emma verwenden sollte.

M3 Informationen in einem Onlineshop

Emma recherchiert auch auf einer Online-Verkaufsplattform und liest sich neben den Produktinformationen auch einige Kundenrezensionen durch.

Kundenrezension
Bewertung einer Sache aus der Sicht des Kunden

Smartphone Suche

CCB Econ S8 (5 Zoll Display, 64 GB, weiß, iOS)
EUR 399,00
Alle Preisangaben inkl. deutscher USt.
Versandkostenfreie Lieferung ab 250 € Warenwert
Auf Lager.
★★★½☆ **286 Kundenrezensionen** ▸

Suraya Midnight LS (Android, 5 Zoll Display, interner Speicher 32GB, schwarz)
EUR 389,00
Alle Preisangaben inkl. deutscher USt.
Versandkosten 9,99 EUR
Lieferbar in 3–5 Werktagen.
★★★★★ **2 Kundenrezensionen** ▸

handyvergleich.de 78 von 286 Bewertungen
★★★★☆ **Top Handy – Super Preis/Leistung**
In meinen Augen ein sehr gutes Handy. Hatte vorher drei andere von verschiedenen Marken, dieses hier ist spitze in Bezug auf Bedienbarkeit, Akkulaufzeit, Sprachqualität und Haltbarkeit. Schneller Versand, gut verpackt!

Schnuffi 1 von 2 Bewertungen
★★★★★ **Chic und leicht**
Ein superschönes Handy mit toller Optik. Wiegt fast nichts in der Handtasche. Kommt auch bei meinen Freundinnen spitze an! Volle Punktzahl!

5. Arbeite aus den Anzeigen heraus, welche Informationen rein produktbezogen sind und welche der weiteren Informationen deine Kaufentscheidung beeinflussen könnten.

6. Beurteile, welcher der beiden Kundenrezensionen du eine höhere Qualität zuordnen würdest. Erstelle dazu ein geeignetes Beurteilungssystem für Kundenrezensionen.

M4 Persönliche Kaufberatung

Emma reicht es mit der langwierigen Internetrecherche – sie geht in den Technikmarkt und lässt sich von einem Verkäufer verschiedene Geräte zeigen und erklären. Auch von einer guten Freundin lässt sie sich ein paar Tipps zum Handykauf geben. Am Ende steht ihre Entscheidung fest …

7. Stelle Vor- und Nachteile der in **M1** bis **M4** genannten Informationsquellen in einer Tabelle dar.

8. Bewerte die in **M2** bis **M4** genannten Quellen nach ihrer Qualität hinsichtlich einer sinnvollen Kaufentscheidung.

3.1.2 Wo sollte ich mein Smartphone kaufen?

Du nutzt die zusätzlichen Möglichkeiten des Internets für deinen Einkauf, bist dir dabei aber stets der Risiken bewusst.

Ist dir das nicht auch schon passiert? Du hast dich endlich für ein Produkt entschieden, aber nun weißt du nicht, wo du es in der richtigen Qualität, möglichst bald und zum besten Preis bekommen kannst. Das Internet bietet dir hier viele Chancen – birgt aber auch Risiken …

M1 Preissuchmaschinen als Unterstützung

Emma hat sich für ein Smartphone entschieden. Aber wo soll sie nun das *CCB Econ S8* kaufen? Aus den vielen Möglichkeiten wie Onlineshops und Geschäften gilt es, die beste auszuwählen. Bei ihrer Suche stößt sie auf einen Test für Preissuchmaschinen:

Preissuchmaschinen im Vergleich

Mehr als nötig möchte niemand zahlen – doch wer hat schon Zeit und Lust, alle Händlerpreise selbst zu vergleichen? Genau dieser Zielkonflikt ist die Geschäftsgrundlage sogenannter Preissuchmaschinen. Sie versprechen den Nutzern, aus einer breiten Auswahl an Produktangeboten stets das günstigste Schnäppchen zu finden. Ob und wie ihnen das gelingt, hat die Deutsche Gesellschaft für Verbraucherstudien (DtGV) jetzt in Kooperation mit dem Nachrichtensender N24 getestet.

Dass die „günstigsten" Preise sich von Portal zu Portal ein wenig unterscheiden würden, hatten die Tester erwartet – schließlich greifen die Portale in Teilen auf unterschiedliche Händler zurück. Dass sich des Öfteren aber für ein und dasselbe Produkt derart erhebliche Preisunterschiede zeigen sollten, überraschte dann doch. Beispiel Damen-Wanderschuhe: Hier lag der höchste „günstigste" Preis einer Suchmaschine knapp 40 % (31 €) über dem tatsächlich günstigsten Angebot einer anderen. [...] Ärgerlich für den Verbraucher: Es gab keine Suchmaschine, die stets den besten Preis fand. Selbst der Spitzenreiter in dieser Kategorie [...] fand lediglich in elf von 20 Fällen die günstigste Variante.

Die Analyse der Such-Funktionalitäten ergab kein einheitliches Bild. [...] Während die meisten eine Listung nach Produktbewertung oder Beliebtheit boten, konnte man nicht bei allen die Angebote nach Preis inklusive Versandkosten sortieren – und nur ein Vergleichsportal ermöglichte das Ordnen nach Shop- oder Händlerbewertung.

DtGV, Preissuchmaschinen: Test von Preisen, Produktsuche und Vielfalt, www.dtgv.de, 16.02.2017

1. Arbeite aus dem Artikel die Vor- und Nachteile von Preissuchmaschinen in Form einer Tabelle heraus.
2. Formuliere eine Empfehlung an Emma, wie sie die Vorteile von Preissuchmaschinen nutzen kann, ohne durch die Nachteile beeinträchtigt zu werden.

M2 Ein tolles Angebot, oder?

Emma ist im Internet auf ein „unschlagbares" Angebot für ihr Smartphone gestoßen:

Smartphone Suche

CCB Econ S8 (5 Zoll Display, 64 GB, weiß, iOS)

Sonderaktion!

~~EUR 399,00~~

EUR 199,00

Versandkostenfreie Lieferung – sofort lieferbar.
Nur noch 7 Stück auf Lager.

Zahlung: Vorauskasse oder Sofort-Überweisung

Das meinen unsere Kunden:
★★★★★ Hannes C. aus Hamburg: Bester Service und Top-Ware, super Preise!
★★★★★ Emre G. aus Berlin: Schnelle zuverlässige Lieferung, super Service!
★★★★★ Marie L. aus München: Immer wieder gerne – schon das dritte Handy hier bestellt!
★★★★★ Sara Ü. aus Köln: Erste Liga in Sachen Schnäppchen! Macht weiter so…

3. Entscheide, ob du an Emmas Stelle dieses Angebot nutzen würdest. Begründe deine Entscheidung.

4. Recherchiere auf der Website der Verbraucherzentrale über sogenannte Fake-Shops. Erstelle eine Liste mit Merkmalen, an denen man erkennen kann, ob es sich bei einem Verkaufsportal um einen Fake-Shop handeln könnte.

M3 Die bekanntesten und beliebtesten Online-Bezahlsysteme

E-Commerce Report der Internet World Messe
Payment im deutschen E-Commerce 2016 in Zahlen

Das sind Deutschlands bekannteste Online-Bezahlsysteme

PayPal	95 %
amazonpayments	59 %
giropay	58 %
clickandbuy	54 %
SOFORT	47 %

Das sind die TOP 5 der beliebtesten Zahlungswege im WEB

PayPal	51,9 %
Rechnung/Lastschrift	51,3 %
Bankeinzug	38 %
Kreditkarte	36 %
Vorkasse	10,7 %

Quelle: Fittkau & Maaß

E-Commerce / Electronic Commerce (engl.: elektronischer Handel) bezeichnet den Kauf und Verkauf von Waren und Leistungen im Internet.

5. Erkläre die Funktionsweise der vier in Deutschland bekanntesten Online-Bezahlsysteme. Recherchiert dazu arbeitsteilig in Gruppen im Internet und erstellt eine Informationsbroschüre (clickandbuy hat im April 2016 den Betrieb eingestellt).
Legt bei der Informationsbroschüre auch Wert auf die Aspekte Praktikabilität, Gebühren, Sicherheit und Datenschutz.

3.1.3 Welche Zahlungsart wähle ich am besten aus?

Du wählst in einer Konsumsituation begründet eine geeignete Zahlungsmöglichkeit aus.

Ob im Onlineshop oder im Kaufhaus – irgendwann kommt der Moment, an dem man bezahlen muss. Dabei hat man sowohl Online als auch Offline verschiedene Zahlungsarten zur Auswahl – aber welche sollte man am besten verwenden?

M1 Zahlungsarten im Einzelhandel

Umsatzanteile der Zahlungsarten im deutschen Einzelhandel 2020

stationär

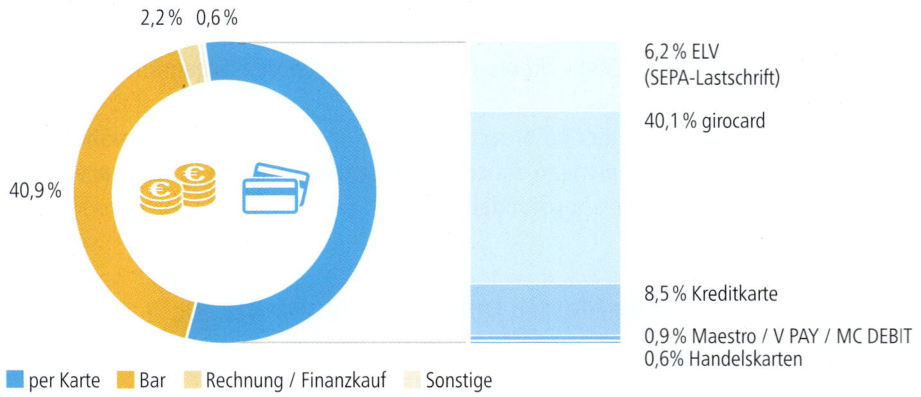

EH-Umsatz i.e.S. – 435 Mrd. € (exkl. Kfz, Mineralöl, Apotheken, E-Commerce/Versandhandel, inkl. Tankstellen-Shopumsätze)

Quelle: EHI Studie Kartengestützte Zahlungssysteme im Einzelhandel 2021

1. Arbeite die Kernaussagen aus der Grafik heraus.
2. Begründe, warum deiner Meinung nach fast die Hälfte des Umsatzes des Einzelhandels in bar bezahlt wird.
3. Recherchiere den Unterschied zwischen einer Girocard und einer Kreditkarte.

M2 Möglichkeiten des Bezahlens mit der Karte

Zahlen mit Unterschrift

Unterschreiben Sie den Kassenbon, erlauben Sie damit dem Händler, den fälligen Betrag per Lastschrift von Ihrem Konto einzuziehen. Auch wenn Ihr Konto zum Zeitpunkt des Einkaufs nicht gedeckt ist, funktioniert das einwandfrei. Für den Händler ist nämlich nicht sofort ersichtlich, ob Ihr Konto gedeckt ist. Das stellt sich immer erst dann heraus, wenn das Finanzinstitut des Geschäfts die Lastschrift bei Ihrem Finanzinstitut in Auftrag gibt – und das passiert in der Regel erst einige Tage später. [...]

Authentifizierung per PIN

Bestätigen Sie Ihre Zahlung hingegen mit Ihrer PIN, sieht das anders aus. Beim sogenannten Electronic-Cash-Verfahren wird gleich überprüft, ob auf Ihrem Konto ausreichend Geld vorhanden ist. Auch die Abbuchung erfolgt, während Sie noch im Geschäft sind. [...]

Kontaktloses Bezahlen

Auch kontaktloses Bezahlen ist immer weiter auf dem Vormarsch. Jedes Kassenterminal, auf dem Sie ein kleines Wellensymbol sehen können, ist dafür geeignet. Halten Sie einfach Ihre Girokarte (Debitkarte) oder Kreditkarte an das Lesegerät, schon eine Sekunde später ist die Zahlung abgeschlossen. Voraussetzung: Ihre Karte ist mit der Kontaktlosfunktion ausgestattet.

Quelle: PIN, Unterschrift oder kontaktlos – Was ist was?, www.sparkasse.de, abgerufen am 03.04.2020

4. Arbeite aus dem Text die Möglichkeiten des Bezahlens mit einer Girocard heraus.

5. Stelle die Vor- und Nachteile von Bar- und der Kartenzahlung (Girocard und Kreditkarte) hinsichtlich der Kriterien Praktikabilität, Gebühren, Sicherheit, Datenschutz tabellarisch dar.

6. Recherchiere, ab welchem Alter du eine Girocard bzw. Kreditkarte bekommen kannst.

M3 Mobiles Bezahlen mit dem Smartphone

7. Erkläre anhand der Grafik, wie bezahlen mit dem Smartphone funktioniert.

8. Stelle Vor- und Nachteile des Bezahlens mit dem Smartphone gegenüber. Gehe dabei auch die Kriterien Sicherheit und Datenschutz ein.

9. Gib Emma eine Empfehlung, welche Zahlungswege sie im Netz oder offline in einem Geschäft nutzen sollte (vgl. S.75 **M3**).

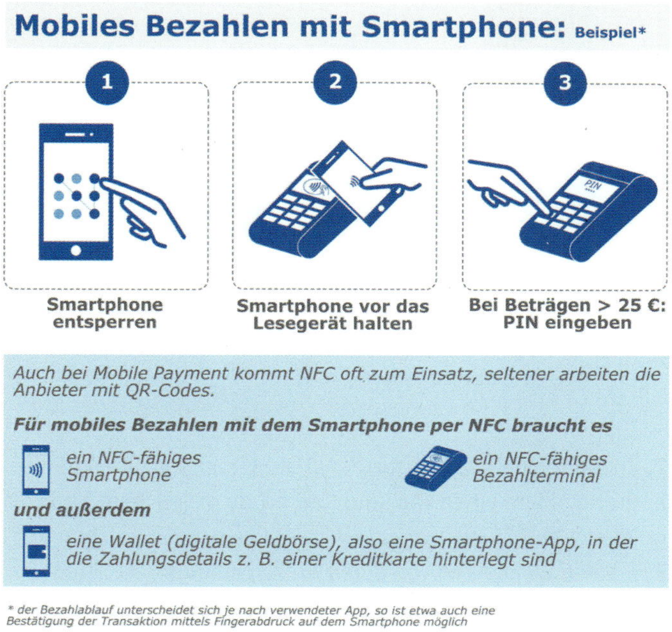

NFC Near Field Communication

(Nahfeldübertragung) ermöglicht kontaktlose Kommunikation von Geräten über eine kurze Distanz.

3.1.4 Wie beeinflussen Internet und Social Media Kaufentscheidungen?

Du bewegst dich bedacht in sozialen Netzwerken, da du dir des Zustandekommens auf dich zugeschnittener Werbung bewusst bist und Möglichkeiten kennst, deine digitalen Spuren zu beseitigen.

Schule aus, Handy an, erstmal checken und bewerten, was man in seinen Netzwerken verpasst hat – neue Pics der Freunde, frische Posts des Lieblings-Influencers, aktuelle Nachrichten der Community, witzige Videos. Die Werbung zwischendurch nervt, aber man kann sie ja wegklicken – wenngleich es seltsam ist, wie gut sie auf dich passt. Zufall … oder auch nicht?

M1 Wo Social-Media-Nutzer Produkte wahrnehmen

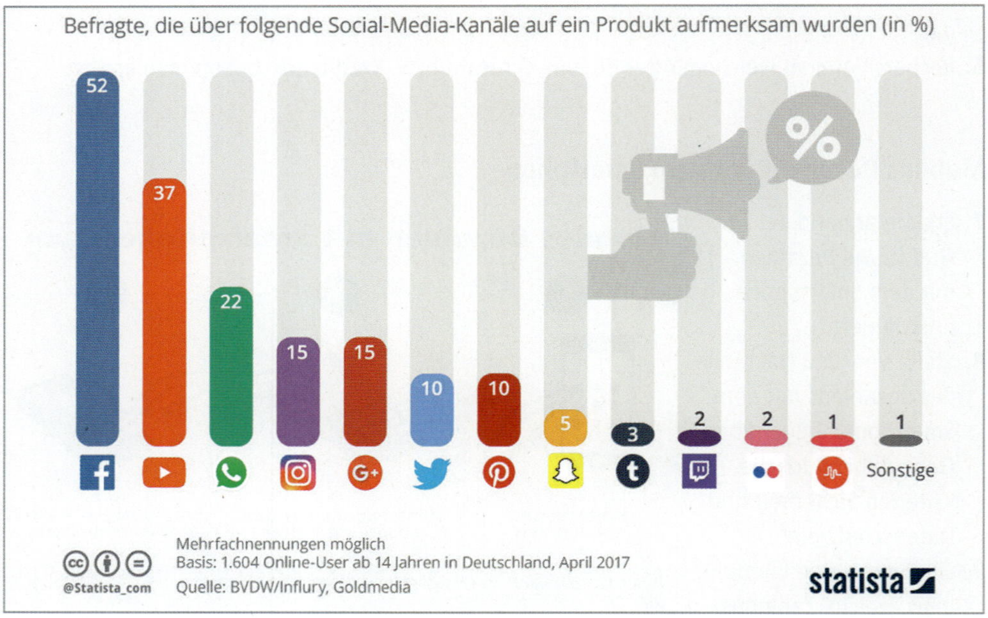

1. Erstellt eine Klassenstatistik eurer am meisten genutzten Sozialen Netzwerke.
2. Protokolliere einen Tag lang, wie oft du in welchem Netzwerk mit Werbung konfrontiert wirst.
3. Erstellt, ausgehend von euren Aufzeichnungen aus Aufgabe 2, ein Ranking der Netzwerke, in denen ihr am häufigsten mit Werbung konfrontiert wurdet.
4. Vergleicht euer Ergebnis aus Aufgabe 3 mit **M1** und erklärt Gemeinsamkeiten und Unterschiede.

M2 Was ist manipulatives Marketing?

ZEIT: Was hat Werbung mit Psychologie zu tun?

Fischer: Eigentlich macht mir schon der Begriff Werbung Schwierigkeiten. Ich verwende das Wort eigentlich nicht mehr. Viele Menschen verstehen darunter klassische Werbung: Der Anbieter wendet sich an die Masse. Ich spreche von Kommunikation mit dem Ziel der Beeinflussung, der Änderung von Einstellungen, Meinungen und Motiven. Diskutiert wird ja immer: Wie weit darf eine Beeinflussung gehen? Ab wann ist es Manipulation und nicht mehr erlaubt? Manipulativ wird es für mich als Psychologen immer dann, wenn das Gegenüber keinen Entscheidungsspielraum mehr hat.

ZEIT: Zum Beispiel?

Fischer: Verschleierung ist Manipulation. Wenn man gar nicht mitkriegt, dass es um Werbung geht. In der Zeitung zum Beispiel glaubt man, bei einem Text handele es sich um einen redaktionellen Beitrag; tatsächlich aber ist es Werbung. Oder online: Man googelt und merkt gar nicht, dass die ersten Treffer Anzeigen sind, sogenannte Google AdWords. Früher stand da „Anzeige" drüber, dann wurden die Hinweise immer kleiner, heute ist es oft nur noch ein winziges „AD". Verdienen sie Geld damit?

Nach: Burkhard Straßmann, Der Sog geht vom Kunden aus, www.zeit.de, 13.12.2017

Prof. Dr. Karl Fischer

ist Professor für Markt- und Werbepsychologie an der Hochschule für angewandtes Management München

5. Erkläre, was Prof. Fischer unter „klassischer Werbung" versteht und wie er Werbung sieht.

M3 Aus dem Leben eines Influencers

Karikatur: Tom Fishburne 2018

6. Interpretiere die Karikatur **M3**. Stimmst du mit dem Karikaturisten überein?
7. Begründe deinen Mitschülern, warum du bestimmten Influencern folgst.
8. Recherchiere, wie viel man als Influencer verdient.
9. Beschreibe, warum Influencer-Werbung von vielen als sehr glaubwürdig eingestuft wird. (**M2**, **M3**).
10. Diskutiert: Ist Werbung in Sozialen Netzwerken bzw. von Influencern wirksamer als die „klassische" Werbung? (**M1** – **M3**).

M4 So funktioniert personalisierte Werbung im Internet

Werbung ist im Internet überall. Auffällig ist, dass sie oft auf die Nutzer abgestimmt ist. Das resultiert aus gesammelten Daten von Werbe-Unternehmen. Doch dagegen können sich Surfer schützen.

Jeder hinterlässt Spuren im Netz. Beim Surfen, beim Onlineshopping oder durchs Anmelden bei sozialen Netzwerken und anderen Diensten. Unternehmen stricken aus diesen Daten personalisierte Werbung. Doch noch weit schwerer wiegt die Gefahr, dass all diese Informationen zu Nutzerprofilen zusammengeführt werden könnten, warnen Experten. An solchen Daten besteht großes Interesse.

Internet-Nutzer sollten sich daher nicht nur technisch gegen die Profilbildung rüsten. „Das Beste ist, Spuren im Netz zu vermeiden", sagt Datenschützer Weichert. In Kauf nehmen muss man dabei immer einen gewissen Komfortverlust. Denn Daten werden etwa dann zusammengeführt, wenn man sich beispielsweise mit seinem Facebook-Account auch bei anderen Portalen anmeldet. [...]

Zwar sind viele Dienste – gerade bei den großen Internetkonzernen – oft kostenlos. Das Geschäftsmodell bestehe aber dann eben gerade oft darin, die Daten der Nutzer zu verwerten, etwa für gezielte Werbung, erläutert Glatzner. „Das ist dann der Preis, den man dafür bezahlen muss."

Nach: Dkl/dpa, So funktioniert personalisierte Werbung im Internet, www.welt.de, 19.06.2014

11. Beschreibe, was man unter personalisierter Werbung versteht.
12. Erkläre, wie Unternehmen mit deinen Daten Geld verdienen können.
13. Überprüfe dein eigenes Nutzungsverhalten im Internet. Welche Maßnahmen ergreifst du, um deine Spuren im Internet zu verwischen?

M5 Wer weiß, was mir gefällt?

M6 Retargeting und Fußspuren im Internet

retargeting
von Englisch re – wieder und to target – auf jdn. zielen

Cookie
kleine Dateien, die Webseiten auf dem Computer des Nutzers speichern. Sie enthalten Informationen über Aktionen des Nutzers während seines Besuches auf der Webseite.

14. Erkläre, was Retargeting bedeutet. Gehe dabei auch auf die Bedeutung des abgebildeten Kekses (engl. cookie) ein.
15. Erkläre anhand von **M4** und **M6** die Aussage der Grafik **M5**: „Wir wissen, was dir gefällt!".
16. Diskutiert: Sollte Retargeting und personalisierte Werbung gesetzlich verboten werden?

M7 Möglichkeiten anonymen Surfens

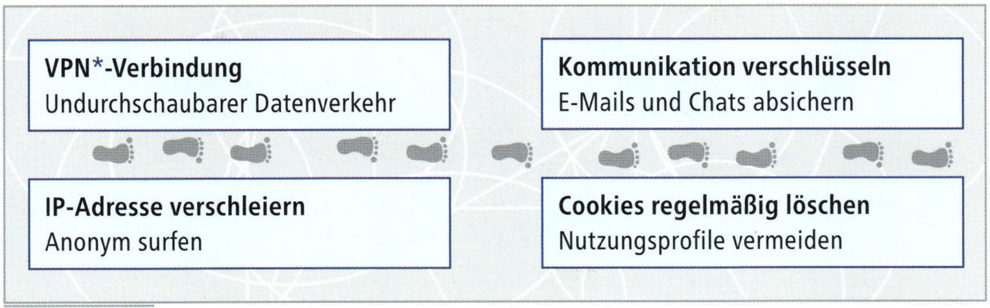

* *VPN (kurz für Virtuelles privates Netzwerk) ist ein in sich geschlossenes Netzwerk, das eine verschlüsselte Übertragung von Informationen über das Internet ermöglicht. Vor allem bei der Nutzung freier oder öffentlicher WLAN-Hotspots ist so eine sichere Kommunikation möglich.*

17. Erstelle ausgehend von **M7** eine Liste von Maßnahmen, um möglichst wenig Spuren im Netz zu hinterlassen. Recherchiere weitere Informationen im Internet.
18. Recherchiere im Internet, wie du diese Maßnahmen in deinem privaten Umfeld technisch und organisatorisch umsetzen kannst.

3.1.5 Wie erleichtern gesetzliche Regeln meine Kaufentscheidung?

Du kaufst überlegter Produkte des täglichen Lebens ein, da du sie anhand der gesetzlich vorgeschriebenen Kennzeichnungen vergleichst.

Wusstest du, dass man bis zu 25.000 verschiedene Produkte in großen Supermärkten kaufen kann? Auch bei Discountmärkten sind es noch gut 1.500 Artikel. Weißt du bei dieser Vielzahl immer, für welches Produkt du dich entscheiden sollst? Zum Glück gibt es gesetzlich festgelegte Kennzeichnungspflichten, die dir weiterhelfen – kennst du bereits welche?

M1 Nuss-Nougat-Cremes im Vergleich

Zutaten: Zucker, pflanzliches Fett (Palmöl), Haselnüsse (13 %), fettarmer Kakao, Magermilchpulver (7,5 %), Emulgator Sojalecithin, Vanillin.

Nährwertangaben (Auswahl) pro 100 g

Kohlenhydrate:	56,8 g
davon Zucker	55,9 g
Fett:	31,0 g
davon gesättigt:	9,9 g

Zutaten: Haselnüsse (45 %), Vollrohrzucker, Rohrzucker, Palmöl, Vollmilchpulver, Kakaopulver stark entölt (4 %), Bourbon Vanille, zu 100 % aus kontrolliert biologischem Anbau.

Nährwertangaben (Auswahl) pro 100 g

Kohlenhydrate:	38,0 g
davon Zucker	35,0 g
Fett:	44,0 g
davon gesättigt:	10,0 g

1. Nimm Stellung zu der Aussage: Beide Cremes kosten fast gleich viel.
2. Diskutiere mit deinem Nachbarn: Für welche der beiden Nuss-Nougat-Aufstriche entscheidet ihr euch aus welchen Gründen?
3. Begründe, welche Angaben auf dem Etikett dir bei deiner Entscheidung weitergeholfen haben und welche nicht.

3

M2 Kennzeichnung von Lebensmitteln

Wir informieren über die per Gesetz geforderten Hinweise.

Zutatenverzeichnis

Das Zutatenverzeichnis informiert über die Zusammensetzung des Lebensmittels. [...] Die Zutaten müssen in absteigender Reihenfolge ihres Gewichtsanteils genannt werden. Bei Zutaten, die ihrerseits aus verschiedenen Zutaten bestehen, wie Salami auf der Pizza, müssen alle Einzelbestandteile angegeben werden.

Allergene

Für Allergiker und Menschen mit Lebensmittelunverträglichkeiten ist es wichtig, für sie unbedenkliche Lebensmittel auszuwählen. Die 14 Hauptallergene müssen in der Zutatenliste besonders hervorgehoben werden, etwa farblich unterlegt oder fett gedruckt.

Mindesthaltbarkeitsdatum oder Verbrauchsdatum

Das Mindesthaltbarkeitsdatum (MHD) gibt den Zeitpunkt an, bis zu dem der Hersteller garantiert, dass das ungeöffnete Lebensmittel bei richtiger Lagerung seine spezifischen Eigenschaften, wie Geruch, Geschmack und Nährstoffe behält. [...] Für manche Lebensmittel hängt die Haltbarkeit von bestimmten Bedingungen ab, wie zum Beispiel der Lagertemperatur. Dies muss dann auf dem Etikett angegeben sein: Beispiel Milch „Bei 8 °C mindestens haltbar bis". Sehr leicht verderbliche Lebensmittel, die nach kurzer Zeit eine unmittelbare Gesundheitsgefahr darstellen können, werden mit dem Verbrauchsdatum gekennzeichnet. Das Verbrauchsdatum nennt den letzten Tag, an dem das Lebensmittel noch verzehrt werden darf.

Kunde prüft die Verbraucherhinweise auf einer Lebensmittelverpackung.

Preisangaben

Zusätzlich zu den Angaben auf der Verpackung muss bei jedem Produkt an oder in der Nähe der Verpackung der Endpreis sowie der Grundpreis pro Mengeneinheit ausgezeichnet sein. Für den Verbraucher wird der Preisvergleich so wesentlich einfacher.

Verbraucherzentrale, Kennzeichnung von Lebensmitteln, www.verbraucherzentrale.de, 16.05.2018

4. Arbeite die im Text genannten Kennzeichnungspflichten heraus und erläutere deren Sinn.

5. Grenze den Begriff Mindesthaltbarkeitsdatum vom Begriff Verfallsdatum ab.

6. Recherchiere im Internet: Es gibt auch Kennzeichnungspflichten bei Textilien sowie eine Energieverbrauchskennzeichnung. Erkläre, was sich jeweils hinter diesen Pflichten verbirgt.

7. Erläutere, was sich der Gesetzgeber bei den Regelungen (**M2** und Aufgabe 6) gedacht hat und für wen das von Vor- und Nachteil ist.

3.1.6 Warum sollte man verantwortungsbewusst konsumieren?

Du beziehst ökologische und soziale Aspekte in deine Kaufentscheidung mit ein.

Findest du nicht auch, dass das Leben schön ist? Bei uns in Deutschland kann man sich eigentlich fast alles leisten – Bekleidung und Schuhe gibt es bei einigen Märkten schon im einstelligen Euro-Bereich, auch der Burger oder die Chicken-Wings beim Schnellimbiss kosten fast nichts. Hast du dich eigentlich schon einmal gefragt, warum manche Sachen so billig sind?

M1 Warum verantwortungsbewusst konsumieren?

1. Beschreibe deine Gefühle zur Collage.
2. Erkläre den Zusammenhang der Bilder in der Collage.

M2 Nachhaltig konsumieren

Verbraucher entscheiden täglich mit ihrem Kauf über Produkte, Unternehmen und Vertriebswege. [...] Nachhaltig einkaufen bedeutet, verantwortungsvoll zu handeln und darauf zu achten, dass ökologisch und sozial unbedenkliche Produkte beim Einkauf berücksichtigt werden. Das klingt zunächst schwierig und theoretisch. Doch nachhaltiger Konsum liegt im Trend und ist meist auch einfach umzusetzen. So stehen Bio- und Fairtrade-Produkte immer häufiger auf dem Einkaufszettel, regionale Produkte und saisonale Angebote erfreuen sich steigender Nachfrage. Auch bei Möbeln, Textilien, Elektrogeräten etc. achtet der Verbraucher immer öfter darauf, dass die Produkte umwelt- und sozialverträglich produziert wurden sowie energiesparend genutzt und entsorgt werden können. Die meisten Verbraucher haben längst gelernt, ihren Abfall zu trennen, Energie zu sparen und auf keinen oder möglichst wenig Verpackungsmüll zu achten. Beim Kauf von Haushaltsgeräten wird geprüft, ob diese langlebig und reparierbar sind. Viele Verbraucher wissen, dass das zunächst teurere Haushaltsgerät oft – dank des niedrigen Energie- und Wasserverbrauchs – auf Dauer das günstigere Gerät ist.

Auch achten Verbraucher immer häufiger auf schadstofffreie Textilien und boykottieren sogar Produkte von Unternehmen, die ihre Umwelt- und Sozialverantwortung nicht wahrnehmen.

Bayerisches Staatsministerium für Umwelt und Verbraucherschutz, Nachhaltig konsumieren, www.stmuv.bayern.de, abgerufen am 21.11.2018

3. Arbeite aus **M2** heraus, was man unter nachhaltigem Konsum versteht.

4. Erstelle mithilfe von Beispielen aus **M1** und **M2** eine Liste, worauf du bei deinem Konsum zukünftig achten könntest, um ihn nachhaltig zu gestalten.

M3 Das Fairtrade-Siegel

Das Fairtrade-Siegel steht für fair angebaute und gehandelte Produkte: alle Zutaten eines Produktes, die unter Fairtrade-Bedingungen erhältlich sind, müssen Fairtrade-zertifiziert sein. [...] Dies ermöglicht den Kleinbauernkooperativen stabilere Preise sowie langfristigere Handelsbeziehungen. Sowohl Bäuerinnen und Bauern als auch Beschäftigte auf Plantagen erhalten eine zusätzliche Prämie für Gemeinschaftsprojekte. Die Standards enthalten darüber hinaus Kriterien zu demokratischen Organisationsstrukturen, Umweltschutz und sicheren Arbeitsbedingungen. Ausbeuterische Kinderarbeit sowie Zwangsarbeit sind im Fairtrade-System verboten.

Fairtrade Deutschland, Fairtrade-Siegel – Fair mit System, www.fairtrade-deutschland.de, abgerufen am 22.11.2018

Kleinbauernkooperative
Kleinbauern bilden eine Genossenschaft zum gemeinsamen Geschäftsbetrieb.

5. Erläutere die Bedeutung des Fairtrade-Siegels.

6. Erläutere, warum der Kauf von Fairtrade-Produkten soziale Missstände in den Herstellungsländern verringert.

7. Recherchiere im Internet weitere Siegel zu fairem Handel und vergleiche sie.

M4 Vielfalt an Bio-Siegeln und -Logos

8. Siegel ist nicht gleich Siegel: Recherchiert in Gruppen Informationen über jeweils eines der abgebildeten Bio-Siegel oder -Logos und vergleicht eure Ergebnisse in der Klasse.

9. Erkläre den Unterschied zwischen Fairtrade-Siegeln, Bio-Siegeln und Bio-Logos.

M5 Nachhaltigkeit bei Obst und Gemüse

„Wer bei Lebensmittel auf Nachhaltigkeit achten will, sollte welche kaufen, die regional, saisonal und bio sind", sagt Yvonne Zwick vom Nachhaltigkeitsrat. Von diesen drei Kriterien ist bio noch am einfachsten umzusetzen, denn entsprechende Lebensmittel sind mit einem Siegel gekennzeichnet. Bei regional wird es schon schwieriger, denn auf den Schildern stehen nur Länderkennungen – Äpfel aus Südtirol haben aber einen kürzeren Weg nach München als solche aus Niedersachsen. [...] Bei saisonal hilft das Etikett gleich gar nicht weiter. Im Supermarkt erfährt der Verbraucher nicht, dass Tomaten und Zucchini gerade keine Saison haben. Das Ende des Frühlings ist, was frische Lebensmittel betrifft, die schlechteste Zeit im Jahr. [...] Doch in den Obst- und Gemüseabteilungen der Supermärkte merkt das niemand. Es gibt alles. Immer.

Barbara Vorsamer, Ich koche Kraut und Rüben, www.sueddeutsche.de, 23.05.2016

10. Erkläre, wie man sich beim Einkaufen von Obst und Gemüse nachhaltig verhalten kann.

11. Recherchiere im Internet nach einem „Saison-Kalender", der dir anzeigt, in welchen Monaten ein Gemüse bzw. Obst Saison hat. Stelle dir ein passendes Gericht für den aktuellen Monat zusammen, das nur aus saisonalen Lebensmitteln besteht.

M6 Lieber billig als öko ...

Der Einkaufschef eines großen Discountmarktes glaubt nicht, dass Kunden künftig mehr Geld für Fleisch ausgeben, das tierfreundlicher produziert wurde. „Die Moral endet oft am Geldbeutel, das ist nach unserer Erfahrung so", sagt Jan Bock im Interview mit der Süddeutschen Zeitung.

Das Problem ist: Je tierfreundlicher ein Stück Fleisch hergestellt wurde, desto teurer ist es. Und im Zweifelsfall würde sich der Kunde meist für das billigere Produkt entscheiden. „Mehr Tierschutz gibt es nicht zum Nulltarif", sagt Bock. Höhere Standards, beispielsweise mehr Platz für die Tiere oder besseres Futter, sorgten für steigende Preise. Viele Kunden seien zwar grundsätzlich dafür, den Tierschutz zu verbessern, bis sie aber dafür zahlen, dauere es Jahre.

Nach: MZ, Lieber billig als öko: Kunden wollen tierfreundliche Haltung, aber nicht mehr zahlen, www.mz-web.de, 06.06.2018

12. Erkläre die Aussage: *„Die Moral endet oft am Geldbeutel"*.
13. Erläutere, warum tierfreundlich produziertes Fleisch teurer ist.
14. Diskutiert: *Sollte der Staat Billigfleisch verbieten?*

M7 Die drei R

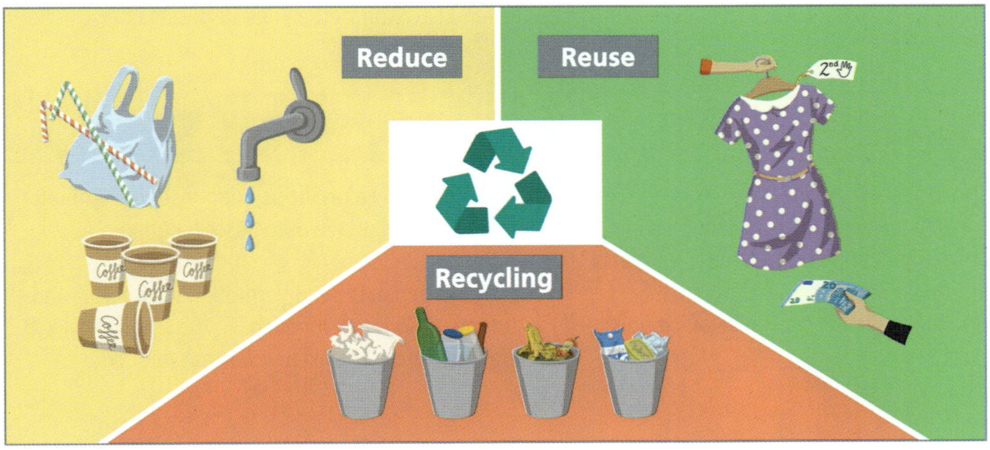

15. Erkläre vor dem Hintergrund der Grafik die Bedeutung der Begriffe Reuse, Reduce und Recycling auch mit Blick auf Nachhaltigkeit.
16. Nenne jeweils zwei für dich umsetzbare Maßnahmen im Haushalt zum Reuse, Reduce und Recycling.
17. Stelle dar, wie sich die drei R auf deine Kaufentscheidung auswirken können.
18. Diskutiert in der Klasse, ob nachhaltiger Konsum die Welt verbessert.
19. Im Sinne der Wiederverwertbarkeit sind einige Startups entstanden, die Upcycling betreiben. Das heißt, sie richten weggeworfene Gegenstände wieder her und machen daraus neue Produkte. Sucht im Internet nach Ideen und startet in Kleingruppen ein eigenes kleines Upcycling-Projekt.

FACHWISSEN

Informationen beschaffen

Informationen beschaffen	Informationen bewerten und beurteilen	Entscheidung treffen
Online • Testberichte – von offiziellen Stellen – in Blogs, Foren • Produktseiten • Verkaufsseiten • Preissuchmaschinen • Verbraucherportale • Social Media **Offline** • Beratung im Ladengeschäft • Werbeprospekte • Beratung durch Freunde	**Qualität der Quelle prüfen** • Glaubwürdigkeit • Neutralität • Nachvollziehbarkeit **Beeinflussungsversuche erkennen** • Werbung • Preisgestaltung • Social-Media-Marketing • Kundenbindungssystem **Rechtliche Regelungen nutzen** • Kennzeichnungspflichten	**Wertmaßstäbe** • Nachhaltigkeit • Fairtrade **Rationale Faktoren** • Preis • Qualität • Lieferzeit • Sicherheit – Zahlung – Versand • Zahlungsart **Individuelle Vorlieben**

Bei der Informationsbeschaffung kommt es nicht nur darauf an, möglichst viel über das Produkt selbst herauszufinden (produktbezogene Informationen), auch Informationen, die nicht produktbezogen sind, sind wichtig: Welche Anbieter gibt es und wie hoch ist der Preis? Fallen Versandkosten an? Wie lang ist die Lieferzeit?
Bereits während der Informationsbeschaffung sollte man die Qualität der Quelle einschätzen. Generelle Qualitätskriterien für Informationen sind z. B. objektive Tests durch unabhängige Organisationen, offizielle Gütesiegel sowie die Neutralität und Fachkompetenz des Verfassers der Quelle.

Vorteile und Risiken des Internets bei Kaufentscheidungen

Vorteile:	Nachteile
• Größere Auswahl • Recherchen in kurzer Zeit möglich • schneller und umfassender Vergleich durch Preissuchmaschinen • Einkaufen von zu Hause aus möglich	• Gefahren durch **Fake-Shops** oder unseriöse Anbieter • Nachteile durch ungewollte Bestellungen im Ausland • Erstellung genauer Benutzerprofile durch Such- und Kaufentscheidungen möglich • Gefahren durch Datenklau oder -missbrauch

Zahlungsarten

Sowohl Online wie auch Offline gibt es viele verschiedenen Zahlungsarten. Bei der jeweiligen Auswahl sollten neben **praktischen Gesichtspunkten** (z. B. Verfügbarkeit, Aufwand) auch Kriterien wie anfallende **Kosten** (z. B. durch Jahresgebühren einer Kreditkarte oder Gebühren beim Verwenden einer Zahlungsart) sowie **Sicherheit** und **Datenschutz** (letztere vor allem bei Online-Zahlungen) berücksichtigt werden. Informationen über diese Kriterien findet man z. B. auf den Seiten der Verbraucherzentralen.
Beim Bezahlen alltäglicher Käufe wird das Bargeld immer mehr vom Zahlen mit der Girocard oder Kreditkarte („plastic money") oder dem sogenannten Mobile Payment abgelöst. Dabei handelt es sich um eine elektronische Zahlungsart, wobei mobile Endgeräte wie Smartphones, Smartwatches oder Tablets eingesetzt werden. Durch hohe Sicherheitsstandards bringt diese Art des Bezahlens

3

kaum zusätzliche Risiken mit sich. Jedoch kann man, im Gegensatz zum Bezahlen mit Bargeld, leicht den Überblick über seine Ausgaben verlieren. Auch weiß man nicht immer genau, welche Daten durch die Bezahl-App gespeichert und ggf. ausgewertet werden.

Sicherer Umgang mit den eigenen Daten

Internetbasierte Zahlungsarten, wie z. B. PayPal oder Giropay, bergen immer gewisse Risiken, derer man sich bewusst sein muss. So können die privaten Informationen durch Datendiebstahl abhandenkommen oder missbraucht werden. Ein gewisses Vertrauen in den jeweiligen Anbieter ist darum wichtig, da die privaten Zahlungsdaten dann auf deren Servern, ggf. sogar in anderen Ländern, liegen.

Im Internet sollte generell verantwortungsbewusst mit den eigenen Daten umgegangen werden. Unternehmen können sonst relativ einfach Nutzerprofile erstellen und diese Informationen zur Manipulation nutzen. Verbraucher sollten nur die für den Einkauf bzw. die Geschäftsbeziehungen notwendigen Daten preisgeben und generell bei der Datenpreisgabe zurückhaltend sein. Neben diesem Grundsatz der Datensparsamkeit gibt es noch einige Tricks, um sich anonymer im Netz zu bewegen. Dazu gehören:

- die Nutzung einer VPN-Verbindung, um den eigenen Datenverkehr im freien WLAN vor unbefugten Dritten zu sichern;
- Anonymes Surfen im Netz, z. B. mittels des TOR-Browsers oder eines VPN-Anbieters;
- E-Mails und Chats verschlüsseln und regelmäßig Cookies löschen.

Kennzeichnungspflichten

Durch Bestimmungen des Verbraucherschutzes vereinfacht sich der Vergleich von Produkten. **Kennzeichnungspflichten** bei Lebensmitteln, Textilien und anderen Gütern geben Informationen über z. B. Inhaltsstoffe und Herkunft. Der Gesetzgeber versucht hier, den Verbraucher durch gesetzliche Bestimmungen bei seiner Kaufentscheidung zu unterstützen. Die Preisangabenverordnung erlaubt so beispielsweise ein einfaches Vergleichen der Preise durch den Bezug auf einen einheitlichen Grundwert.

Zudem schützt der Gesetzgeber hier den Verbraucher, da z. B. auch Allergene ausgewiesen werden müssen. Auch die Angabe von Zucker- oder Fettgehalt ist für viele Verbraucher wichtig.

Nachhaltig konsumieren

Dies ist z. B. durch die Beachtung von Fairtrade- und **Bio-Siegeln** möglich.

Bei **Fairtrade-Siegeln** stehen eher soziale Faktoren wie die Arbeitsbedingungen der Produktion, angemessene Bezahlung der Angestellten und Mitbestimmung im Vordergrund. Bei den Bio-Siegeln sind es eher ökologische Faktoren, wie z. B. die Begrenzungen beim Einsatz von Pestiziden.

Nachhaltiger Konsum kann aber, vor allem mit Blick auf die beschränkten Ressourcen der Erde, auch eine bewusste Einschränkung des Konsums bedeuten (Reduce). Ebenso sollte man beim Kauf mögliche Wiederverwendungsmöglichkeiten des Produkts oder seiner Verpackung im Blick haben (Reuse). Beim Entsorgen sollte man den Müll trennen, so dass Ressourcen wieder zurück in den Kreislauf gelangen können und nicht für immer verlorengehen (Recycle).

3.2 Die finanzielle Seite des Konsums

3.2.1 Ab wann werden Schulden gefährlich?

Du nutzt in unterschiedlichen Situationen beim Konsum Möglichkeiten der Kreditbeschaffung. Dabei ist dir die Gefahr einer Überschuldung bewusst. Im Falle einer Überschuldung zeigst du Möglichkeiten der Problemlösung auf.

Es gibt viele Wege, Geld schnell loszuwerden. Die Nutzung von Kreditkarten, das Onlineshopping und Angebote wie „Null-Prozent-Finanzierung", „Sofortkredit" oder „jetzt einkaufen, später bezahlen" verleiten oft dazu, mehr Geld auszugeben, als man eigentlich hat. Auch viele Jugendliche geraten damit in die Schuldenfalle. Worauf sollte man achten, um eine Überschuldung zu vermeiden und welche Möglichkeiten gibt es, sich aus der Schuldenfalle zu befreien?

M1 Kaufen auf „Pump"

Überschuldung
wenn ein Schuldner seine Schulden nicht mehr zurückbezahlen kann, weil sein Einkommen und sein Vermögen dafür nicht ausreichen.

1. Erkläre, warum es sich bei den gezeigten Möglichkeiten jeweils um einen Kredit handelt.
2. Erläutere, warum gerade bei diesen Möglichkeiten die Gefahr einer Überschuldung groß ist.

M2 Der Weg in die Schuldenfalle

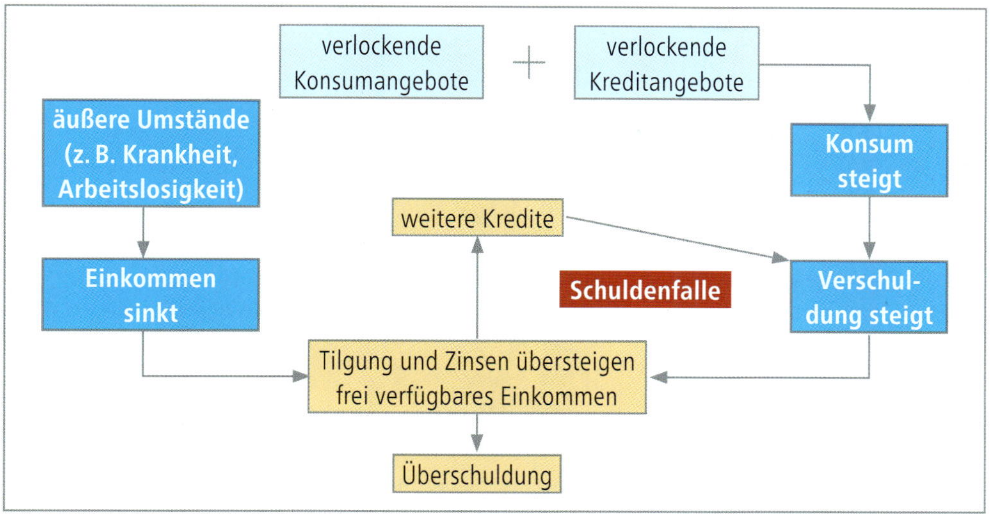

3. Erkläre den Weg in die Schuldenfalle.

4. Überprüfe dein eigenes Konsumverhalten hinsichtlich des Risikos einer Ver- oder Überschuldung.

5. Erstelle mit einem Partner eine Liste mit Vorschlägen, wie sich eine Überschuldung vermeiden lässt.

M3 Wie komme ich aus der Schuldenfalle wieder raus?

Um handlungsfähig zu bleiben und einen klaren Kopf zu behalten, ist es wichtig, sich die Situation offen einzugestehen und nicht vor dem Problem davonzulaufen. Auch wenn es unangenehm ist, muss eine Bestandsaufnahme gemacht werden, um Wege aus der Schuldenfalle zu finden. Dazu gehört es, alle Verbindlichkeiten aufzulisten und mit Gläubigern in Kontakt zu treten, um Lösungsmöglichkeiten zu suchen. Manche Gläubiger erklären sich unter Umständen mit einer Ratenzahlung einverstanden. Städte und Gemeinden unterstützen Betroffene und helfen ihnen, einen Weg aus der Schuldenfalle zu finden. Die staatliche Schuldnerberatung ist im Gegensatz zu einer privaten, die häufig von unseriösen Unternehmen angeboten wird, auch noch kostenlos. Scheitern auch mit Hilfe eines professionellen Experten von der Schuldnerberatung alle Versuche, die Verbindlichkeiten loszuwerden, bleibt nur der Weg in die Privatinsolvenz. Diese gewährt die Chance, nach sechs Jahren, unter Umständen auch früher, wieder schuldenfrei zu sein und wirtschaftlich neu anzufangen.

Wege aus der Schuldenfalle - Tipps und Informationen, www.die-neue-welle.de, 03.09.2019

6. Führe mit deiner Nachbarin bzw. deinem Nachbarn eine erste Sprechstunde einer fiktiven Schuldnerberatung durch. Übernehmt dabei die Rollen des Schuldners und des Beraters (**M3**).

3.2.2 Welche Geldanlage ist die richtige?

Du wählst für unterschiedliche Lebenssituationen und Sparziele sinnvolle Geldanlagemöglichkeiten aus.

Sparen auf den Urlaub, auf den Führerschein oder gar schon für das erste Auto. Wer später größere Ausgaben vorhat, überlegt sich oft schon rechtzeitig, wie er das dafür notwendige Geld sinnvoll beiseitelegen kann. Bei der Vielzahl der Anlagemöglichkeiten, die die Banken anbieten, stellt sich die Frage, welche Kriterien man bei der Geldanlage unbedingt berücksichtigen sollte.

M1 So sparen Jugendliche und junge Erwachsene

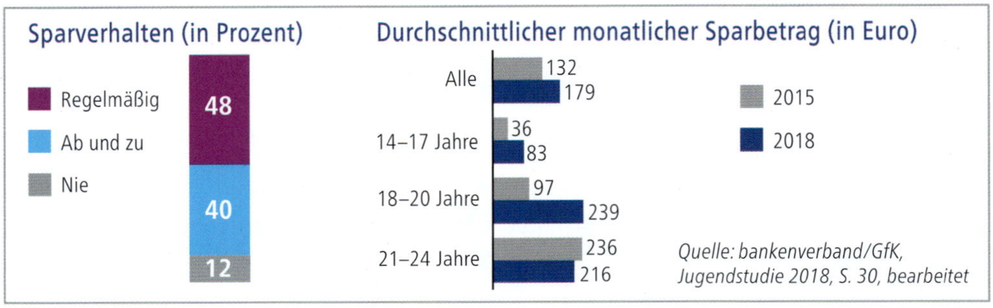

Quelle: bankenverband/GfK, Jugendstudie 2018, S. 30, bearbeitet

M2 Dafür sparen Jugendliche und junge Erwachsene (Angabe in Prozent)

Quelle: bankenverband/GfK, Jugendstudie 2018, S. 31

1. Stellt das Sparverhalten in eurer Klasse fest. Macht dazu eine Umfrage.
2. Vergleicht euer Sparverhalten und eure Sparmotive mit den in den Grafiken dargestellten Zahlen.
3. Nennt Gründe für euer Sparverhalten und eure Sparmotive. Tauscht euch in der Klasse darüber aus.

3

M3 Die Kriterien der Geldanlage

Bei Ihrer Anlage sollten Sie folgende Kriterien berücksichtigen: Rentabilität | Sicherheit | Liquidität

Wählen Sie aus folgenden Kombinationen:

a) Hohe Rentabilität und hohe Sicherheit hat leider keine hohe Liquidität
b) Hohe Liquidität und hohe Rentabilität hat leider keine hohe Sicherheit.
c) Hohe Sicherheit und hohe Liquidität hat leider keine hohe Rentabilität.

Alle drei Kriterien gleichzeitig zu erfüllen ist leider nicht möglich.

Rentabilität
eingesetztes Kapital im Verhältnis zum damit erzielten Erfolg

Liquidität
Verfügbarkeit des eingesetzten Kapitals

4. Erkläre am Beispiel des Lottospielens, warum sich Sicherheit und Rentabilität nicht gleichzeitig erreichen lassen.

5. Das Geld auf deinem Sparbuch kannst du in einem bestimmten Umfang täglich abheben. Einlagen bei Banken gelten als sicher. Schließe aus beiden Informationen auf die Rentabilität der Geldanlage auf dem Sparbuch. Überprüfe dein Ergebnis, indem du den Zinssatz für Spareinlagen bei deiner Bank recherchierst.

M4 Die wichtigen Fragen des Lebens

Karikatur: Gerhard Mester

6. Beschreibe und interpretiere die Karikatur. Leite daraus ein zusätzliches Kriterium ab, nach dem man eine Anlageentscheidung treffen könnte.

7. Finde weitere Kriterien, die deine Anlageentscheidung beeinflussen könnten.

M5 Die 1860 München-Anleihe – ein Gläubigerpapier

M6 Die BVB-Aktie – ein Teilhaberpapier

8. Erkläre am Beispiel der Anleihe des Münchner Sportvereins (**M5**) und der Aktie von Borussia Dortmund (**M6**) den grundsätzlichen Unterschied zwischen einem Gläubiger- und einem Teilhaberpapier.
9. Beurteile die 1860er-Anleihe und die BVB-Aktie nach den Kriterien der Geldanlage (**M3**).

M7 Geburtstagsüberraschung für Eva

Evas Patenonkel überrascht sie bei ihrer Geburtstagsfeier. Er schenkt ihr ein Sparbuch mit 3.000 Euro. „Seit deiner Geburt habe ich regelmäßig etwas für dich zurückgelegt. In 15 Jahren ist eine stattliche Summe zusammengekommen. Nun bist du alt genug, etwas Sinnvolles mit dem Geld anzufangen."

Ihre spontane Idee, erst einmal richtig shoppen zu gehen verwirft Eva schnell wieder. Schließlich hat sie vor, nach ihrem Realschulabschluss im nächsten Jahr eine Berufsfachschule in einem anderen Ort zu besuchen. Dafür will sie 1.000 Euro sparen. Außerdem steht in zweieinhalb Jahren der Führerschein an und der kostet bestimmt 1.500 Euro. Schließlich sollte ein Teil des Geldes auch eine vernünftige Rendite abwerfen. Dafür ist Eva auch bereit, ein höheres Risiko einzugehen. Ein paar neue Klamotten sollten aber trotzdem noch drin sein.

M8 Evas Anlagemöglichkeiten

Sichteinlagen

Zu den Sichteinlagen zählen das Girokonto und das Tagesgeldkonto. Wenn Sie Geld sicher anlegen und schnell darauf zugreifen wollen, ist ein Tagesgeldkonto eine gute Wahl.

Das Tagesgeldkonto auf einen Blick:

- ✔ mehr Zinsen als am Girokonto, jedoch meist sehr niedrig
- ✔ Guthaben jederzeit verfügbar
- ✔ sichere Anlage
- ✔ bequeme Kontoführung online

Termingeld

Sie haben eine größere Summe für absehbare Zeit zur Verfügung? Mit Termingeld legen Sie Ihr Geld bei begrenzter Laufzeit und garantierten Zinsen ohne Risiko an.

Termingeld auf einen Blick:

- ✔ feste Zinsen ohne Risiko
- ✔ flexible Laufzeiten
- ✔ garantierter Zins für die gesamte Laufzeit
- ✔ kostenlose Kontoführung

Sparbuch

Sie sparen auf ein konkretes Ziel wie den nächsten Urlaub? Das Sparbuch ist eine der einfachsten und sichersten Möglichkeiten, zu sparen.

Das Sparbuch auf einen Blick:

- ✔ hohe Sicherheit, jedoch geringe Verzinsung
- ✔ flexible Einzahlung oder in festen Raten
- ✔ unkomplizierte Sparmöglichkeit
- ✔ keine Gebühren

Aktien

Langfristig ist die Anlage in Aktien gegenüber anderen Geldanlagen unschlagbar. Sie nutzen die Hochphasen an der Börse und sitzen die schwachen Zeiten aus.

Die Anlage in Aktien auf einen Blick:

- ✔ hohe Gewinne aber auch Verluste möglich
- ✔ meist Anteil am Gewinn des Unternehmens (Dividende)
- ✔ direkte Beteiligung an einem Unternehmen
- ✔ immer an der Börse handelbar

Festverzinsliche Wertpapiere (Anleihen)

Sie möchten Geld anlegen und dabei ruhig schlafen können? Dann sind festverzinsliche Wertpapiere vielleicht genau das Richtige für Sie.

Vorteile festverzinslicher Wertpapiere:

- ✔ regelmäßig feste Zinsen
- ✔ immer an der Börse handelbar
- ✔ individuelle Laufzeit
- ✔ hohe Sicherheit bei guten Emittenten

Quelle: www.sparkasse.de, 02.10.19, bearbeitet

Emittent
Ausgeber/Aussteller von Wertpapieren

10. Recherchiere im Internet nach der momentanen Verzinsung der genannten Anlagemöglichkeiten.

11. Beratet Eva, wie sie das Geld, das sie zum Geburtstag geschenkt bekommen hat (**M7**) sinnvoll anlegen sollte (**M8**). Beachtet dabei die Kriterien der Geldanlage (**M3**).

12. Recherchiere weitere Möglichkeiten der Geldanlage, die für Eva (**M7**) in Frage kommen könnten.

FACHWISSEN

Gefahr der Überschuldung

Unüberlegte Käufe beim Onlineshopping, die Verwendung von Kreditkarten oder Werbeangebote mit günstigen Finanzierungsmöglichkeiten führen manchmal zur **Überschuldung**. Das heißt, dass der Schuldner nicht mehr in der Lage ist, seine Schulden unter normalen Umständen zurückzubezahlen. Häufig führen auch äußere Umstände wie plötzliche Arbeitslosigkeit oder Krankheit in die Schuldenfalle. Bei Fällen der Überschuldung sollte unbedingt professionelle Hilfe in Anspruch genommen werden. Diese bieten die sogenannten **Schuldnerberatungsstellen**.

Kriterien der Geldanlage

Die Kriterien, die an eine Geldanlage angelegt werden, hängen von den **Sparmotiven** ab. Für den Anleger spielen zunächst drei Kriterien die Hauptrolle: **Sicherheit**, **Rentabilität** und **Liquidität**. Da es nur einem Zauberer gelingen könnte, alle drei Kriterien gleichzeitig zu erfüllen, spricht man auch vom „**magischen Dreieck der Geldanlage**".

Rentabilität
- In welcher Höhe werden Zinsen- bzw. Dividendenzahlungen geleistet?
- Sind zusätzliche Kursgewinne möglich?

Anlage-Kriterien

Sicherheit
- Ist die Anlage riskant?
- Ist der Anbieter seriös?
- Kann der Schuldner die fälligen Zinsen termingerecht bezahlen?
- Wie wahrscheinlich ist ein Totalverlust?

Liquidität
- Wie lange läuft die Anlage?
- Besteht die Möglichkeit, die Anlage vorzeitig zu Bargeld zu machen?
- Welche Gebühren entstehen bei vorzeitiger Kündigung?

Manche Anleger legen bei ihrer Entscheidung außerdem Wert auf ethische Aspekte.

Anlagemöglichkeiten

Wer täglich über sein Geld verfügen möchte, sei es, um Rechnungen zu begleichen oder Bargeld abzuheben, belässt es auf dem **Girokonto**. Das dort liegende Geld wird normalerweise nicht verzinst und der Bankkunde muss in der Regel Gebühren für die Abwicklung des Zahlungsverkehrs bezahlen. Eine geringe Verzinsung bietet das **Tagesgeldkonto**, über das zwar keine Überweisungen abgewickelt werden können, über dessen Guthaben man aber auch täglich verfügen kann. Ebenfalls hohe Sicherheit bei etwas höheren Zinsen gewährt eine **Termineinlage**. Dabei verzichtet der Anleger bis zu einem bestimmten Zeitpunkt völlig auf sein Geld. Wer eine unkomplizierte Geldanlage mit sehr hoher Sicherheit sucht und bereit ist, weitestgehend auf Rendite zu verzichten, kann sein Geld auf einem **Sparbuch** anlegen. Dabei sind die von der Bank bezahlten Zinsen meist sehr niedrig.

M1 Augen auf beim Handykauf

Beim Arbeiten mit Tageszeitungen im Deutschunterricht stolperst du über einen Artikel, der dich an den Wirtschaftsunterricht erinnert:

Wir haben es geschafft, viele Dinge des täglichen Lebens fair zu produzieren. Es gibt T-Shirts aus Bio-Baumwolle und Fairtrade-Kaffee, aber wir schaffen es nicht, jenen Gegenstand fair und nachhaltig herzustellen, mit dem viele Menschen viel Zeit verbringen: das Smartphone. Und dabei wäre es hier besonders relevant. Denn die Produktion von Handys ist ein dreckiges Geschäft. Und zwar in vielerlei Hinsicht: Oft werden sie unter brutalen Arbeitsbedingungen in chinesischen Fertigungshallen zusammengebaut. Bei der Verarbeitung seltener Erden, die in Touchscreens und Vibrationsmotoren stecken, entsteht radioaktives Abwasser. Für die Produktion sind Zinn und Tantal wichtig – das sind sogenannte Konfliktrohstoffe, die Kriege von Warlords im Kongo finanzieren. [...]

Problematisch ist nicht nur die Lieferkette, sondern der Smartphone-Markt. Er ist ein lineares System: Ein Hersteller produziert ein Gerät, der Verbraucher kauft es, benutzt es, schmeißt es weg und kauft sich ein neues. Alle Rohstoffe und noch funktionierende Teile im alten Gerät sind mehr oder weniger verloren. 2017 wechselten die Deutschen ihr Handy laut Counterpoint Research alle 21 Monate.

Moritz Zajonz, Was faire Handys können, www.sueddeutsche.de, 29.08.2018

Auf deiner meist genutzten Social Media Plattform hast du in letzter Zeit häufiger die Profile von sogenannten Greenfluencern vorgeschlagen bekommen. Sie machen sich für nachhaltigen Konsum stark und wollen Jugendliche ansprechen, sich mehr Gedanken über ihren Konsum zu machen. Wie gehen sie bei ihrer Arbeit vor?

1. Arbeite die Probleme bei der Herstellung und Verwendung von Smartphones heraus.
2. Recherchiere Informationen zu fairen Smartphones und entscheide dich begründet für ein faires Modell. Notiere dir, aus welchem Grund du welche Quelle wählst.
3. Stelle nun das gewählte faire Smartphone deinem aktuellen Wunsch-Smartphone gegenüber.
   a) Analysiere die Web- und Werbeauftritte der beiden Geräte und arbeite Unterschiede heraus. Gehe auf die jeweils erzeugten Emotionen und Produktdetails ein.
   b) Vergleiche beide Handys in den Kategorien *Technische Ausstattung, Preis, Design und Nachhaltigkeit*.
4. Wähle begründet für jedes Smartphone eine Bezugsmöglichkeit aus. Achte dabei auf den Preis, Versandzeit und -kosten sowie Zahlungsmethoden.
5. Diskutiere, ob du für ein Handy einen Kredit aufnehmen würdest. Unterscheide dabei verschiedene Möglichkeiten der Kreditaufnahme und stelle jeweils Vor- und Nachteile gegenüber.

K C A F D E

T R S G P H

Deine Meinung ist gefragt!

1. Vier Bilder - ein Wort?
2. Erkläre, warum in den dargestellten Situationen offensichtlich Regelungen nötig sind.
3. Diskutiert in der Klasse, welche Strafen ihr für die Täter im rechten oberen Bild für fair halten würdet.

4

Grundzüge des Rechts

Warum soll ich überhaupt etwas über Recht wissen? Ich habe mir doch bisher nichts zu Schulden kommen lassen. Ist das nicht etwas, womit sich nur Rechtsanwälte und Richter beschäftigen müssen? So denken viele und meinen, dass sie Recht eigentlich nichts angeht. Doch im Alltag kommt man ständig mit Recht in Berührung, ohne dass einem das vielleicht immer bewusst ist. Täglich schließen wir eine Vielzahl von Verträgen, die auch mit rechtlichen Folgen verbunden sind.

Sicher hast du auch schon von Straftaten gehört, die von Jugendlichen begangen wurden. Doch nur selten macht man sich Gedanken darüber, welche Folgen so eine Handlung für das Leben des Täters und das seiner Familie haben kann.

Kompetenzen – Das kannst du nach diesem Kapitel:

… an Beispielen erklären, welche Aufgaben das Recht in unserem Zusammenleben hat.
… einfache Rechtsfälle mithilfe von Gesetzestexten lösen.
… an Beispielen erklären, warum Kinder und Jugendliche durch das Recht besonders geschützt werden müssen.
… in konkreten Situationen zwischen Eigentum und Besitz unterscheiden.
… entscheiden, ob ein Kaufvertrag zustande gekommen ist und beschreiben, welche Verpflichtungen sich für die Vertragspartner daraus ergeben.
… beim Kauf anhand von Beispielen den Leistungsort bestimmen und den Eigentumsvorbehalt als Möglichkeit zum Schutz des Verkäufers erkennen.
… deine Rechte als Käufer bei Pflichtverletzungen geltend machen.
… anhand von Beispielen die Notwendigkeit des staatlichen Strafmonopols begründen.
… kritisch an Beispielen den Zweck staatlicher Strafen beurteilen.
… einschätzen, ob eine Tat den Voraussetzungen der Strafbarkeit genügt.
… mithilfe des Strafgesetzbuches strafbaren Handlungen mögliche Rechtsfolgen zuordnen.
… unterschiedliche Phasen eines Strafverfahrens beschreiben.
… Straftaten und Ordnungswidrigkeiten an realen Beispielen voneinander abgrenzen.
… zwischen straf- und zivilrechtlichen Folgen strafbarer Handlungen unterscheiden.
… die Besonderheiten des Jugendstrafrechts vor allem im Hinblick auf den Erziehungsgedanken bewerten und begründen.

4.1 Der Jugendliche in unserer Rechtsordnung

4.1.1 Warum braucht man das Recht?

Du erklärst an unterschiedlichen Beispielen, welche Aufgaben das Recht hat. Dabei begründest du, dass das Recht für unser Zusammenleben nötig ist.

Sicher hast auch du dich schon über eine Vorschrift geärgert, die dir momentan sinnlos erschien. Wäre es nicht schön, wenn du zu jeder Zeit tun und lassen könntest, was du willst? In die Schule gehen oder ausschlafen, während des Unterrichts mit dem Handy chatten, bei Rot über die Ampel gehen, so laut Musik hören, wie man möchte … Oder machen Regeln vielleicht doch Sinn?

M1 Jetzt aber Ruhe!

Über nichts streiten Nachbarn so sehr wie über Lärm. Wann geklimpert, trompetet, geflötet werden darf, darüber urteilen Gerichte – wie im Fall eines Münchner Schlagzeugers.

Seit zehn Jahren spielt der Jugendliche Schlagzeug, Jazz und südamerikanische Rhythmen mag er am liebsten. An der Musikschule hat er Unterricht, zu Hause übt er [in] seinem Zimmer. Lange ging das gut in diesem Genossenschaftshaus – bis in die Räume darunter im Erdgeschoss eine Physiotherapeuten-Praxis zog. Die fühlte sich von den Übungen des heute 17-Jährigen gestört, so erzählt es sein Vater. ...

Musikinstrumente in Mietswohnungen sind ein häufiges Streitthema.

1. Arbeite die jeweiligen Interessen heraus, die im Artikel deutlich werden.
2. Sammelt Argumente für den 17-jährigen Schlagzeuger, für seinen Vater und für die neuen Mieter und stellt den Streit in einem Rollenspiel dar.
3. Beschreibe, wie in diesem Fall eine faire Regelung aussehen sollte.

M2 Übung macht den Meister

... Doch seit vier Wochen haben es die Praxis und die ganze Hausgemeinschaft schriftlich: Trommeln ist erlaubt, auch in einer Mietwohnung, so hat es das Landgericht München entschieden. Wenn auch nur 30 Minuten am Tag, und sonntags muss das Schlagzeug schweigen.

Nach: Ekkehard Müller-Jentsch, Jetzt aber Ruhe!, www.sueddeutsche.de, 22.11.2014

4. Erkläre, welche Aufgabe das Gericht in diesem Fall hat.

M3 Auszug aus dem Strafgesetzbuch (StGB)

In einer unbeaufsichtigten Situation kommt es in einer Schule zu einer Prügelei.

§

§ 223 StGB Körperverletzung

(1) Wer eine andere Person körperlich misshandelt oder an der Gesundheit schädigt, wird mit Freiheitsstrafe bis zu fünf Jahren oder mit Geldstrafe bestraft.

(2) Der Versuch ist strafbar.

5. Erkläre, warum Regelungen, wie z. B. der § 223 Strafgesetzbuch (StGB), für unser Zusammenleben unbedingt nötig sind.

M4 Im Schilderwald

6. Erläutere, welche Aufgaben das Recht hier jeweils übernimmt (**M2 – M4**, vgl. Fachwissen S. 112).

7. Erkläre den grundsätzlichen Unterschied zwischen den beiden in **M4** abgebildeten Vorschriften (vgl. Fachwissen S. 112).

8. Nenne Beispiele, bei denen du dir gegebenenfalls Regeln wünschst, die dein Zusammenleben in der Familie, im Sportverein oder in der Klasse erleichtern würden.

9. Nenne Regeln in deinem Alltag, die du für überflüssig hältst. Begründe deine Meinung.

METHODE

Wie werden rechtliche Regelungen angewendet?

Du entscheidest, ob man eine Rechtsnorm bei einem Fall anwenden kann, indem du Rechtsnormen in ihre Tatbestandsmerkmale und ihre Rechtsfolgen zerlegst und den Sachverhalt den Tatbestandsmerkmalen zuordnest.

Rechtliche Regelungen begegnen dir tagtäglich, ohne dass du dir gegebenenfalls überhaupt darüber bewusst bist. Die meisten davon sind ziemlich kompliziert und sehr allgemein formuliert, da sie für möglichst viele unterschiedliche Fälle eine Lösung bieten müssen. Aber wie soll man herausfinden, ob eine Regelung in einem bestimmten Fall tatsächlich angewendet werden kann?

M1 Regelungen im Alltag

1. Formuliere die Aussagen der dargestellten Regeln in „Wenn-dann-Sätze" um.

M2 Auszüge aus dem Bürgerlichen Gesetzbuch (BGB)

§

§ 903 BGB Befugnisse des Eigentümers
Der Eigentümer einer Sache kann [...] mit der Sache nach Belieben verfahren und andere von jeder Einwirkung ausschließen. [...]

§ 985 BGB Herausgabeanspruch
Der Eigentümer kann von dem Besitzer die Herausgabe der Sache verlangen.

4

M3 Auszüge aus dem Strafgesetzbuch

§

§ 19 StGB Schuldunfähigkeit des Kindes
Schuldunfähig ist, wer bei Begehung der Tat noch nicht vierzehn Jahre alt ist.

§ 242 Abs. 1 StGB Diebstahl
(1) Wer eine fremde bewegliche Sache einem anderen in der Absicht wegnimmt, die Sache sich oder einem Dritten rechtswidrig zuzueignen, wird mit Freiheitsstrafe bis zu fünf Jahren oder mit Geldstrafe bestraft.

2. Formuliere die Rechtsnormen § 985 BGB (**M2**) und §§ 19, 242 StGB (**M3**) so um, dass jeweils „Wenn-dann-Sätze" entstehen. Orientiere dich dabei am Beispiel des § 903 BGB (**M2**):

Wenn man [1.] Eigentümer [2.] einer Sache ist, dann kann man [a] mit der Sache nach Belieben verfahren und [b] andere von jeder Einwirkung ausschließen.

3. Übertrage die Tabelle in dein Heft und vervollständige die Lücken. Verwende dazu die von dir in Aufgabe 2 formulierten „Wenn-dann-Sätze" (**M2, M3**).

Rechtsnorm	Wenn = Tatbestandsmerkmal(e)	Dann = Rechtsfolge(n)
§ 903 BGB	(1.) Eigentümer (2.) einer Sache	(a.) kann mit der Sache nach Belieben verfahren und (b.) andere von jeder Einwirkung ausschließen.
§ 985 BGB	(1.) Eigentümer (2.) einer Sache	(a.) kann vom .... (b.) die Herausgabe ...
§ 19 StGB	(1.) bei ... der Tat (2.) noch nicht ... alt	schuldunfähig
§ 242 Abs 1 StGB	(1.) eine Person (2.) eine ... (3.) bewegliche ... (4.) einem ... (Person) wegnimmt, (5.) mit der Absicht, sie ... *oder* (6.) einem anderen (7.) rechtswidrig ...	(a.) Freiheits... bis zu ... Jahren *oder* (b.) ...strafe

4. Erstelle eine Tabelle mit den Tatbestandsmerkmalen und den Rechtsfolgen für den § 223 Abs. 1 StGB Körperverletzung (vgl. S. 101).

M4 Rechtsnormen anwenden

5. Begründe mit den §§ 903, 985 BGB, dass die Aufforderungen auf den Handys auch den Rechtsvorschriften des Bürgerlichen Gesetzbuches entsprechen.

M5 Ein Christbaum aus dem Wald

Als der Junge mit zehn, elf Jahren nicht mehr ans Christkindle glaubte, nahm sein Vater ihn mit – zum Christbaumstehlen. „Bald 50 Jahre ist das her", sagt der heute 60-jährige Hans. „Da war's bei uns im Allgäu schon so, dass es zwar auf dem Weihnachtsmarkt Bäume zu kaufen gab. Aber die ärmeren Arbeiterfamilien sind ein bis zwei Wochen vorher in den Wald rein."

Bis zum Spätnachmittag, als es schon ein bisschen dunkel wurde, warteten Vater und Sohn. Rauf aufs Fahrrad. Der Sohn saß anfangs noch auf dem Gepäckträger; später war er mit dem eigenen Radl unterwegs. Der nächste Wald lag drei Kilometer von der Stadt entfernt. „Es musste relativ schnell gehen. Es konnte ja immer noch ein Jäger oder Bauer unterwegs sein", sagt Hans.

Mit der Handsäge sägten die beiden die Fichte ab. „Das waren keine schönen, edlen Bäume", sagt er und lacht. „Das waren oft dürre Stecken." Ein Jutesack drüber gestülpt, den Baum unterm Arm, radelten die beiden wieder nach Hause... (→ M6)

6. Prüfe, ob durch den beschriebenen Sachverhalt alle Tatbestandsmerkmale des § 242 StGB (vgl. S. 103, **M3**) erfüllt sind und deshalb ein Diebstahl vorliegt.
Ordne den Tatbestandsmerkmalen des § 242 StGB (vgl. Aufgabe 3) jeweils den im Text geschilderten Sachverhalt zu.
Vervollständige dazu die folgende Tabelle in deinem Heft.

Rechtsnorm	Tatbestandsmerkmal(e)	Sachverhalt (M5)
§ 242 StGB	Wer (eine Person)	der Vater
	eine fremde	
	bewegliche Sache	eine abgesägte Fichte
	einem anderen wegnimmt	
	mit der Absicht, sie sich	
	rechtswidrig zuzueignen	

M6 Strafe von zehn Mark

... Jahrelang ging der vorweihnachtliche Diebstahl von Vater und Sohn gut. Doch dann stand eines Tages ein Förster am Waldrand. Der schaute im Auftrag der Gemeinde nach, dass im Wald alles richtig lief – zum Beispiel eben keine Christbäume gestohlen wurden. Vater und Sohn bemerkten den Mann zunächst nicht. Der erwischte sie aber, als sie mit dem Baum aus dem Wald kamen. Die Strafe: zehn Mark. „Das war damals viel Geld", sagt der 60-Jährige. Ein „legaler" Christbaum hätte drei bis vier Mark gekostet. „Mein Vater hat zähneknirschend gezahlt."

Nach: Elisa Hipp, Christbaum einfach aus dem Wald holen? Das kann im Gefängnis enden, www.augsburger-allgemeine.de, 21.12.2015

7. Diskutiert, ob die Strafe von „zehn Mark" (Z. 10) für den Vater dem Gesetz entspricht.

8. Begründe, dass nur der Vater für den Diebstahl bestraft werden konnte, nicht aber der Sohn (**M3–M6**, vgl. Fachwissen S. 113).

Um zu überprüfen, ob eine Rechtsnorm (ein Paragraf) bei einem bestimmten Fall angewendet werden kann, geht man folgendermaßen vor:

Schritt 1: Rechtsnorm analysieren
Zunächst zerlegt man die Rechtsnorm in ihre Tatbestandsmerkmale (wenn ...) und ihre Rechtsfolgen (dann ...) (= Normenanalyse).

Schritt 2: Sachverhalt zuordnen
Dann untersucht man, ob der Sachverhalt (der Fall) zu den einzelnen Tatbestandsmerkmalen passt (= Subsumtion).

Schritt 3: Ergebnis
Wenn **alle Tatbestandsmerkmale** durch den Sachverhalt **erfüllt** sind, treten die Rechtsfolgen der Norm **ein**. Sind nicht alle Tatbestandsmerkmale erfüllt, treten die Rechtsfolgen der Norm nicht ein.

4.1.2 Welche Rolle spielt das Alter im Recht?

Du löst einfache Rechtsfälle, die dich betreffen könnten, mithilfe von Gesetzestexten. Dabei erklärst du, warum das Recht je nach Alter unterschiedliche Regelungen vorsehen kann.

Manchmal ist es ganz schön stressig ein Minderjähriger zu sein: Das ganze Leben scheint nur aus Pflichten und Verboten zu bestehen. Aber stimmt das wirklich? Nein, du hast als Jugendlicher eine ganze Menge Rechte. Unsere Rechtsordnung berücksichtigt das Alter eines Menschen, zumindest bis er volljährig ist. Die Gesetze setzen für bestimmte Handlungen einen gewissen Reifegrad voraus. Deshalb bekommst du bis zum Erwachsenenalter, je älter du wirst, immer mehr Freiheiten und Rechte – aber auch Pflichten. Doch welche Rechte genau hast du ab welchem Alter? Und wo sind diese Rechte geregelt?

M1 Kann mein kleines Kind mein Haus erben?

Rechtsfähigkeit
Fähigkeit, Träger von Rechten und Pflichten zu sein

Frage stellen

Hallo liebe Community!
Ich habe ein Einfamilienhaus (schuldenfrei), in dem ich mit Lebensgefährtin und kleinem Sohn (derzeit 3 Jahre) lebe. Ich dachte immer, wenn mir heute was passieren würde, bekommt mein Sohn als mein einziger Nachfahre das Haus. Aber meine Lebensgefährtin meint, ein minderjähriges Kind kann kein Haus erben, da ja damit auch laufende Kosten gedeckt werden müssen und Entscheidungen zur Instandhaltung getroffen werden müssen. Stimmt das?
Ich bin sehr dankbar über Antworten!

M2 Auszüge aus dem Bürgerlichen Gesetzbuch

§ 1 BGB Beginn der Rechtsfähigkeit
Die Rechtsfähigkeit des Menschen beginnt mit der Vollendung der Geburt.

§ 1922 BGB Gesamtrechtsnachfolge
(1) Mit dem Tode einer Person (Erbfall) geht deren Vermögen (Erbschaft) als Ganzes auf eine oder mehrere andere Personen (Erben) über.

1. Erkläre unter Einbeziehung der §§ 1, 1922 BGB, ob ein dreijähriges Kind ein Haus erben kann. Verfasse eine Antwort an den Vater (**M1, M2**).
2. Leite aus dem § 1922 BGB ab, wann die Rechtsfähigkeit des Menschen endet.
3. Nenne Rechte, die ein Mensch während seines gesamten Lebens hat (**M2**).

4

M3 Meins oder deins? Tausch unter Kindern

Frage stellen

Hallo. Ich habe folgendes Problem. Mein Sohn, 5 Jahre alt, hat mit seinem gleichaltrigen Kindergartenfreund sein Bayern-Trikot gegen dessen neuen Fußball getauscht. Mittlerweile ist er nämlich Fan des FCN. Nun will der andere Junge seinen Ball wiederhaben und sagt, mein Sohn hätte ihn geklaut. Wie ist denn da die Rechtslage? Dürfen Kinder untereinander Waren tauschen und ist der Tausch dann auch gültig? Oder muss er den Ball zurückgeben? Vielen Dank schon mal im Voraus für eure Antworten.

Geschäftsfähigkeit
Fähigkeit, Rechtsgeschäfte selbstständig wirksam vorzunehmen

Willenserklärung
Äußerung eines rechtlich wirksamen Willens

4. Diskutiert, ob eurer Meinung nach der Tausch rechtlich wirksam sein sollte und beurteilt dann den Fall anhand der §§ 104, 105 BGB.

M4 Kaufvertrag mit einem Minderjährigen

Frage stellen | So funktioniert es | Was Kunden sagen | Top Themen

Mein Sohn Jonas hat ohne unser Wissen sein Sparschwein geschlachtet (er sollte auf ein Mofa sparen) und sich über einen Zeitraum von ca. sechs Monaten Online-Payment-Karten an der Tankstelle gekauft. Gesamtwert: ca. 550 Euro. Zum Teil war Jonas da noch 13 Jahre alt. Jetzt ist er 14. Der erworbene Code wurde dann in einem Online-PC-Spiel eingegeben, um damit „Onlinediamanten“ zu „kaufen“.
Unserer Meinung nach ist unser Sohn nur beschränkt geschäftsfähig und konnte deshalb alleine keinen wirksamen Vertrag abschließen. Wir haben daher vom Tankstellenbesitzer das Geld zurückverlangt. Dieser sieht das anders und lehnt eine Erstattung ab.

5. Beantworte folgende Fragen mithilfe der §§ 106, 107, 108 Abs. 1 und 110 BGB:
- **a)** Ist Jonas geschäftsfähig?
- **b)** Konnte Jonas alleine eine wirksame Willenserklärung zum Kauf der „Onlinediamanten“ an der Tankstelle abgeben?
- **c)** Können die Eltern von Jonas (seine gesetzlichen Vertreter) die Verträge mit der Tankstelle unwirksam machen?
- **d)** Wie würde sich die rechtliche Lage ändern, wenn Jonas die „Onlinediamanten“ nicht mit seinen Ersparnissen für das Mofa, sondern mit seinem Taschengeld (vgl. § 110 BGB) bezahlt hätte?

6. Begründe die Regelungen in den §§ 105 bis 110 BGB mit den Aufgaben des Rechts (vgl. S. 100 + 101).

M5 Siebenjähriger beschädigt parkendes Auto

Ein siebenjähriger Junge war mit zwei Kickboards auf dem Weg nach Hause. Als ihn ein langsam fahrendes Auto überholen wollte, versuchte der Junge auszuweichen. Bei dieser Gelegenheit schrammte er mit dem Lenker an einem parkenden Auto entlang. Da der Lenker keinen Gummischutz hatte, fügte er dem Auto einen langen Kratzer auf beiden Türen zu. Der Besitzer des parkenden Autos klagte auf 1.700 Euro Schadensersatz.

Autorentext

M6 14-Jähriger macht Spritztour mit gestohlenem Auto

Deliktsfähigkeit
Fähigkeit, eine unerlaubte Handlung zu begehen und hierfür auch zur Verantwortung gezogen zu werden.

Einigen Schaden richtete ein 14-jähriger Junge bei seiner illegalen Fahrt an. Den Autoschlüssel hatte er unbemerkt aus der Handtasche seiner Mutter genommen. Die Polizei erhielt gegen 23 Uhr einen Hinweis, dass sich ein Auto eher ungewöhnlich durch die Stadt bewegt. Mal langsam, mal schnell sei der Jugendliche unterwegs gewesen, heißt es im Polizeibericht. Während seiner Fahrt verursachte er einen Schaden von 5.000 Euro. Der Jugendliche wurde im Anschluss zu seiner Mutter gebracht.

Autorentext

7. Diskutiert, ob die Kinder bzw. Jugendlichen jeweils für den entstandenen Schaden verantwortlich gemacht werden sollten (**M5, M6**).
8. Vergleicht eure Argumentation mit der gesetzlichen Regelung des § 828 BGB.

M7 Diebisches Trio im Fachmarktzentrum

Als am Mittwochnachmittag eine 15-Jährige einen Drogeriemarkt verließ, gab die Sicherungsanlage Alarm. Bei der Kontrolle stellte sich heraus, dass sie Kosmetika im Wert von rund 80 Euro in einer Tasche unter ihrer Jacke versteckt hatte. Sie gab an, dass bei der Diebestour noch eine 13-Jährige dabei gewesen war, die das Geschäft vor ihr verlassen hatte. Das zweite Mädchen wurde wenig später von einer Polizeistreife aufgegriffen. Bei ihr fand sich weiteres Diebesgut aus der gleichen Drogerie. Die Jugendliche wurde nach der Anzeigenaufnahme ihren Erziehungsberechtigten übergeben.

Autorentext

9. Überprüfe anhand des § 242 StGB, ob die 15-Jährige einen Diebstahl im Sinne des Strafgesetzbuches begangen hat.

M8 Jugendstrafrecht

Die Vorschriften des Jugendstrafrechts sind im Jugendgerichtsgesetz (JGG) geregelt. Die Straftaten im Jugendstrafrecht sind die gleichen wie im Erwachsenenstrafrecht. Eine Körperverletzung bleibt eine Körperverletzung, unabhängig vom Alter des Täters. Das Strafverfahren und die Folgen für den Täter unterscheiden sich allerdings im Jugendstrafrecht erheblich von denen im Erwachsenenstrafrecht. Neben dem Ziel, erneuten Straftaten entgegenzuwirken, steht im Jugendstrafrecht stets der Erziehungsgedanke im Vordergrund.

Strafmündigkeit
Die vom Alter und von der geistigen Reife abhängige Fähigkeit, für das Unrecht einer strafbaren Handlung verantwortlich gemacht werden zu können.

10. Recherchiere, ab welchem Alter Jugendliche strafmündig sind und in welchem Alter das Jugendstrafrecht gilt (vgl. Fachwissen S. 113).

11. Diskutiert, auch vor dem Hintergrund des Jugendstrafrechts (**M8**), ob die 15-Jährige (**M7**) mit einer Freiheits- oder einer Geldstrafe bestraft werden sollte.

M9 Straftaten von Kindern und Jugendlichen

Tatverdächtige nach Altersstruktur und Geschlecht 2019

Altersgruppe	insgesamt	Veränderungen zum Vorjahr in %	männlich	weiblich
Tatverdächtige insgesamt	2.019.211	−1,6	1.514.667	504.544
davon Kinder	72.890	3,2	50.636	22.254
bis unter 10 Jahre	14.947	−5,7	10.536	4.411
10 bis unter 12 Jahre	17.056	4,9	12.428	4.628
12 bis unter 14 Jahre	40.887	6,2	27.672	13.215
davon Jugendliche	177.082	−0,2	128.081	49.001
14 bis unter 16 Jahre	79.862	4,1	54.636	25.226
16 bis unter 18 Jahre	97.220	−3,5	73.445	23.775
davon Heranwachsende (18 bis unter 21 Jahre)	177.774	−4,2	140.338	37.436

Bundeskriminalamt (Hg.), Polizeiliche Kriminalstatistik, Bundesrepublik Deutschland, Jahrbuch 2019, Band 3, Tatverdächtige, eigene Berechnungen

12. Entscheide, ob folgende Aussagen richtig oder falsch sind oder ob eine Aussage dazu nicht möglich ist. Werte dazu die Tabelle aus:
- **a)** Die meisten Straftaten wurden 2019 von den Heranwachsenden begangen.
- **b)** Mit zunehmendem Alter nimmt auch die Anzahl der Straftaten zu.
- **c)** Die Anzahl der männlichen Tatverdächtigen war 2019 ungefähr dreimal so groß wie die der weiblichen Tatverdächtigen.

13. Diskutiert, auch vor dem Hintergrund des Falls **M7**, ob die Altersstufe im § 19 StGB auf 12 oder sogar 10 Jahre herabgesetzt werden sollte.

4.1.3 Warum gelten für Kinder und Jugendliche in der Öffentlichkeit besondere Beschränkungen?

Du beurteilst Fälle aus deiner Altersgruppe mithilfe des Jugendschutzgesetzes. Dabei erklärst du, warum in manchen Bereichen für Kinder und Jugendliche in der Öffentlichkeit besondere Regelungen gelten.

Sicher kennst du den Hinweis im Supermarkt „Kein Verkauf von Alkohol an Jugendliche" oder du wurdest schon einmal an der Kinokasse zurückgewiesen, weil der Film noch nicht für deine Altersstufe freigegeben war. Aber warum ist das eigentlich so und wie und wo ist das alles geregelt, was ich als Jugendlicher darf?

M1 Gefahren für Kinder und Jugendliche

1. Beschreibe, warum die in den Bildern dargestellten Situationen gerade für Kinder und Jugendliche besonders gefährlich werden können.

4

M2 Das Jugendschutzgesetz (JuSchG)

Eltern müssen nicht alles erlauben, was das Gesetz gestattet.
Sie tragen bis zur Volljährigkeit die Verantwortung. (Dieses Gesetz gilt nicht für verheiratete Jugendliche)

✔ erlaubt ✘ nicht erlaubt ◆ zeitliche Beschränkungen/Begrenzungen
(werden duch die Begleitung einer erziehungsbeauftragten Person aufgehoben)

§	Regelung	Kinder unter 14 Jahre	Jugendliche unter 16 Jahre	Jugendliche unter 18 Jahre
§ 4	**Aufenthalt in Gaststätten**	◆	◆	✔ bis 24 Uhr
	Aufenthalt in Nachtbars, Nachtclubs oder vergleichbaren Vergnügungsbetrieben	✘	✘	✘
§ 5	Anwesenheit bei öffentlichen Tanzveranstaltungen, u. a. **Discos** (Ausnahmegenehmigung durch zuständige Behörde möglich.)	◆	◆	✔ bis 24 Uhr
	Anwesenheit bei Tanzveranstaltungen von anerkannten Trägern der Jugendhilfe Bei künstlerischer Betätigung oder zur Brauchtumspflege	✔ bis 22 Uhr	✔ bis 24 Uhr	✔ bis 24 Uhr
§ 6	**Anwesenheit in öffentlichen Spielhallen** Teilnahme an Spielen mit Gewinnmöglichkeiten	✘	✘	✘
§ 7	**Anwesenheit bei jugendgefährdenden Veranstaltungen und in Betrieben** (Die zuständige Behörde kann Alters- und Zeitbegrenzungen sowie andere Auflagen anordnen.)	✘	✘	✘
§ 8	**Aufenthalt an jugendgefährdenden Orten** (Die zuständige Behörde kann Maßnahmen zur Gefahrenabwehr treffen)	✘	✘	✘
§ 9	**Abgabe/Verzehr von Branntwein, branntweinhaltigen Getränken und Lebensmitteln**	✘	✘	✘
	Abgabe/Verzehr anderer alkoholischer Getränke; z. B. Wein, Bier o. ä. (Ausnahme: Erlaubt bei 14- u. 15-Jährigen in Begleitung einer personensorgeberechtigten Person (Eltern))	✘	✘	✔
§ 10	**Abgabe und Konsum von Tabakwaren**	✘	✘	✘
§ 11	**Kinobesuche,** nur bei Freigabe des Films und Vorspanns: „ohne Altersbeschränkung – ab 6/12/16 Jahren" (Kinder unter 6 nur mit einer erziehungsbeauftragten Person. Die Anwesenheit ist grundsätzlich an die Altersfreigabe gebunden! Ausnahme: „Filme ab 12 Jahren": Anwesenheit ab 6 Jahren in Begleitung einer personenberechtigten Person (Eltern) gestattet.)	✔ bis 20 Uhr	✔ bis 22 Uhr	✔ bis 24 Uhr
§ 12	**Abgabe von Filmen oder Spielen** (auf DVD, Video usw.) nur entsprechend der Freigabekennzeichen: „ohne Altersbeschränkung – ab 6/12/16 Jahren"	✔	✔	✔
§ 13	**Spielen an elektrischen Bildschirmspielgeräten ohne** Gewinnmöglichkeiten nur nach den Freigabekennzeichen: „ohne Altersbeschränkung – ab 6/12/16 Jahren"	✔	✔	✔

Gültig ab 01. September 2007

→ **2.** Erläutere, welche Regelungen das Jugendschutzgesetz (**M2**) für die in **M1** abgebildeten Situationen vorsieht.

3. Nimm Stellung zu folgender These: „Das Jugendschutzgesetz ist für Erwachsene gemacht."

4. Erkläre den Sinn der in **M2** aufgezeigten Einschränkungen im Hinblick auf die Aufgaben des Rechts.

5. Diskutiert, ob das Jugendschutzgesetz die Erziehungsberechtigten (meist die Eltern) bei der Erziehung ihrer Kinder unterstützt oder ihre erzieherische Freiheit einschränkt.

Die Aufgaben des Rechts

Wo Menschen in einer Gemeinschaft zusammenleben, haben sie oft unterschiedliche Interessen und es kommt zu Konflikten. Um diese friedlich und gerecht zu lösen, brauchen wir neben allgemeinen Verhaltens- und Umgangsregeln auch **rechtliche Regelungen**.

Das Recht schafft Ordnung. **Gebote** und **Verbote** machen deutlich, was gilt, was erlaubt und was verboten ist (**Ordnungsfunktion**). Nach dem Rechtsfahr**gebot** in unserer Straßenverkehrsordnung wird in Deutschland grundsätzlich auf der rechten Straßenseite gefahren. Parkverbote helfen z. B. dabei, die Feuerwehrzufahrt zu einem Grundstück freizuhalten.

Das Recht schützt den Einzelnen gegenüber anderen Bürgern und gegenüber dem Staat (**Schutzfunktion**). So werden z. B. Fußgänger durch Geschwindigkeitsbeschränkungen vor Rasern oder die Gesellschaft durch das Strafrecht vor Verbrechern geschützt.

Kinder und Jugendliche werden aufgrund ihrer Unerfahrenheit und ihrer geistigen Reife besonders durch das Recht geschützt. Sie werden stufenweise mit Rechten und Pflichten ausgestattet.

Rechtsfähigkeit

Rechtsfähigkeit ist die Fähigkeit Rechte und Pflichten zu haben. Da alle Menschen schon aufgrund ihres Menschseins mit Rechten ausgestattet sind, beginnt die Rechtsfähigkeit des Menschen mit der Vollendung der Geburt (§ 1 BGB) und endet mit dem Tod. So kann bereits ein Kleinkind ein Haus erben und Eigentümer werden, muss dafür aber auch Grundsteuer zahlen.

Geschäftsfähigkeit

Unter **Geschäftsfähigkeit** versteht man die Fähigkeit, Rechtsgeschäfte selbstständig wirksam vorzunehmen, also z. B. Verträge abzuschließen.

Um Kinder **unter sieben Jahren** davor zu schützen, Rechtsgeschäfte abzuschließen, deren Tragweite sie aufgrund ihres Alters noch nicht abschätzen können, sind sie **geschäftsunfähig** (§ 104 BGB). Auch Personen, die dauerhaft geisteskrank sind, sind geschäftsunfähig. Da die Willenserklärungen Geschäftsunfähiger unwirksam sind (§ 105 BGB) handeln an deren Stelle ihre gesetzlichen Vertreter (Eltern oder Vormund).

Etwa ab dem Alter des Schuleintritts ist es sinnvoll, dass auch Kinder und Jugendliche am Geschäftsleben teilnehmen können. Minderjährige **zwischen 7 und 18 Jahren** sind deshalb **beschränkt geschäftsfähig** (§ 106 BGB). Das heißt, sie können Rechtsgeschäfte mit der Zustimmung der Erziehungsberechtigten (§ 107 BGB) oder unter einigen sonstigen Voraussetzungen (z. B. mit ihrem Taschengeld, § 110 BGB) wirksam abschließen.

Mit **18 Jahren**, also mit Eintritt der Volljährigkeit, ist man **voll geschäftsfähig** (§ 2 BGB).

Deliktsfähigkeit

Deliktsfähigkeit bedeutet, dass man für einen verursachten Schaden zur Verantwortung gezogen werden kann und gegebenenfalls **Schadensersatz** leisten muss.

Kinder **unter sieben Jahren** sind **deliktsunfähig** (§ 828 Abs. 1 BGB) und für einen Schaden, den sie einem anderen zugefügt haben, nicht verantwortlich. Sie sind besonders zu schützen, da sie in der Regel nicht alle möglichen Folgen ihres Handelns abschätzen können.

Mit **sieben Jahren** beginnt die **beschränkte Deliktsfähigkeit**. Minderjährige können nur dann für einen von ihnen verursachten Schaden verantwortlich gemacht werden, wenn sie aufgrund ihrer geistigen Reife die Konsequenzen ihres Handelns hätten abschätzen können (§ 828 Abs. 3 BGB).

Volljährige ab 18 Jahren sind **voll deliktsfähig**.

Strafmündigkeit

Unter **Strafmündigkeit** versteht man die vom Alter und von der geistigen Reife abhängige Fähigkeit, für eine **strafbare Handlung** verantwortlich gemacht werden zu können.

Kinder **unter 14 Jahren** sind nach § 19 StGB **schuldunfähig** und damit strafrechtlich nicht für ihre Tat verantwortlich. Es ist daher keine Bestrafung durch ein Gericht möglich.

Jugendliche **von 14 bis 17 Jahren** sind nur dann schuldfähig, wenn sie zur Tatzeit nach ihrer geistigen Entwicklung reif genug sind, das Unrecht der Tat einzusehen (§ 3 JGG). Sie sind demnach **bedingt strafmündig**. Bei ihnen wird grundsätzlich das **Jugendstrafrecht** angewendet, bei dem der **Erziehungsgedanke** im Vordergrund steht.

Heranwachsender im Sinne des Strafrechts ist jemand, der **zwischen 18 und 21 Jahre** alt ist. Hier kann noch das Jugendstrafrecht angewendet werden, wenn die Person oder die Tat Merkmale aufweisen, die als jugendtypisch angesehen werden können (§ 105 JGG).

Erwachsene **ab 21 Jahren** sind **voll strafmündig**.

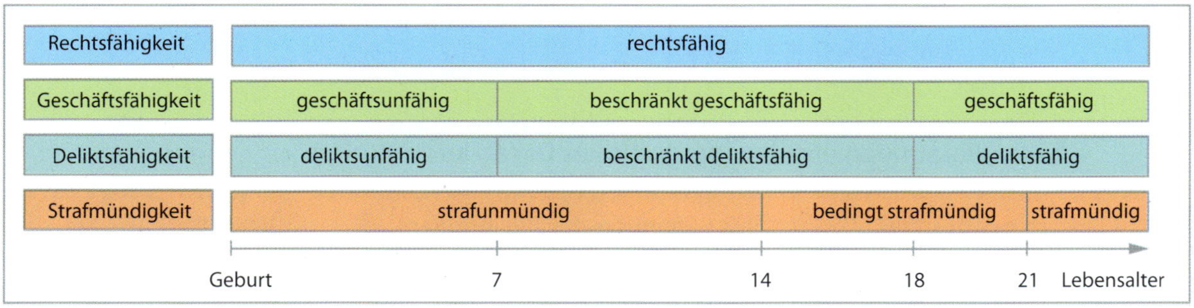

Jugendschutzgesetz

Das **Jugendschutzgesetz** (JuSchG) hat den Zweck, Kinder und Jugendliche vor Gefahren und negativen Einflüssen in der Öffentlichkeit und in den Medien zu schützen. Um die zunehmende Eigenverantwortlichkeit der Jugendlichen zu unterstützen sind die Einschränkungen an bestimmte Altersstufen gebunden. Somit unterstützt das Jugendschutzgesetz die Eltern bei der verantwortungsbewussten Erziehung ihrer Kinder.

4.2 Privatrechtliche Regelungen aus dem Eigentums- und Vertragsrecht

4.2.1 Wann gehört eine Sache wirklich mir?

Du unterscheidest anhand verschiedener Beispiele zwischen dem Besitzer und Eigentümer einer Sache.

Spielt es eine Rolle, ob du von einer Sache Besitzer oder Eigentümer bist? Im Alltag werden diese beiden Begrifflichkeiten oft gleichbedeutend verwendet, im rechtlichen Sinne besteht allerdings ein großer Unterschied.

M1 Marks Geburtstagsparty

Mark hat bald Geburtstag und er möchte ihn zusammen mit seinen Freunden feiern. Seine Eltern haben diesem Plan zugestimmt, nur der Wetterbericht sagt leider Regen voraus. Deswegen hat er die Idee, stattdessen bei sich zu Hause ein digitales Fußballturnier auf der Spielekonsole zu veranstalten. Einziges Problem ist nur: Mark hat selbst keine Spielekonsole, zum „Zocken“ geht er sonst immer zu seinen Freunden. Freude und Erleichterung kommt daher auf, als sein Freund Tim vorschlägt, dass er Mark seine PlayStation inklusive dem Spiel für die Geburtstagsfeier leihen könnte. Beide willigen ein, der Feier steht demzufolge nichts mehr im Wege. Als Mark die letzten Vorbereitungen zu seiner Party trifft, überlegt er: „Ich feiere bei mir zu Hause meinen Geburtstag – gehören die PlayStation und das Spiel dann nicht eigentlich mir?“.

1. Diskutiert, wer jeweils Eigentümer der beiden Gegenstände sein sollte. Was spricht für Tim, was spricht für Mark?

M2 Paragrafen aus dem Bürgerlichen Gesetzbuch (BGB)

§

§ 854 Erwerb des Besitzes
Der Besitz einer Sache wird durch die Erlangung der tatsächlichen Gewalt über die Sache erworben.

§ 903 Befugnisse des Eigentümers
Der Eigentümer einer Sache kann, soweit nicht das Gesetz oder Rechte Dritter entgegenstehen, mit der Sache nach Belieben verfahren und andere von jeder Einwirkung ausschließen.

§ 985 Herausgabeanspruch
Der Eigentümer kann von dem Besitzer die Herausgabe der Sache verlangen.

2. Erkläre anhand der Paragrafen den Unterschied zwischen Besitz und Eigentum.
3. Erläutere die Rechte und Pflichten des Eigentümers.

4

4. Übertrage die in Aufgabe 3 gewonnenen Erkenntnisse auf das Fallbeispiel in **M1**.
5. Erläutere, von welchen Gegenständen in deiner Schultasche du Besitzer und von welchen du Eigentümer bist.

M3 Ruhestörung bei Geburtstagsparty – Polizei rückt an

Im Rahmen einer Geburtstagsparty ist es am vergangenen Freitag zu einer erheblichen Ruhestörung gekommen. Aufgebrachten Nachbarn zufolge haben einige Jugendliche auch nach 23:00 Uhr noch „lautstark Musik gehört" und „wild in der Wohnung herumgeschrien". Aufgrund dieser Vorkommnisse wurde umgehend die Polizei alarmiert.

Zwei Beamte klingelten schließlich an der Wohnungstür und baten das Geburtstagskind Mark M., die Fenster zu schließen und die Lautstärke auf ein akzeptables Maß zu drosseln. Die Ermahnung zeigte Wirkung: die Polizei musste an diesem Abend nicht noch einmal eingreifen. Die Nachbarn waren dennoch wütend über die nächtliche Ruhestörung.

Ruhestörung ist der häufigste Konflikt bei Nachbarschaftsstreits.

6. Erläutere, inwiefern durch den Vorfall mögliche „Rechte Dritter" (§ 903 BGB) verletzt werden.
7. Stelle weitere Beispiele dar, in denen durch die Nutzung von Eigentum die Rechte Dritter verletzt werden.

M4 Wer ist Besitzer, wer ist Eigentümer?

Die Eltern von Mark wohnen in der Wohnung zur Miete.

Als Geburtstagsgeschenk bekommt Mark von seinem Freund Leon eine Blu-ray-Disc seines Lieblingsfilms geschenkt.

Um einen Geburtstagskuchen zu backen, fehlen Marks Mutter vier Eier. In dieser Notsituation hilft ihr freundlicherweise die Nachbarin aus, die ihr diese kurzerhand leiht.

Im Rucksack seines Freundes Tom entdeckt Mark tragbare Bluetooth-Lautsprecher. Diese nimmt er ohne zu fragen heraus und spielt darauf Musik ab.

8. Begründe, wer in den beschriebenen Situationen jeweils Besitzer und Eigentümer der Sachen ist.

4.2.2 Wie kommt ein Kaufvertrag zustande?

Du erkennst, wenn ein Kaufvertrag geschlossen wurde und bist dir der dadurch entstandenen Rechte und Pflichten bewusst.

Fast täglich schließen wir Kaufverträge. Vermutlich kaufst auch du selbst häufig ein und gehst damit vertragliche Verpflichtungen ein. Gedanken über die Voraussetzungen für einen Kaufvertrag und die aus dem Vertrag resultierenden Pflichten machen wir uns meist erst, wenn es zu Problemen kommt.

M1 Am 4. Oktober geht Robert in den Fahrradladen

1. Begründe mithilfe der §§ 145 und 147 BGB, dass zwischen Robert und dem Fahrradhändler ein Kaufvertrag (§ 433 BGB) geschlossen wurde und erkläre, welche Pflichten für beide dadurch entstanden sind.

M2 Verschiedene Formen von Willenserklärungen

2. Beschreibe die dargestellten Arten eine Willenserklärung abzugeben. Finde weitere Beispiele aus deinem Alltag.

M3 Regina findet ein einmaliges Angebot

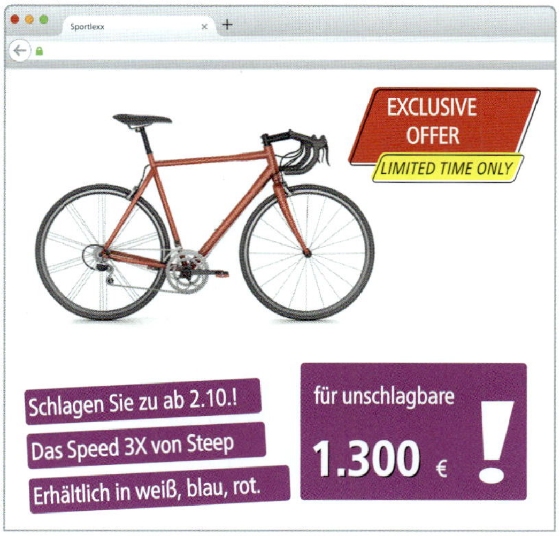

Regina sucht Rat im Rechts-Forum.

Betreff

Kaufvertrag Fahrrad

Schildern Sie hier Ihren Fall

Hallo, ich habe auf der Homepage meines Radhändlers am 02.10. ein Sonderangebot für ein Fahrrad entdeckt. Ich möchte es seit Längerem kaufen, allerdings nicht zum Normalpreis – das ist mir zu teuer. Am 04.10. war ich im Laden und der Besitzer sagte mir, dass das Rad bei ihm nicht mehr verfügbar sei, die Räder waren wohl schneller weg, als erwartet. Das Angebot war am 04.10. aber noch auf der Homepage. Habe ich da keine Chance, noch an das Rad zu kommen? Ist der Laden nicht verpflichtet zu seinem Angebot zu stehen?
Vielen Dank für eure Hilfe!

invitatio ad offerendum
Die invitatio ad offerendum ist eine Aufforderung zur Abgabe eines Angebotes. Es handelt sich nur um eine unverbindliche Mitteilung und noch nicht um einen bindenden Antrag.

3. Analysiere, ob ein Kaufvertrag zwischen Regina und dem Fahrradhändler zustande gekommen ist.

4.2.3 Wie läuft eine Kaufhandlung ab?

Du vollziehst die Erfüllung der durch den Kaufvertrag entstandenen Pflichten rechtlich nach.

Bestimmt kennst du das von deinem Einkauf im Supermarkt oder bei der Bäckerei: Die gesamte Kaufhandlung geht sehr schnell. Formal gesehen, laufen in dieser kurzen Zeit gleich drei getrennte Rechtsgeschäfte ab. Doch welche genau?

M1 Am 6. Oktober holt Robert sein Fahrrad ab

Robert hat nun also sein Fahrrad gekauft und kann es kaum erwarten, es endlich abzuholen, um die ersten Runden zu drehen. Höchste Zeit also, dass die Abmachungen vom 4. Oktober in die Tat umgesetzt werden. Robert muss natürlich auch seinen Teil dazu beitragen.

1. Unterscheide am Beispiel des Fahrradkaufs von Robert zwischen Verpflichtungsgeschäft und Erfüllungsgeschäft (vgl. §§ 433, 929 BGB, Fachwissen S. 129).
2. Analysiere, ob die Pflichten aus dem Kaufvertrag im Beispiel Fahrradkauf erfüllt wurden. Beziehe dabei auch dein Wissen über die Voraussetzungen einer Übereignung mit ein.
3. Erkläre Verpflichtungs- und Erfüllungsgeschäfte am Beispiel Pausenverkauf.

M2 Robert hat online Zubehör bestellt

Robert Müller
Hasenstraße 16
81555 Paunzdorf

Fahrrad KLEE • Kleeweg 7 • 80533 München

16.10.20..

Ihr Auftrag vom 14.10.20.. – Rechnungsnummer A-571614

Sehr geehrter Herr Müller,
wir bedanken uns für Ihr Vertrauen und Ihren Auftrag in unserer Filiale Paunzdorf.
Wie besprochen, werden wir für Sie am 10.11.20.. an Ihrer Adresse folgende Posten zur Verfügung stellen:

Artikel-Nr.	Anzahl	Artikelbeschreibung	Einzelpreis	Gesamtpreis
782	2	Fahrradreifen Spikes	31,25 €	62,50 €
710	1	Fahrradhelm „Hot Racer II"	45,00 €	45,00 €
356	1	Fahrradklingel „Ringli"	28,00 €	28,00 €
				135,50 €
			zzgl. 19 % UST	25,75 €
			Rechnungsbetrag (brutto)	**161,25 €**

Bitte überweisen Sie den Betrag auf untenstehendes Konto.
Zahlbar bis spätestens 14 Tage nach Rechnungsdatum.

4. Bestimme den Zeitpunkt von Verpflichtungs- und Erfüllungsgeschäft.
5. Ermittle, ob Käufer und Verkäufer in den Beispielen **M1** und **M2** einen Leistungsort bestimmt haben (vgl. § 269 BGB).

M3 Auszug aus dem BGB

§

§ 269 Leistungsort

(1) Ist ein Ort für die Leistung weder bestimmt noch aus den Umständen, insbesondere aus der Natur des Schuldverhältnisses, zu entnehmen, so hat die Leistung an dem Orte zu erfolgen, an welchem der Schuldner zur Zeit der Entstehung des Schuldverhältnisses seinen Wohnsitz hatte.

(2) Ist die Verbindlichkeit im Gewerbebetrieb des Schuldners entstanden, so tritt, wenn der Schuldner seine gewerbliche Niederlassung an einem anderen Orte hatte, der Ort der Niederlassung an die Stelle des Wohnsitzes.

(3) Aus dem Umstand allein, dass der Schuldner die Kosten der Versendung übernommen hat, ist nicht zu entnehmen, dass der Ort, nach welchem die Versendung zu erfolgen hat, der Leistungsort sein soll.

6. Analysiere § 269 BGB und erläutere, wo der Leistungsort im Beispiel **M2** wäre, wenn keine Vereinbarungen getroffen worden wären.
7. Erläutere, weshalb es wichtig ist, dass der Gesetzgeber eine Regelung für den Leistungsort im Gesetz verankert.

4.2.4 Was bedeutet ein Kauf unter Eigentumsvorbehalt?

Du vollziehst Kaufhandlungen unter Eigentumsvorbehalt rechtlich nach. Dabei ist dir die Bedeutung des Eigentumsvorbehalts für Ratengeschäfte bewusst.

Da die alte Waschmaschine kaputtgegangen ist, haben deine Eltern eine neue gekauft und dabei eine Ratenzahlung vereinbart. In einem solchen Fall spricht man auch von einem sogenannten Eigentumsvorbehalt. Doch was genau verbirgt sich rechtlich hinter einem solchen Geschäft?

M1 Werbeanzeige zum Ratenkauf

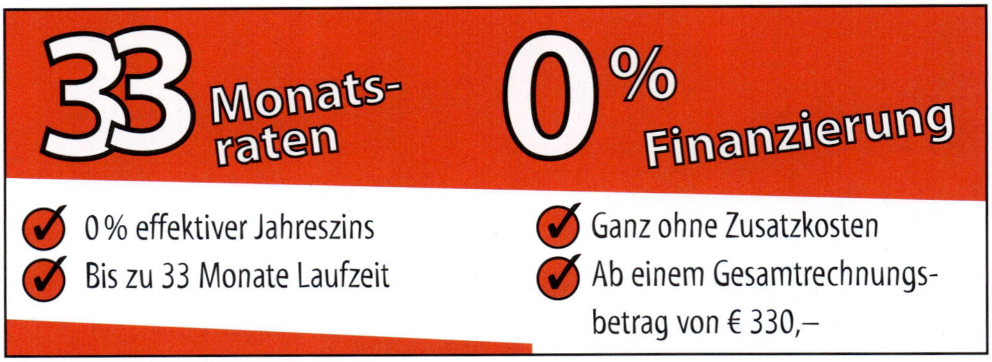

1. Immer häufiger begegnet man in Geschäften Werbeanzeigen zum Ratenkauf. Erkläre unter Einbeziehung der Werbeanzeige, wie eine solche Zahlungsvereinbarung abläuft.
2. Erläutere, welche Vorteile mit einer solchen Ratenzahlung für beide Vertragspartner einhergehen.
3. Stelle dar, welche Risiken für beide Seiten mit einem Ratenkauf grundsätzlich verbunden sind.

M2 Rechtliche Regelungen zum Eigentumsvorbehalt

§

§ 449 BGB Eigentumsvorbehalt
(1) Hat sich der Verkäufer einer beweglichen Sache das Eigentum bis zur Zahlung des Kaufpreises vorbehalten, so ist im Zweifel anzunehmen, dass das Eigentum unter der aufschiebenden Bedingung vollständiger Zahlung des Kaufpreises übertragen wird (Eigentumsvorbehalt).
(2) Auf Grund des Eigentumsvorbehalts kann der Verkäufer die Sache nur herausverlangen, wenn er vom Vertrag zurückgetreten ist.

§

§ 158 BGB Aufschiebende und auflösende Bedingung

(1) Wird ein Rechtsgeschäft unter einer aufschiebenden Bedingung vorgenommen, so tritt die von der Bedingung abhängig gemachte Wirkung mit dem Eintritt der Bedingung ein.

M3 Auszug aus den AGB eines Elektronikmarktes

8. Eigentumsvorbehalt

Bis zur vollständigen Bezahlung verbleibt die gelieferte Ware unser Eigentum.

4. Angenommen, deine Eltern haben eine Waschmaschine unter Vereinbarung der Ratenzahlung in **M1** gekauft. Erläutere unter Einbeziehung von **M2**, wann in diesem Fall das Eigentum tatsächlich übergeht.

5. Begründe, weshalb es für die verkaufenden Unternehmen sinnvoll ist, bei solchen Kaufgeschäften einen Eigentumsvorbehalt im Vertrag zu vereinbaren.

M4 Ein Prosit auf Getränke-Maier?

Karikatur Wolfgang Berger

6. Interpretiere die Karikatur und erläutere in diesem Zusammenhang, welche Problematik sich bei der Vereinbarung dieses Eigentumsvorbehalts ergibt.

7. Entwickle einen Vorschlag, wie das dargestellte Problem gerecht gelöst werden könnte.

4.2.5 Welche Probleme können beim Kauf auftreten?

Du unterscheidest verschiedene Pflichtverletzungen beim Kauf.

Wenn du einen Kaufvertrag abschließt, gehen damit für dich, wie auch für den Verkäufer, verschiedene Pflichten einher. Diese werden in den meisten Fällen auch wie vereinbart erfüllt und das gegenseitige Schuldverhältnis erlischt. Doch ab wann spricht man von einer sogenannten Pflichtverletzung und welche verschiedenen Arten können dabei grundsätzlich auftreten?

M1 Liegt eine Pflichtverletzung vor oder nicht?

Thomas: „Ich fliege in einer Woche nach Mallorca, da dort unser alljährliches Trainingslager für die bevorstehende Rennrad-Saison stattfindet. Da wir jeden Tag trainieren, habe ich mir bei einem Online-Versand fünf neue Trainings-Shirts bestellt. Als ich das Paket öffnete, waren zwei Shirts allerdings am Kragen eingerissen. So eine Frechheit, ich habe den Versandhandel natürlich sofort kontaktiert."

Maria: „Letztes Wochenende hatten meine Freundin und ich endlich mal wieder Zeit, gemeinsam shoppen zu gehen. Dabei habe ich mir in einem Schmuckladen ein Paar neue Ohrringe gekauft. Als ich sie gestern dann das erste Mal getragen habe, ist mir allerdings aufgefallen, dass sie mir doch nicht so gut gefallen. Ich denke, ich werde sie kommende Woche einfach wieder zurückgeben!"

Emir: „Ich träume seit langem von einem Motorrad mit einigen speziellen Sonderanfertigungen – da ist es gar nicht so einfach, eine Werkstatt zu finden. Mit einer kleinen Werkstatt habe ich aber nun endlich einen Kaufvertrag aushandeln können. Doch dann das: Zwei Tage bevor ich es abholen wollte, brennt deren gesamte Lagerhalle nieder – und auch mein Motorrad ist dabei vollständig zerstört worden. Sie haben mir schon Bescheid gegeben, dass sie mir mein Motorrad demzufolge nicht mehr übereignen können."

Nadia: „Bald geht es auf Klassenfahrt nach Berlin und da mein alter Koffer vor kurzem kaputtgegangen ist, habe ich mir mit meinen Eltern einen neuen gekauft. Dieser sollte eigentlich am 23.03. im Laden sein, aber der Verkäufer hat den Auftrag völlig vergessen! Na super! Er hat ihn nun erst auf meine Nachfrage bestellt und bis der aus Asien hier ist, bin ich schon längst in Berlin. Jetzt musste ich mir vorübergehend erstmal einen anderen leihen, denn irgendwie muss ich ja meine Sachen nach Berlin transportieren."

1. Stelle zur Wiederholung die Pflichten von Käufer und Verkäufer in einer Tabelle gegenüber.
2. Überprüfe, mithilfe deiner Liste aus Aufgabe 1, bei welchen der vier Fälle eine Pflicht aus dem Kaufvertrag verletzt wurde.

M2 Zeitung zugestellt – Tür kaputt

Er sagt, dass du seine Haustür kaputt gemacht hast, als du ihm heute Morgen die Zeitung gebracht hast.

Karikatur: Dave Allen (eigene Übersetzung)

3. Analysiere die Karikatur und diskutiert, ob in diesem Fall eine Pflichtverletzung vorliegt.
4. Erstelle mithilfe von **M1**, **M2** und Aufgabe 4 eine Übersicht über mögliche Pflichtverletzungen beim Kauf.

M3 Wo bleibt nur meine Bestellung?!

5. Arbeite mithilfe der §§ 280, 281, 286 und 323 BGB heraus, welche Rechte dir in einer solchen Situation zustehen.
6. Manchmal kommt es auch vor, dass die Ware zwar geliefert, die Rechnung allerdings nicht beglichen wird (Zahlungsverzug). Recherchiere im Internet zum „Gesetz zur Beschleunigung fälliger Zahlungen (01. 05. 2000)" und stelle dar, welche Rechte dem Gläubiger in einem solchen Fall zustehen.
7. Beschreibe, welche Pflichtverletzungen dir bei Käufen schon einmal begegnet sind und schildere, welche Maßnahmen du im Anschluss jeweils ergriffen hast.

4.2.6 Wann hat eine gekaufte Sache einen Mangel?

Du identifizierst eine Leistungsstörung als Sachmangel im Sinne des § 434 BGB.

Du hast bestimmt schon einmal einen Fall erlebt, bei dem eine gekaufte Sache nicht den Zustand hatte, wie er im Kaufvertrag zugesichert war. Doch ab wann spricht der Gesetzgeber eigentlich genau von einem Sachmangel?

M1 Ärger beim Onlineshopping

Na super, ich hatte die Schuhe doch drei Nummern kleiner bestellt!

Das T-Shirt sollte doch eigentlich in hellgelb geliefert werden und nicht in weiß!

Das gibt's doch nicht! Ich habe doch drei Hosen bestellt und nicht nur zwei!

1. Sammelt an der Tafel eure eigenen Erfahrungen mit ähnlichen Problemen beim Online-Shopping.

M2 Sachmängelarten nach § 434 BGB

Fehler in der Beschaffenheit

falsche Sache

Nicht-Einhalten von Werbeankündigungen

Fehler bei der Montage/-anleitung

Fehler in der Verwendbarkeit

zu geringe Menge

2. Ordne die Sachverhalte aus **M1** einer möglichen Sachmängelart (**M2**) zu.
3. Wende den § 434 BGB auf die Fälle von Thomas, Maria, Emir und Nadia an (vgl. S. 122, **M1**) und erläutere, welche Art des Sachmangels bei diesen Fällen jeweils vorliegt.
4. Prüft eure Ergebnisse aus Aufgabe1 mit § 434 BGB, ob es sich dabei um Sachmängel handelt.

M3 Ärger im Einzelhandel

Die Schuhe haben innerhalb der ersten drei Wochen angefangen immer mehr zu „quietschen", beim Gehen machen die Schuhe mittlerweile extrem nervige und laute Geräusche aller Art – sie werden für mich unbrauchbar, da sie ständig alle Leute in meiner Umgebung nerven. Die Schuhe in der Arbeit anzuziehen kann man vergessen, und auch an allen anderen Orten sind diese Quietsche-Entchen-Schuhe eine permanente akustische Belästigung meiner Umwelt, die ich niemandem zumuten möchte.

Also habe ich mich in meiner Freizeit zum Händler begeben und freundlich nachgefragt, ob das Problem bei diesen Schuhen vielleicht öfter auftritt und ob es da vielleicht irgendeinen Trick gibt, den ich nicht kenne. Der Händler ist aber gleich in die Defensive gegangen, hat erst behauptet, er würde das Quietschen nicht hören (offene Ladentür direkt an lauter Straße, plus laute Musik im Laden), als es dann doch unvermeidlich zu hören war, hat er erklärt, dass eine Rücknahme nicht in Frage käme, da ein Einschicken keinen Sinn hätte, da dieses Quietschen so oder so nicht als Sachmangel anerkannt würde. Jedenfalls wolle er nichts weiter damit zu tun haben und mich möglichst schnell wieder loswerden.

Nach: Johannes Jähnke, www.ooommm.org, 13.11.2012

5. Entwickelt in Kleingruppen Ansätze, wie die Situationen in **M1** und **M3** gerecht gelöst werden könnten. Berückichtigt dabei, wie ihr in euren Situationen (Aufgabe 1) gehandelt habt und wie eure Beschwerden abgewickelt wurden.

4.2.7 Welche Rechte hat man, wenn ein Sachmangel vorliegt?

Du begründest beim Vorliegen eines Sachmangels deine Rechte als Käufer.

Liegt ein Sachmangel vor, erfüllt der Verkäufer seine Pflichten aus dem Kaufvertrag nicht wie zuvor vereinbart. In einem solchen Fall stehen dir folgerichtig verschiedene Rechte zu – doch welche sind das genau und welche Voraussetzungen müssen dafür jeweils gegeben sein?

M1 Ärger um Roberts neues Fahrrad

1. Erkläre unter Zuhilfenahme des § 434 BGB, welche Art des Sachmangels hier vorliegt.
2. Beschreibe auf Basis deines Rechtsempfindens, welche Lösung du dir in Roberts Fall wünschen würdest.

M2 Welche Rechte stehen Robert grundsätzlich zu?

A
Robert könnte verlangen, dass der Verkäufer bzw. Hersteller die Gangschaltung auf eigene Kosten repariert.

B
Robert könnte ein komplett neues Fahrrad verlangen, das keine Mängel enthält.

C
Robert könnte vom Kaufvertrag zurücktreten.

D
Robert könnte das Fahrrad mit der defekten Gangschaltung behalten, müsste dafür aber einen geringeren Kaufpreis zahlen. Er bekäme also einen Teil seines bereits gezahlten Geldes zurückerstattet.

→ **3.** Beurteile, welche der genannten Möglichkeiten am ehesten im Interesse von Robert liegen könnten.

4. Die Alternativen C und D können erst in Betracht gezogen werden, wenn A und B nicht zum erwünschten Erfolg führen. Begründe, wieso der Gesetzgeber so entschieden hat.

5. Für die Reparatur muss dem Verkäufer stets eine „angemessene Frist" eingeräumt werden. Begründe die Notwendigkeit dieser Regelung und benenne eine realistische Frist für den Fall A.

6. Im Rahmen der Nacherfüllung kann Robert grundsätzlich zwischen einer Reparatur und der Lieferung einer mangelfreien Sache wählen (siehe A und B). Erläutere mithilfe des § 439 Abs. 4 BGB, inwiefern ihm bei dieser Wahl aber auch Grenzen gesetzt sind.

7. Erläutere anhand des Fallbeispiels in **M1**, welche zusätzlichen Voraussetzungen des § 442 BGB erfüllt sein müssen, damit Robert seine Rechte bei einem Sachmangel geltend machen kann.

M3 Der Ärger um Roberts Fahrrad nimmt einfach kein Ende ...

Robert hat sich dazu entschieden, die defekte Gangschaltung nun vom Hersteller reparieren zu lassen. Da das Fahrrad dazu allerdings eingeschickt werden muss, dauert die Nachbesserung insgesamt ca. 14 Tage. Er ärgert sich sehr darüber, da er in der nächsten Woche doch mit seinem neuen Rad zur bereits gebuchten Alpenüberquerung aufbrechen wollte. Da der Verkäufer kein geeignetes Rad mehr auf Lager hat, muss sich Robert für die Fahrradtour nun bei einem anderen Anbieter eines für 200 Euro mieten.

→ **8.** Erläutere mithilfe des § 280 Abs. 1 Satz 1 BGB, ob Robert Schadensersatz in Höhe von 200 Euro verlangen kann.

9. Erkläre mithilfe des § 280 Abs. 1 Satz 2 BGB, welche zusätzliche Voraussetzung erfüllt sein muss, damit Robert Schadensersatz verlangen kann.

10. Recherchiere im Internet, welche unterschiedlichen Verjährungsfristen es bei Kaufsachen grundsätzlich gibt und welche Rechtsfolgen damit einhergehen.

Schadensersatz
finanzieller Ausgleich für einen verursachten Schaden

Besitz und Eigentum

Im Alltag werden die Begrifflichkeiten **Besitz** und **Eigentum** oft gleichbedeutend verwendet, was vor allem daran liegt, dass Besitzer und Eigentümer in den meisten Fällen auch dieselbe Person sind. Wie z. B. Leih- oder auch Mietverträge zeigen, muss dies allerdings nicht immer der Fall sein, weshalb eine Unterscheidung von Besitzer und Eigentümer von großer Bedeutung ist. Während der Besitzer lediglich die „tatsächliche Herrschaft" über eine Sache ausübt (siehe § 854 I BGB) und diese notfalls auch wieder zurückgeben muss (§ 985 BGB), so hat der Eigentümer die „rechtliche Herrschaft" über eine Sache inne, was ihm folglich auch weiterführende Rechte einräumt. So ist in § 903 S.1 BGB geregelt, dass der Eigentümer mit der Sache „nach Belieben verfahren und andere von jeder Einwirkung ausschließen" kann, sofern er dadurch nicht das Gesetz oder die Rechte Dritter verletzt.

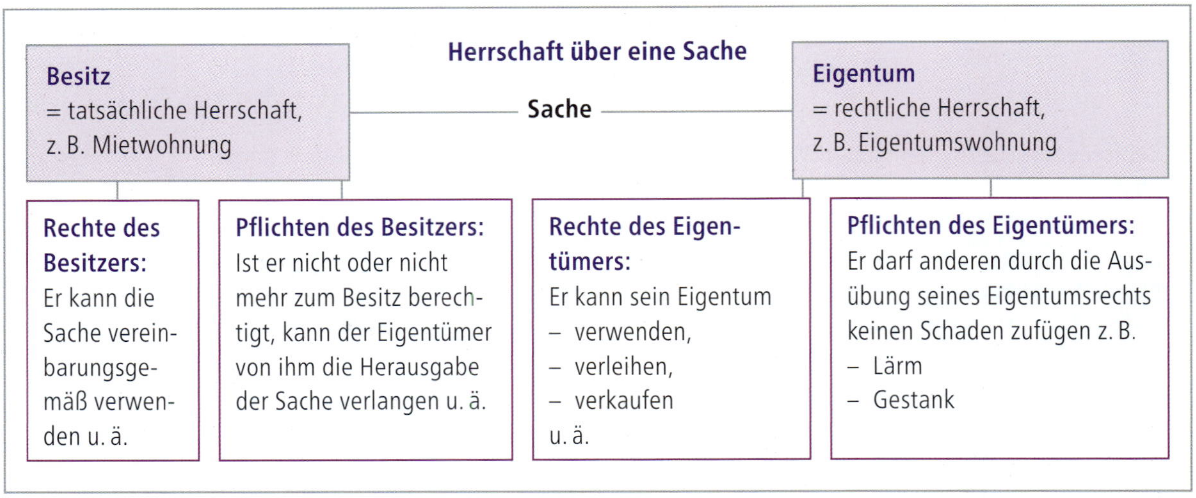

Zustandekommen eines Kaufvertrags

Für das Zustandekommen eines Kaufvertrages sind zwei übereinstimmende, wirksame **Willenserklärungen** in Form von Antrag und Annahme (§§ 145, 147 BGB) erforderlich. Die Willenserklärungen können dabei in mündlicher, schriftlicher oder elektronischer Form, aber auch durch schlüssiges Handeln (konkludent) abgegeben werden. Wird ein Antrag abgegeben, so ist dieser grundsätzlich bis zur Annahme des Antrags, zur Ablehnung des Antrags oder bis zum Verstreichen der Annahmefrist bindend. Ein Schaufenster, ein Katalog oder ein Werbeprospekt sind noch keine verbindlichen Anträge, sondern eine sogenannte „**invitatio ad offerendum**". Sie laden lediglich den Kunden zur Abgabe eines Antrages ein.

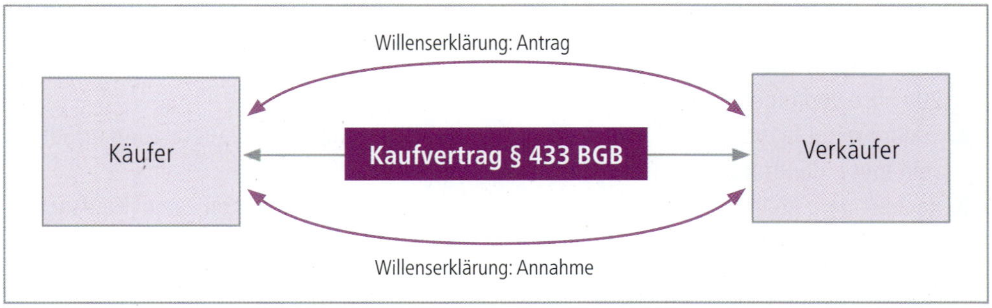

Der Ort, an dem die Leistung aus dem Kaufvertrag erbracht werden soll, kann, wenn er nicht klar feststeht, entweder durch die Vertragsparteien festgelegt werden oder er ergibt sich automatisch aus § 269 BGB. Dort ist als Leistungsort der Wohnort bzw. der Gewerbebetrieb des Schuldners festgelegt.

Durch den Kaufvertrag verpflichten sich die Vertragsparteien gem. § 433 BGB: Der Verkäufer muss die Sache in einem mangelfreien Zustand übergeben und übereignen. Der Käufer muss die Sache bezahlen und abnehmen. Der Kaufvertrag wird daher auch das **Verpflichtungsgeschäft** der Kaufhandlung genannt.

Den Verpflichtungen des Kaufvertrags wird durch die **zwei separaten Erfüllungsgeschäfte** nachgekommen. Dabei handelt es sich um zwei Übereignungen: Der Verkäufer übereignet dem Käufer die gekaufte Sache, der Käufer übereignet dem Verkäufer das Geld. Diese Trennung zwischen Verpflichtungs- und Erfüllungsgeschäften hat den Zweck, dass Schwierigkeiten bei einzelnen Teilgeschäften behoben werden können. Zudem ermöglicht es beispielsweise den **Eigentumsvorbehalt** beim Kauf.

Vertragsgrundsätze

Gemäß Art. 2 Abs. 1 des deutschen Grundgesetzes hat jeder Mensch das Recht auf eine „freie Entfaltung seiner Persönlichkeit". Bezogen auf seine wirtschaftlichen Freiheiten bedeutet dies unter anderem, dass jeder seine Rechtsgeschäfte – und somit auch seine Vertragsangelegenheiten - selbst regeln kann („Privatautonomie"). § 311 I BGB zeigt, dass auch das Bürgerliche Gesetzbuch mit dieser Ansicht übereinstimmt, indem es besagt, dass zur Begründung eines Schuldverhältnisses zwischen den Beteiligten zwar ein Vertrag notwendig ist, deren Ausgestaltung in diesem Zusammenhang allerdings nicht genauer bestimmt wird.

Ebendiese Vertragsfreiheit bedeutet für dich im Speziellen:

- **Abschlussfreiheit** (d. h., du kannst frei entscheiden, mit wem du einen Vertrag abschließt)
- **Inhaltsfreiheit** (d. h., du kannst mit deinem Vertragspartner frei verhandeln, welche Bedingungen Bestandteil eures Vertrages sein sollen)
- **Formfreiheit** (d. h., du kannst – abhängig von Sache bzw. Dienstleistung – deine Verträge über verschiedene Arten von Willenserklärungen abschließen, also mündlich, schriftlich, durch schlüssiges Handeln oder auch auf elektronischem Weg via E-Mail)
- **Treu und Glauben** (d. h., beide Vertragspartner müssen auf die Interessen des jeweils anderen Rücksicht nehmen und anständig sowie zuverlässig handeln; konkret bedeutet dies z. B., dass das Eintrittsgeld einer Freiluftveranstaltung, die aufgrund von schlechtem Wetter ausgefallen ist, zurückerstattet werden muss)

Allerdings kann im Rahmen der Vertragsfreiheit auch nicht grenzenlos gehandelt werden. So steht bereits in Art. 2 Abs. 1 im Grundgesetz, dass die freie Entfaltung der Persönlichkeit nur dann gilt, soweit dadurch nicht „die Rechte anderer verletzt und nicht gegen die verfassungsmäßige Ordnung oder das Sittengesetz" verstoßen wird. Im Rahmen von Vertragsabschlüssen bedeutet dies, dass z. B. gemäß § 134 BGB all jene Rechtsgeschäfte, die gegen ein gesetzliches Verbot verstoßen, nichtig sind (siehe kriminelle Geschäfte).

Eigentumsvorbehalt

„Die Ware bleibt bis zur vollständigen Bezahlung unser Eigentum!“ – Diesen Satz liest man häufig auf Rechnungen, wenn die Zahlungsform zum Beispiel Ratenkauf ist. Mit dieser Formulierung ist der sogenannte **Eigentumsvorbehalt** gemeint, der als Absicherung für den Verkäufer dient, wenn der Kaufpreis nicht sofort vollständig gezahlt wird. Mit der Vereinbarung eines solchen Eigentumsvorbehalts räumt sich der Verkäufer demzufolge das Recht ein, die verkaufte Ware zurückzufordern, sollte der Käufer seinen Zahlungsverpflichtungen nicht wie vereinbart nachkommen. Begleicht der Käufer seine Restschuld vertragsgemäß (durch monatliche Raten), geht das Eigentum ab dem Zeitpunkt der vollständigen Bezahlung automatisch auf ihn über.

Pflichtverletzungen beim Kauf

Wenn die Pflichten, die aus einem Kaufvertrag nach § 433 BGB entstehen erfüllt werden, erlischt das Schuldverhältnis unmittelbar. Wenn sie nicht erfüllt werden, liegt eine Pflichtverletzung vor. Man unterscheidet dabei folgende Formen der Pflichtverletzung:

- **Schlechtleistung** (Die vereinbarte Leistung wird zwar erbracht, sie enthält allerdings einen Sachmangel.)
- **Verzögerung der Leistung** (Die vereinbarte Leistung könnte zwar noch erbracht werden, allerdings nicht rechtzeitig, sondern verspätet.)
- **Unmöglichkeit der Leistung** (Die vereinbarte Leistung kann nicht mehr erbracht werden.)
- **Verletzung einer Nebenpflicht** (Die vereinbarte Leistung wird erbracht, allerdings wird dabei ein anderer Gegenstand beschädigt.)

Sachmangel

Ob eine gekaufte Sache einen Mangel aufweist, ist im BGB in den §§ 434 ff. geregelt, wo prinzipiell zwischen den folgenden Arten unterschieden wird.

Übersicht zu den verschiedenen Arten von Sachmängeln, § 434 BGB:

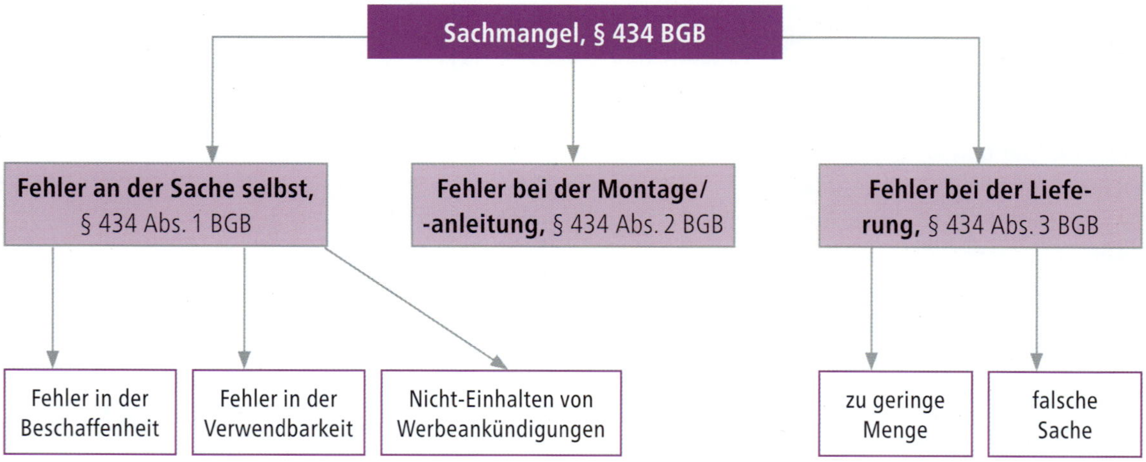

Rechte bei Sachmangel

Wenn ein Sachmangel bereits bei Gefahrübergang vorhanden war (§§ 434 I, 446 BGB) und der Käufer keine Kenntnis davon hatte (§ 442 BGB), muss der Käufer dem Verkäufer dann zunächst die Möglichkeit einer „Zweiten Andienung" gewähren. Diese sogenannte **Nacherfüllung** ist in § 439 BGB geregelt und bietet dem Käufer ein Wahlrecht. Eine solche Nacherfüllung scheitert, wenn der Verkäufer diese schlichtweg verweigert, er eine vom Käufer gesetzte Frist nicht einhält oder die Sache selbst nach zwei Reparaturen noch nicht funktionsfähig ist.

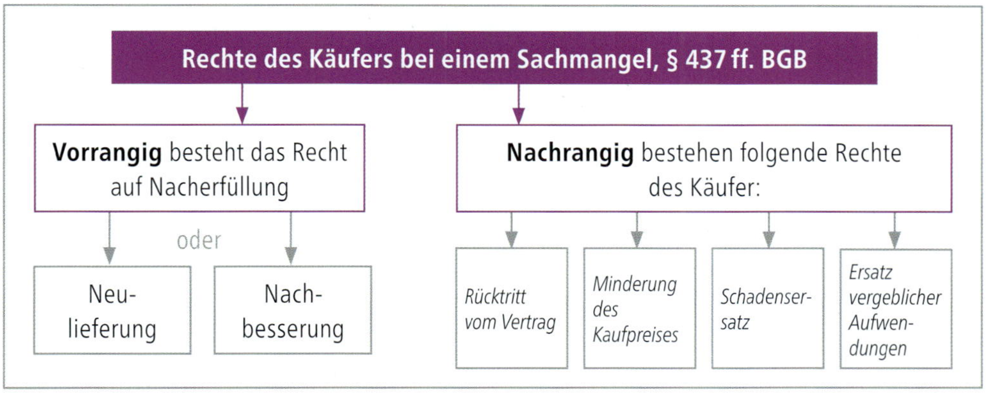

In § 438 BGB ist schließlich noch geregelt, wann die möglichen Ansprüche des Käufers bei Sachen **verjähren**, also gerichtlich nicht mehr verfolgt werden können. Hierbei ist zu beachten, dass bei Sachen, die in Gebäuden fest verbaut sind (z. B. ein Fenster) nach fünf Jahren, bei andere Kaufsachen hingegen, wie z. B. ein Handy, die Ansprüche grundsätzlich nach zwei Jahren verjähren.

Rechte bei Verzug

Lieferverzug liegt vor, wenn folgende Voraussetzungen aus § 286 BGB zutreffen:

- Die Leistung muss fällig sein.
- Der Käufer muss mahnen. Eine Mahnung braucht man i. d. R. allerdings nicht, wenn ein Zeitpunkt für die Lieferung festgelegt wurde, der sich genau nach dem Kalender bestimmen lässt, z. B. „Lieferung am 03.12." oder „Lieferung innerhalb von zwei Wochen nach Kauf".
- Der Verkäufer muss vorsätzlich oder fahrlässig die Verspätung herbeigeführt haben. Wenn beispielsweise eine Umweltkatastrophe die Lieferung verhindert, so trifft den Lieferer kein Verschulden und es liegt damit auch kein Verzug vor.

Sind diese Voraussetzungen gegeben, so kann der Käufer nach § 280 BGB Schadensersatz für die durch die Verspätung entstandenen Kosten verlangen. Wünscht der Käufer die Lieferung weiterhin, so muss er dem Lieferer eine angemessene Nachfrist setzen, in welcher dieser die Lieferung noch durchführen kann. Verstreicht auch diese erfolglos, so kann der Käufer gem. § 323 BGB vom Vertrag zurücktreten und / oder Schadensersatz gem. § 281 BGB verlangen.
Auch bei der Zahlung des Kaufpreises kann es zum Verzug kommen, wenn der Käufer trotz Fälligkeit und Mahnung oder deren Entbehrlichkeit schuldhaft nicht rechtzeitig zahlt. Der Verkäufer kann in diesem Fall neben der Zahlung des Kaufpreises und Schadensersatz für die durch die verspätete Zahlung entstandenen Kosten auch Verzugszinsen verlangen.

4.3 Strafrecht

4.3.1 Wie wird in unserer Gesellschaft Selbstjustiz vermieden?

Du begründest anhand von Beispielen die Notwendigkeit des staatlichen Strafmonopols.

Viele Konflikte in die du gerätst, kannst du ohne Probleme selber lösen. Man spricht mit dem Gegner, manchmal geht es vielleicht etwas lauter zu, aber oftmals einigt man sich doch am Schluss. Warum sollte also der Ladendetektiv nicht auch die erwischte Ladendiebin bestrafen dürfen? Oder der Hausmeister den erwischten Graffitisprayer?

M1 Lynchaufruf auf Facebook

Jugendschöffengericht
besonderes Gericht, welches über bestimmte Verfehlungen von Jugendlichen sowie Heranwachsenden entscheidet

Zwei Wochen Dauerarrest sowie eine Verwarnung hat das Jugendschöffengericht am Amtsgericht Emden gegen einen 18-Jährigen ausgesprochen. Er hatte nach dem Mord an dem Mädchen Lena im März via Facebook zur Erstürmung der Polizeiwache und Ermordung eines Tatverdächtigen aufgerufen. „Aufstand! Zu den Bullen. Lasst uns das Schwein tothauen", hatte der 18-Jährige am Abend des 27. März in dem sozialen Netzwerk geschrieben. Von seinen 900 Freunden bei Facebook klickten laut Staatsanwaltschaft 33 auf „Gefällt mir". Später versammelten sich bis zu 50 Menschen vor der Polizeiwache in Emden und forderten die Herausgabe des Tatverdächtigen, der tagsdrauf wegen erwiesener Unschuld wieder freigelassen werden musste.

Fisser, Dirk: Mob vor Polizeiwache, www.noz.de, 30.05.2012

1. Sammelt in eurer Klasse Situationen, in denen ihr selber bereits solche Aufrufe bekommen habt. Wie habt ihr reagiert?
2. Beurteilt das Vorgehen des 18-jährigen. Bezieht dabei mögliche Folgen seines Posts mit ein.

M2 Selbstjustiz von Bruder und Vater

Selbstjustiz
selbst ausgeübte Vergeltung für erlittenes Unrecht

Strafmonopol
alleinige rechtliche Zuständigkeit des Staates, Straftaten zu definieren, zu verfolgen und Täter zu bestrafen

Unter einem Vorwand sollen Bruder und Vater eines Vergewaltigungsopfers den unter Tatverdacht stehenden Vergewaltiger in eine Falle gelockt und ihn dort umgebracht haben. Beide stehen nun unter Anklage vor dem Landgericht in Freiburg.

Wegen Vergewaltigung hatte die Polizei bereits gegen den dringend tatverdächtigen Mann ermittelt. Jedoch verschwand der mutmaßliche Vergewaltiger spurlos. Daraufhin machten sich Bruder und Vater des vergewaltigten Mädchens selbst auf die Suche. Bereits kurze Zeit später kam es zum Aufeinandertreffen der Männer und dabei wohl zum Tötungsdelikt.

Basierend auf: Süddeutsche.de/dpa/feko/afis/kfu/jobr: Selbstjustiz nach Vergewaltigung, www.sueddeutsche.de, 08.04.2015

3. Nimm vor dem Hintergrund von **M2** kritisch Stellung zum Thema Selbstjustiz.

M3 Grundsätze eines Rechtsstaates

Grundsätze eines Rechtsstaates

- Willkürverbot
- Gleichheit vor dem Gesetz
- Rechtsschutz durch unabhängige Gerichte
- Rechtmäßigkeitsprinzip
- Rechtssicherheit

4. Recherchiere die Bedeutung der einzelnen Begriffe und notiere deine Ergebnisse in deinem Heft.
5. Erkläre, wie du die Ordnungs- und die Schutzfunktion des Rechts in den Grundsätzen eines Rechtsstaates wiedererkennst.
6. Erläutere, warum man auch von einer Ordnungs- und Schutzfunktion des Staates sprechen kann.
7. Begründe vor dem Hintergrund von **M1**, **M2** und **M3** warum der Staat das alleinige Strafmonopol haben sollte.
8. Begründe (anhand des Strafmonopols), dass es sich beim Strafrecht um öffentliches Recht handeln muss.

M4 Recht schaffen

Karikatur: Bearbeitet, nach: Pfohlmann, 2016

9. Interpretiere die Karikatur und nimm vor dem Hintergrund von **M1–3** kritisch Stellung zu der Aussage.
10. Entwickle Szenarien, wie die Welt ohne Polizei, Gerichte und Gesetze aussehen könnte.

4.3.2 Welchen Zweck verfolgen Strafen?

Du erklärst anhand realer Urteile den Zweck der jeweiligen Strafe.

Wusstest du, dass in Deutschland im November 2018 über 63.000 Menschen im Gefängnis saßen, davon allein ein Sechstel in Bayern? Und dass 2017 über 700.000 Menschen zu einer Strafe verurteilt wurden? Was will man damit bezwecken, wenn man Menschen die Freiheit entzieht oder anders bestraft? Und kann man eine Strafe überhaupt rechtfertigen?

M1 Jugendliche Randalierer greifen Autobesitzer an

Das Amtsgericht München hat im Juni zwei 16-jährige Münchner verurteilt, die im April dieses Jahres in München-Nymphenburg randaliert und den Halter eines BMW attackiert und schwer verletzt hatten. Wie das Amtsgericht München mitteilt, sprangen die beiden alkoholisierten Schüler am 15. April gegen 01:30 Uhr auf die Motorhaube und das Dach eines BMW in Nymphenburg und verursachten dadurch einen Schaden von über 8.000 Euro. Der Besitzer des Pkw wurde aufgrund des Lärms auf die Randale aufmerksam und versuchte die Jugendlichen zu stellen.

Jugendlicher in Handschellen

Die 16-Jährigen attackierten den Mann, schlugen ihm mit der Faust ins Gesicht und traten mehrmals auf ihn ein. Das Opfer erlitt dabei eine Platzwunde, Schürfwunden und Prellungen am ganzen Körper. Die Jugendlichen konnten von einer vorbeifahrenden Polizeistreife festgenommen werden. ... (→ M2)

1. Einigt euch in der Klasse auf ein geeignetes Strafmaß für die beiden Randalierer. Begründet dabei eure Vorschläge.
2. Erkläre, welchen Zweck die von euch verhängte Strafe erfüllen soll.

M2 Schüler verurteilt – Opfer hält Strafe für zu milde

... Am 13. Juni verurteilte das Jugendgericht des Amtsgerichts München die Schüler „wegen gefährlicher Körperverletzung und Sachbeschädigung zur Mitwirkung an einem Täter-Opfer-Ausgleich zu Art und Umfang der Schadenswiedergutmachung, zur Teilnahme am Vortrag ‚Folgen von Gewalt' beim Stadtjugendamt München sowie an einem sozialen Trainingswochenende."

Die Richterin begründete ihr Urteil damit, „dass sie den Sachverhalt vollumfänglich eingeräumt haben und das Geständnis sichtlich von Reue geprägt war. Beide Angeklagten entschuldigten sich beim Geschädigten [...] in der Sitzung." Aus Sicht des Opfers ist diese Strafe zu milde. Er hatte Arbeitsstunden als Strafmaß favorisiert. Trotzdem war auch er laut Gericht der Meinung, dass es sich um eine Ausnahmetat der Münchner Schüler handelte.

AZ: Geschädigter hält Strafe für zu milde, www.abendzeitung-muenchen.de, 08.07.2019

3. Vergleiche das Gerichtsurteil mit eurem Ergebnis und begründe die Abweichung.

4. Erkläre, welchen Zweck ...

a) ... die Strafe des Gerichts wohl erfüllen soll.

b) ... die vom Opfer favorisierte Strafe wohl erfüllen sollte.

5. Recherchiere, worum es sich bei einem Täter-Opfer-Ausgleich handelt.

M3 Strafzwecktheorien

Welchen Zweck hat eigentlich Strafe? Mit welcher Begründung greift der Staat mit zum Teil großen Auswirkungen in das Leben von Menschen ein? Hier gibt es verschiedene Erklärungsansätze. Diese nennt man auch Strafzwecktheorien. Man unterscheidet hier zwei Sichtweisen:

Eimal betrachtet man nur die Tat als ein entstandenes Unrecht – und dieses Unrecht muss bestraft werden. Es geht hier also um Vergeltung, oder, salopp gesprochen, um Rache. Der Blick richtet sich auf **bereits begangene Straftaten**.

Die andere Sichtweise sieht den Zweck des Strafens in der Prävention, also dem Verhindern **zukünftiger Straftaten**. Dabei gibt es zwei Ansatzpunkte, einmal das direkte Einwirken auf den Täter (hier spricht man dann von Individualprävention) und zum anderen die indirekte Wirkung einer Strafe auf die restliche Gesellschaft (hier spricht man von Generalprävention).

Die Individualprävention will grundsätzlich auf eine Besserung und Resozialisierung oder Abschreckung des Täters hinwirken. Ein Mittel dazu kann aber auch der Freiheitsentzug sein, falls man die Gesellschaft vor dem Täter schützen muss.

Die Generalprävention zielt einerseits auf die abschreckende Wirkung einer Strafe auf die restliche Gesellschaft ab, möchte aber auch das Vertrauen in die Rechtsordnung durch das Verhängen von Strafen stärken.

Da jedoch alle Ansätze für sich gesehen jeweils Schwachpunkte haben, werden sie in der deutschen Rechtsprechung bei der Strafzumessung verbunden. Das nennt man Vereinigungstheorie.

Quelle: Autorentext

Prävention
Vorbeugung, Verhütung

Resozialisierung
Wiedereingliederung in die Gesellschaft

6. Erstelle ein übersichtliches Schaubild zu den Strafzwecktheorien.

7. Ordne das Urteil der Richter und die Forderung des Opfers (**M2**) einer Strafzwecktheorie zu.

8. Ordne den Täter-Opfer-Ausgleich in die Systematik der Strafzwecktheorien ein.

4.3.3 Was sind die Voraussetzungen der Strafbarkeit?

Du schätzt ab, ob eine Tat den Voraussetzungen der Strafbarkeit genügt.

„Hey, du machst dich strafbar, wenn du ..." – So einen Satz hast du bestimmt auch schon einmal gehört. Aber was macht eine Handlung eigentlich zu einer Straftat? Und in welchem Gesetz sind diese Voraussetzungen aufgeschrieben?

M1 Auszüge aus dem Strafgesetzbuch

§

§ 223 StGB Körperverletzung

(1) Wer eine andere Person körperlich mißhandelt oder an der Gesundheit schädigt, wird mit Freiheitsstrafe bis zu fünf Jahren oder mit Geldstrafe bestraft.

(2) Der Versuch ist strafbar.

§ 242 StGB Diebstahl

(1) Wer eine fremde bewegliche Sache einem anderen in der Absicht wegnimmt, die Sache sich oder einem Dritten rechtswidrig zuzueignen, wird mit Freiheitsstrafe bis zu fünf Jahren oder mit Geldstrafe bestraft.

(2) Der Versuch ist strafbar.

1. Erstelle zu beiden Paragrafen eine Tabelle mit den Tatbestandsmerkmalen und den Rechtsfolgen (vgl. Methode S. 102 f.).

M2 Prügelei auf dem Volksfest

Kira und Serdar wollten sich einen schönen Abend auf dem örtlichen Volksfest machen. Die Stimmung war ausgelassen, es wurde gefeiert, bis ein leicht angetrunkener Mann anfing, Kira anzufassen und ihr unverschämte Angebote zu machen. Nun schritt Serdar ein und forderte den Mann auf, die Finger von seiner Freundin zu lassen und zu verschwinden. Voller Wut nahm daraufhin der Mann seinen Maßkrug um auf Serdar loszugehen. Dieser war jedoch schneller und schlug den Mann k. o. Der Mann verlor dabei zwei Zähne, erlitt eine Gehirnerschütterung und eine Platzwunde am Hinterkopf.

Durch Alkohol kann die Stimmung beim Feiern kippen

Quelle: Autorentext

2. Prüfe, ob der beschriebene Sachverhalt alle Tatbestandsmerkmale des § 223 StGB erfüllt.

3. Diskutiere, ob Serdar bestraft werden sollte.

M3 Ladendiebstahl

BERGRHEINFELD – Am Donnerstag, gegen 14:15 Uhr, gingen drei 13-jährige Mädchen in einem Einkaufsmarkt in der Schweinfurter Straße auf Diebestour. Insgesamt entwendeten sie Waren im Wert von 9 Euro.

Mh: Sachbeschädigung in der Kleingartenanlage und andere Delikte, www.in-und-um-schweinfurt.de, 23.08.2019

Vorsatz
Wissen und Wollen der Tatbestandsverwirklichung

4. Zeige, dass der beschriebene Sachverhalt alle Tatbestandsmerkmale des § 242 StGB erfüllt.
5. Diskutiere, ob die beiden Mädchen für ihre Tat bestraft werden können.
6. Begründe, weshalb der Gesetzgeber grundsätzlich nur vorsätzliche, also mit „Wissen und Wollen" begangene Straftaten unter Strafe stellt.

M4 Tatbestandsmäßigkeit, Rechtswidrigkeit und Schuld

Tatbestandsmäßigkeit, Rechtswidrigkeit und Schuld: Nach diesem Schema prüfen Juristen, ob sich jemand strafbar gemacht hat.

Bei der Tatbestandsmäßigkeit unterscheidet man zwischen dem objektiven (von außen erkennbaren) und subjektiven (inneren, also die Psyche und den Vorstellungsbereich des Täters betreffenden) Tatbestand. Tatbestandsmäßigkeit liegt demnach vor, wenn alle objektiven Tatbestandsmerkmale der Rechtsnorm erfüllt sind und die subjektiven Tatbestandsmerkmale (wie z. B. der Vorsatz bei sogenannten Vorsatzdelikten oder Fahrlässigkeit bei Fahrlässigkeitsdelikten) beim Täter erkennbar sind. Die Unterscheidung zwischen Vorsatz- und Fahrlässigkeitsdelikten spielt eine große Rolle, denn „strafbar ist nur vorsätzliches Handeln, wenn nicht das Gesetz fahrlässiges Handeln ausdrücklich mit Strafe bedroht." (§ 15 StGB).

Rechtswidrig ist grundsätzlich jede Tat, die tatbestandsmäßig ist. Allerdings gibt es Rechtfertigungsgründe wie z. B. Notwehr oder Notstand.

Bei der Schuldfrage wird überprüft, ob die Tat dem Täter persönlich vorwerfbar ist. Hier geht es also um die persönliche Verantwortung des Täters für die Tat. Wie bereits bei der Rechtswidrigkeit geht man grundsätzlich davon aus, dass schuldhaft gehandelt wurde, sobald der Tatbestand erfüllt ist. Doch auch hier gibt es Ausnahmen, einerseits Schuldausschließungsgründe wie z. B. die Schuldunfähigkeit, andererseits Entschuldigungsgründe wie z. B. entschuldigender Notstand.

Quelle: Autorentext

7. Erstelle eine grafische Übersicht zu den Voraussetzungen einer Straftat.
8. Überprüfe abschließend, ob in den Fällen **M2** und **M3** durch die jeweiligen Täter Straftaten begangen wurden. Beziehe dabei auch **M1** und die §§ 19, 32 StGB mit ein.

4.3.4 Wie überprüfe ich einen Fall auf Strafbarkeit?

Du prüfst in realen Fällen, ob strafrechtliche Tatbestandsmerkmale erfüllt sind und schätzt die Rechtswidrigkeit der Tat sowie die Schuld des Täters ein.

In den vorhergehenden Kapiteln hast du überprüft, ob man eine Rechtsnorm auf einen Tatbestand anwenden kann, indem du subsumiert hast. Bisher waren es vor allem Paragrafen aus dem Zivilrecht. Im Strafrecht musst du neben der Tatbestandsmäßigkeit auch noch die Rechtswidrigkeit und die Schuld einschätzen – hier gilt das Sprichwort: Übung macht den Meister!

M1 Finde den Unterschied!

1. Erkläre den Unterschied in der Tathandlung der beiden Bilder.
2. Ordne den Bildern anhand der objektiven Tatbestandsmerkmale der Rechtsnormen die Begriffe Diebstahl (§ 242 StGB) und Raub (§ 249 StGB) zu.
3. Entwickle eine Geschichte zu einem der Bilder, sodass der Täter eindeutig eine Straftat begeht.

M2 Bierflasche verletzt 24-Jährigen

Aus einer Entfernung von etwa 15 Metern soll ein 25-Jähriger am Sonntag gegen 02.15 Uhr in der Sportplatzstraße in Tiefenbach eine Bierflasche in Richtung eines 24 Jahre alten Mannes geworfen haben. Der junge Mann wurde oberhalb des linken Auges getroffen und musste in einem Krankenhaus behandelt werden. Das Polizeirevier Bad Schönborn ermittelt nun wegen gefährlicher Körperverletzung.

Zunächst waren bei der Polizei Hinweise auf eine Schlägerei mit mehreren beteiligten Personen eingegangen [...]. Schließlich fanden die Beamten [...] den Geschädigten, der dort mit stark blutender Wunde saß. Zeugen wie auch der Verletzte konnten den 25-jährigen deutschen Tatverdächtigen benennen, der von [den] Beamten [...] vorläufig festgenommen wurde. Er stand laut Vortest mit 0,86 Promille unter Alkoholeinwirkung. Bislang ließ sich insbesondere das Vorgeschehen im Zusammenhang mit der Schlägerei nicht eindeutig klären. Weitere Ermittlungen dauern hierzu noch an.

Minet, Ralf: POL_KA: (KA) Östringen-Tiefenbach – Bierflasche gegen Kopf geworfen – 24-Jähriger verletzt, www.presseportal.de, 02.09.2019

4. Überprüfe, ob die objektiven Tatbestandsmerkmale einer Körperverletzung nach § 223 StGB erfüllt sind.

5. Begründe, dass es sich in diesem Fall sogar um eine gefährliche Körperverletzung handelt.

6. Entwickle den Fall so weiter, dass die Tatbestandsmerkmale einer schweren Körperverletzung erfüllt sind.

7. Schätze ein, ob der Täter eine Straftat begangen hat.

M3 Aufkleber Vandalismus: Meistens sind die Schilder kaputt

8. Überprüfe, ob die objektiven Tatbestandsmerkmale einer Sachbeschädigung nach § 303 StGB erfüllt sind.

9. Formuliere zwei kurze Zeitungsartikel zum Bild, sodass der Täter einmal eine Straftat begeht, einmal nicht.

M4 Randale im Strandbad

Kurz nach Mitternacht informierten Zeugen die Polizeistation Bad Arolsen, dass es am Strandbad zu Auseinandersetzungen gekommen sei. Vor Ort stellten die Beamten fest, dass zwei Zeugen einen jungen Mann festhielten, der zuvor randaliert haben soll.

Nach den Befragungen von mehreren Zeugen stellte sich heraus, dass der Mann zunächst die Tische und Stühle des Strandbadcafés umhergeworfen haben soll. Durch den Lärm aufmerksam geworden, eilten mehrere Personen zum Strandbad – der Randalierer sollte zur Rede gestellt werden.

Er zeigte sich aber aggressiv und schlug zwei Männern mit der Faust in das Gesicht. Letztlich gelang es ihnen aber, den Mann zu überwältigen und bis zum Eintreffen der Polizei festzuhalten.

red: Randale und Schläge am Strandbad des Twistesees, www.wlz-online.de, 25.07.2019

10. Überprüfe, welche Straftaten der Täter begangen haben könnte.

4.3.5 Welche Strafen gibt es im deutschen Strafrecht?

Du ordnest strafbaren Handlungen mögliche Rechtsfolgen zu und erklärst diese.

Hast du dich schon einmal mit Strafen des Mittelalters auseinandergesetzt? Zu dieser Zeit wurde Dieben z. B. die Hand abgehackt, Räuber wurden gerädert, Mörder in der Öffentlichkeit enthauptet. Straftaten müssen bestraft werden – keine Frage. Aber welche möglichen Rechtsfolgen von strafrechtlich relevanten Taten sieht das deutsche Strafrecht heute überhaupt vor?

M1 Mord und Freispruch

Wie im Wahn:
Mann schießt Nachbarn in den Rücken – Täter wird freigesprochen

Bei einem Feuerwehrfest in Giebelstadt bei Würzburg im Juni 2018 hat ein damals 70-Jähriger seinem 55-jährigen Nachbarn in den Rücken geschossen. Das Opfer ist seither querschnittsgelähmt. [...] Darüber hinaus war dies nicht die erste Tat des Angeklagten und dieser hätte unter anderen Umständen bereits eine Haftstrafe absitzen müssen. Trotzdem ist der Mann nun vor Gericht freigesprochen worden. Die Richter am Landgericht Würzburg hielten die Tat und die Mordabsicht in ihrem Urteil am Donnerstag für bewiesen, den 71-jährigen Deutschen jedoch für schuldunfähig. Laut einem Gutachten leidet er an psychotischen Wahnvorstellungen. ... (→ M2)

1. Begründe, ob das Urteil in deinen Augen gerecht ist.
2. Nimm auch mit Bezug zum Text Stellung zu der in Deutschland gültigen Aussage „Keine Strafe ohne Schuld".
3. Diskutiert in der Klasse, wie man den Fall gerecht lösen könnte.

M2 Freispruch und Unterbringung

Maßregeln der Besserung und Sicherung
vom Verschulden unabhängige Rechtsfolgen für eine rechtswidrige Tat

... Frei ist er dennoch nicht. [...] Wegen Wiederholungsgefahr ordneten die Richter die dauerhafte Unterbringung in einer Psychiatrie an. Den Prozess verfolgte der Angeklagte weitgehend reglos, wenn überhaupt sieht er sich als Opfer.

dpa: Schüsse bei Feuerwehrfest, www.infranken.de, 01.08.2019

4. Beschreibe, wie das Gericht bei seinem Urteil versucht, der Tat, dem Täter, dem Opfer und der Allgemeinheit gerecht zu werden.
5. Erkläre den Unterschied zwischen Strafen und Maßregeln anhand des Falles **M1** und **M2**.

4

M3 Computerbetrüger in Bamberg verurteilt

Weil sie Sparkassenkunden mit gefälschten E-Mails um insgesamt rund eine Million Euro betrogen haben, sind vier Männer vom Landgericht Bamberg zu Freiheitsstrafen verurteilt worden.

Das Gericht sah es als erwiesen an, dass sich die Angeklagten des gewerbs- und bandenmäßigen Computerbetrugs schuldig gemacht haben und verurteilten sie zu Freiheitsstrafen zwischen einem Jahr und einem Monat und drei Jahren und sieben Monaten. In einem Fall wurde die Strafe zur Bewährung ausgesetzt.

Betrügerische E-Mails verschickt

Damit blieb das Gericht [...] knapp unter den Anträgen der Staatsanwaltschaft. Die Männer im Alter zwischen 22 und 29 Jahren aus dem Raum Chemnitz hatten Kunden mit Hilfe von gefälschten E-Mails dazu gebracht, ihre Kontodaten preiszugeben. Anschließend wurde das Geld auf andere Konten überwiesen.

Bayerischer Rundfunk: Computerbetrüger in Bamberg verurteilt, www.br.de, 04.02.2020

6. Prüfe anhand der §§ 263a, 263 III StGB den Straftatbestand.

7. Vergleiche die in den §§ 263a, 263 III StGB aufgeführten möglichen Rechtsfolgen mit den im Text beschriebenen Rechtsfolgen. Findest du das Urteil gerecht?

8. Erkläre anhand des § 56 StGB, unter welchen möglichen Voraussetzungen im obigen Fall eine der Strafen zur Bewährung ausgesetzt werden konnte.

M4 Urteil mit Nebenfolgen

Der [...] Oberbürgermeister (OB) der Kreis- und Universitätsstadt Homburg, wirkt geschockt. Mit rotem Kopf hört er, wie [...] [der] Vorsitzender Richter der vierten Strafkammer des Landgerichts, das Urteil gegen ihn verkündet und fast 40 Minuten begründet. Das Gericht spricht den [...] Politiker in der Homburger Detektivaffäre der besonders schweren Untreue im Amt für schuldig. Der Schuld angemessen hält das Gericht [...] eine Freiheitsstrafe von einem Jahr und drei Monaten, die drei Jahre zur Bewährung ausgesetzt wird. [...] Für den noch amtierenden OB bedeutet dies, dass er, so das Urteil rechtskräftig wird, sofort sein Amt und den Beamtenstatus verliert.

Jungmann, Michael: Richter: Schneidewind als OB ungeeignet, www.saarbruecker-zeitung.de, 21.02.2019

Nebenfolge
Einschränkung eigener Rechte, die automatisch an eine Verurteilung zur Hauptstrafe anknüpft.

9. Begründe anhand des § 45 StGB den möglichen Amtsverlust des Bürgermeisters.

10. Arbeite aus den Quellen **M1 – M4** mögliche Rechtsfolgen des deutschen Strafrechts heraus und systematisiere sie.

4.3.6 Warum gibt es im StGB keine genauen Strafzuweisungen?

Du berücksichtigst bei der Zuordnung möglicher Rechtsfolgen mithilfe des Strafgesetzbuches auch die Verhältnismäßigkeit der Strafen aufgrund äußerer Umstände.

Nicht immer scheinen einem die Strafen gerecht, die man in den Nachrichten hört. Vielleicht hattest auch du schon einmal das Gefühl, dass man einen Täter in Anbetracht seiner Tat viel härter bestrafen hätte müssen. Das kann daran liegen, dass das Gesetz dem Richter einen relativ großen Spielraum bei der Strafzumessung ermöglicht. Aber nach welchen Kriterien verhängt ein Gericht seine Strafen?

M1 Oberndorfer schlägt ohne Vorwarnung zu

Es gab keinerlei Anlass. Die beiden Männer hatten in der Bar in Laufen (Landkreis Berchtesgadener Land) kein Wort miteinander gesprochen. Und doch schlug der 30-jährige Oberndorfer mit voller Wucht zu. Das Nasenbein des 50-jährigen selbstständigen Unternehmers aus Nußdorf war zertrümmert, seine finanziellen Einbußen über vier Wochen Arbeitsausfall enorm. Der Kellner aus Oberndorf ist kein unbeschriebenes Blatt, weshalb ihm Richterin Dr. Elisa Frank am Laufener Amtsgericht keine Bewährung mehr zugestehen wollte. Sie schickte den Schläger für 15 Monate hinter Gitter. [...] Die Richterin ging darum mit ihrem Urteil noch deutlich über den Antrag des Staatsanwaltes hinaus und entschied auf 15 Monate – ohne Bewährung. „Extrem" und „erschütternd" nannte Frank die Tat ohne jeglichen Grund und Anlass. Eine positive Sozialprognose mochte sie bei dem 30-jährigen Oberndorfer nicht erkennen; die offene Bewährung werde vermutlich widerrufen.

Höfer, Hannes: Oberndorfer schlägt ohne Vorwarnung zu: 15 Monate Haft, www.pnp.de, 03.09.2019

1. Prüfe, ob die objektiven Tatbestandsmerkmale einer Körperverletzung (§ 223 StGB) erfüllt sind und notiere den im Paragraf vorgegebenen Strafrahmen.
2. Diskutiere mit einem Partner, ob die Strafzumessung gerecht ist.

M2 Nach Dorffest: Auge, Nase und Zähne kaputt

Ein einziger Faustschlag am 29. Juli 2017 auf dem Dorffest in Marzahne richtete Verheerungen an. Das Opfer wurde an Nase, Kiefer und Auge verletzt. Die Nase gebrochen, fünf Zähne ausgeschlagen und am schlimmsten: Ein Sehnerv durchtrennt, das Auge fast zerstört.

Knapp zwei Jahre nach der Gewalttat sieht der 20 Jahre junge Mann aus Zeitz in Sachsen-Anhalt immer noch sehr schlecht auf dem linken Auge. Die Sehkraft lag zeitweise nur bei 10 Prozent. Sein Leben lang wird der junge Mann nicht mehr so sehen können wie

4

vor dem großen Schlag. Er wollte eigentlich Polizist werden. Diesen Berufswunsch musste er aufgeben. [...]

Bis zur Gerichtsverhandlung schweigt [...] [der Täter]. Dort aber legt er ein Geständnis ab[...] Die Entschuldigung des Täters vor Gericht wirkt zwar nicht sehr herzlich, aber doch ehrlich. Er wird wegen gefährlicher Körperverletzung zu zwei Jahren Haft auf Bewährung verurteilt. [Staatsanwalt und Gericht sind überzeugt, dass ein silberner metallener Gegenstand in der Faust die Wirkung des Schlages erheblich verstärkt hat.] Die Bewährung hätte er wahrscheinlich nicht erhalten, wenn nicht kurz vor dem Prozesstermin eine verbesserte Sehkraft von 40 Prozent festgestellt worden wäre. [...] Angreifer und Opfer einigen sich vor Gericht noch auf ein Schmerzensgeld von 15.000 Euro. [...] Die Sozialprognose des verurteilten Mannes ist günstig. Er hat feste Arbeit, lebt mit einer Partnerin zusammen, will ein Haus kaufen und zahlt Unterhalt für seine Tochter aus einer früheren Beziehung.

Lauterbauch, Jürgen: Nach Dorffest: Auge, Nase und Zähne kaputt, www.maz-online.de, 15.04.2019

3. Begründe die Verurteilung des Täters wegen gefährlicher Körperverletzung (§ 224 StGB) und notiere den im Paragraf vorgegebenen Strafrahmen.
   Erkläre, warum der Täter die Bewährung wahrscheinlich nicht erhalten hätte, wenn „nicht kurz vor dem Prozesstermin eine verbesserte Sehkraft von 40 Prozent festgestellt worden wäre" (Z. 27–29). Verwende dazu auch §§ 46, 56 StGB.
4. Diskutiere mit einem Partner, ob ihr die Strafzumessung gerecht empfindet.
5. Vergleiche die Fälle **M1** und **M2** hinsichtlich des verhängten Strafmaßes und nenne auf der Grundlage der §§ 46, 56 StGB Gründe für die unterschiedliche Bewertung durch das Gericht.

M3 Raub, Körperverletzung und Beleidigung

Richter Alexander Porsche wusch dem 27-Jährigen den Kopf: „Die Art und Weise geht überhaupt nicht. Es handelt sich nicht um Bagatelldelikte." Der Angeklagte hatte seiner Ex-Freundin die Handtasche entrissen, sie auf dem Gehweg geschubst, ihre gemeinsame Wohnung verwüstet und sie auch noch derb beschimpft. Dafür verurteilte das Lindauer Schöffengericht den Mann wegen Raubes, Körperverletzung, Bedrohung und Beleidigung [...]. Der geständige Angeklagte zeigte Reue: „Die ganze Geschichte tut mir Leid. Ich war gefrustet und unter Alkoholeinfluss."

Mittermeier, Peter: Raub, Körperverletzung und Beleidigung: Westallgäuer (27) zu 16 Monaten auf Bewährung verurteilt, www.all-in.de, 16.08.2019

6. Ordne den verschiedenen Taten das jeweils mögliche Strafmaß zu.
7. Erörtert in Teams, welches Strafmaß ihr für den Angeklagten verhängen würdet. Bezieht in euer Urteil neben dem §§ 46, 56 StGB auch die Strafzwecktheorien mit ein.

4.3.7 Wie läuft ein Strafverfahren ab?

Du vollziehst den Ablauf eines Strafverfahrens nach. Dabei benennst du die Beteiligten mit Fachbegriffen.

In Filmen und Serien geht es oft auch um Polizei, Anwälte, Verbrechen und Gerichtsverhandlungen. Meistens wird dort jedoch der Ablauf amerikanischer Verhandlungen gezeigt. Aber wie läuft so ein Strafverfahren in Deutschland ab?

M1 Überblick Strafverfahren

Wenn in der Öffentlichkeit oder in den Medien von einem Strafverfahren/Strafprozess die Rede ist, so meint man meist die im Vordergrund des Interesses stehende gerichtliche Hauptverhandlung. Die Hauptverhandlung stellt aber in Wahrheit nur einen kleinen Ausschnitt aus dem gesamten Strafverfahren/Strafprozess dar. Denn das Strafverfahren (bzw. der Strafprozess) setzt sich aus mehreren Abschnitten zusammen. Zu diesen Abschnitten gehören in zeitlicher und sachlicher Reihenfolge:

- Das Vorverfahren (auch Ermittlungsverfahren genannt)
- das Zwischenverfahren
- das Hauptverfahren

Das Vorverfahren wird von der Staatsanwaltschaft geleitet. Demgegenüber obliegt die Durchführung des Zwischen- und Hauptverfahrens dem Gericht.

Justiz NRW: Gerichtsaufbau – Ablauf eines Strafverfahrens, www.justiz.nrw.de, abgerufen am 13.02.2020

1. Stelle die einzelnen Abschnitte eines Strafverfahrens mit dazugehöriger Institution grafisch in deinem Heft dar.
2. Vervollständige dein Schaubild, indem du recherchierst, wie der potenzielle Täter in den einzelnen Abschnitten genannt wird.

M2 Vorverfahren (Ermittlungsverfahren)

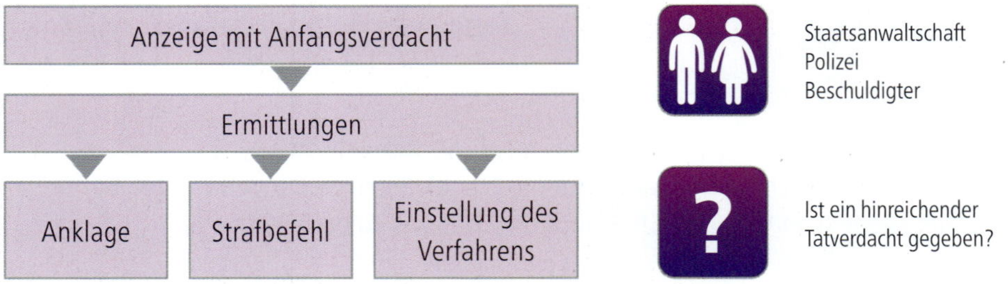

3. Beschreibe den Ablauf des Ermittlungsverfahrens und die Beteiligten anhand von **M2**.
4. Recherchiere im Internet Gründe für die Einstellung eines Verfahrens.

M3 Zwischenverfahren

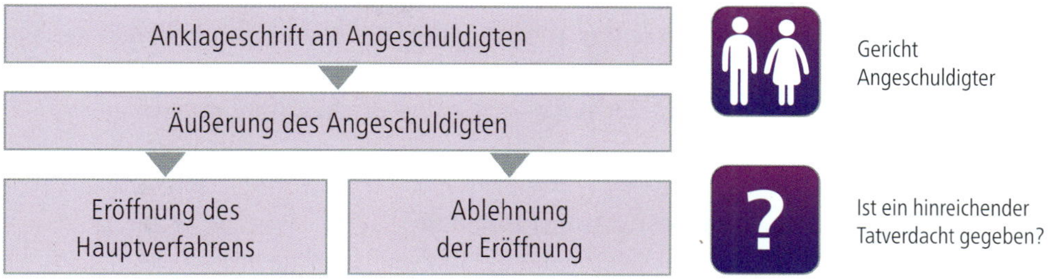

5. Zeige Unterschiede von Ermittlungsverfahren und Zwischenverfahren auf.
6. Erkläre, dass die Schutzfunktion des Rechts im Zwischenverfahren sichtbar wird.

M4 Hauptverhandlung

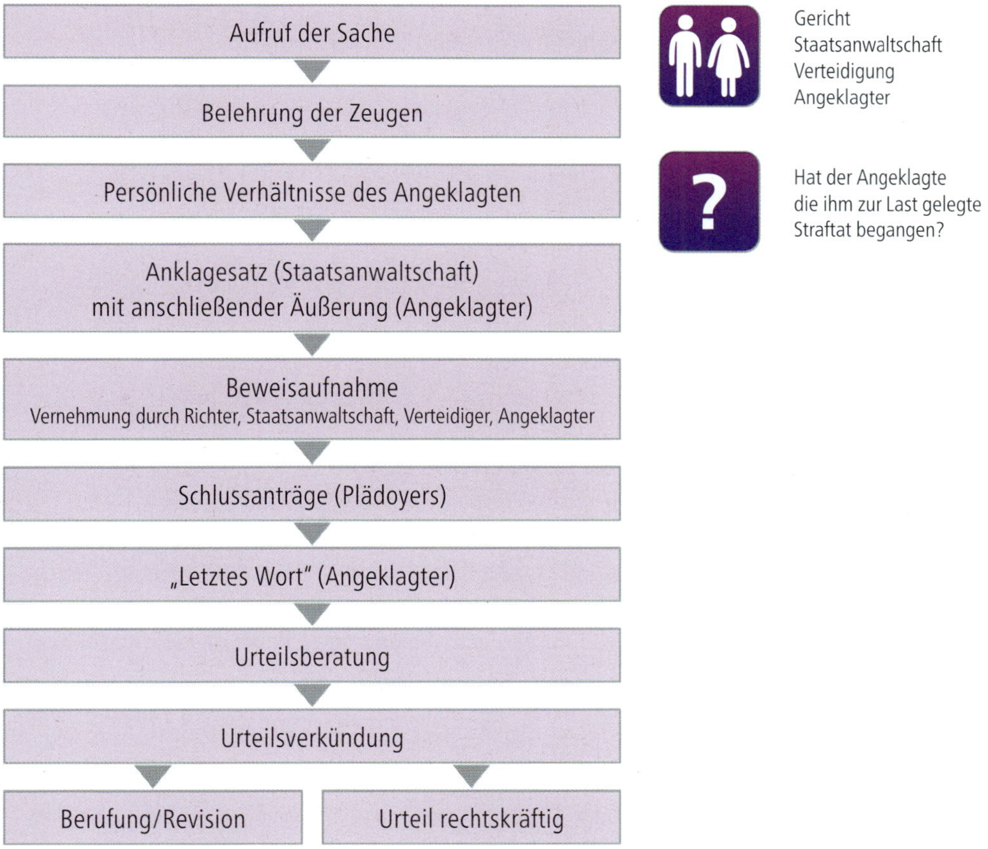

7. Beschreibe den Ablauf des Hauptverfahrens und die Beteiligten.
8. Belege anhand des Aufbaus eines Strafverfahrens die Grundsätze der Rechtsstaatlichkeit (vgl. **M3**, S. 133).

METHODE

Einen Gerichtsbesuch durchführen

Ein Gerichtsbesuch ist ein beeindruckendes Erlebnis. Allein die Atmosphäre innerhalb des Gerichtsgebäudes ist mitunter etwas ganz Besonderes. Allerdings solltest du dich auf einen Gerichtsbesuch auch gut vorbereiten, damit du für dich einen Gewinn aus dem Besuch ziehen kannst.

Schritt 1: Vorbereiten – was kommt auf mich zu?

Schöffe ehrenamtlicher Laienrichter

- Informiere dich im Vorfeld über das Gericht, das besucht wird. Die folgende Tabelle gibt dir einen Überblick, welche Fälle bei welchen Gerichten verhandelt werden.

Amtsgericht	Landgericht	Oberlandesgericht
Einzelrichter: Leichte Kriminalität, bis zu zwei Jahren Freiheitsstrafe	**Kleine Strafkammer** (ein Richter, zwei Schöffen): Berufungsverfahren von Einzelrichtern und Schöffengericht	**Strafsenat** (fünf Richter): schwere Staatsschutzsachen
Schöffengericht (ein Richter und zwei Schöffen): mittlere Kriminalität, bis zu vier Jahren Freiheitsstrafe.	**Große Strafkammer**: schwere Kriminalität	
	Schwurgericht: Schwerste Kriminalität wie z. B. Mord, Totschlag	

- Kläre Details zur An- und Abreise – Pünktlichkeit am Verhandlungstag ist selbstverständlich und wird erwartet.
- Formuliere Fragen an den Richter bzw. Staatsanwalt, die du gerne nach der Verhandlung stellen würdest. Ist der Terminplan der beiden nicht zu eng, so ist meist ein Gespräch nach der Verhandlung möglich.

Schritt 2: Verhalten – die Würde des Gerichts achten

Folgende Regeln solltest du beachten, wenn du eine Gerichtsverhandlung besuchst:

- Kleide dich angemessen und verhalte dich ruhig und ordentlich im Gerichtsgebäude und im Gerichtssaal. Der Vorsitzende des Gerichts kann Personen, die in einer der Würde des Gerichts nicht entsprechenden Weise erscheinen, den Zutritt zur Verhandlung verwehren.
- Stelle dein Handy aus. Audio-, Video- und Fotoaufnahmen sind verboten, nur schriftliche Aufzeichnungen sind erlaubt.
- Stehe auf, wenn die Richter den Gerichtssaal betreten oder verlassen, eine Vereidigung vorgenommen oder das Urteil verkündet wird.
- Störe die Verhandlung nicht, d. h. kein Herumlaufen oder lautes Sprechen während der Verhandlung, keine „Kommentierung" des Geschehens mit dem Sitznachbarn. Zudem ist es nicht gestattet, im Sitzungssaal zu essen oder zu trinken.

Quelle: Autorentext nach Broschüre Gerichtsbesuch Thüringen

Schritt 3: Beobachten – Strukturen und Beteiligte erkennen

Identifiziere die Verfahrensbeteiligten anhand der untenstehenden Grafik und informiere dich über ihre Aufgaben. Je nach Gerichtsgebäude kann es Unterschiede in der Sitzordnung geben. Es gibt keine Regelungen, wonach die Staatsanwaltschaft vor dem Fenster und Angeklagte vor der Tür sitzen, die Sitzordnung im Saal hängt allein von den baulichen Gegebenheiten, den örtlichen Gepflogenheiten und den Anordnungen des Vorsitzenden ab.

Bundeministerium für Justiz und Verbraucherschutz. Ich habe Rechte. Ein Wegweiser durch das Strafverfahren für jugendliche Zeuginnen und Zeugen. S. 47

a) Vorsitzender Richter
b) Beisitzende Richter
c) Schöffe
d) Staatsanwalt
e) Protokollführer
f) Nebenklagevertreter
g) Verteidiger
h) Angeklagter
i) Zeuge
j) Zuschauer

- Verfolge das Hauptverfahren anhand der Gliederung im Ablaufschema (vgl. S. 146, **M4**) und mache dir zu den einzelnen Schritten ggf. Notizen.

4.3.8 Was unterscheidet Straftaten von Ordnungswidrigkeiten?

Du grenzt Merkmale und Folgen von Straftaten und Ordnungswidrigkeiten anhand einfacher Rechtsfälle voneinander ab. Dabei analysierst du die zugehörigen Rechtsnormen.

Bist du auch schon einmal über eine rote Ampel gelaufen? Hast du auch schon einmal nach einer Party im Grünen dort deinen Müll „vergessen"? Mit beiden Taten hast du ganz klar gegen Gesetze verstoßen – aber wie ahndet der Gesetzgeber diese Verstöße?

M1 Rechtswidrige Taten

1. Beschreibe, welche rechtswidrigen Taten in den Bildern dargestellt werden.
2. Sortiere die Taten der Schwere nach und vergleiche deine Rangfolge mit der deines Nachbarn.
3. Ordnet den Taten gemeinsam ein in euren Augen gerechtes Strafmaß zu.

4

M2 Alkohol im Straßenverkehr

Nach der Rechtsprechung ist bei **Kraftfahrzeugführern** bereits ab einer Blutalkoholkonzentration (BAK) von 0,3 Promille bei Vorliegen alkoholbedingter Ausfallerscheinungen – wie dem Fahren von Schlangenlinien – (sog. „relative Fahrunsicherheit") der Straftatbestand des § 316 StGB einschlägig. Auch ohne jeden Nachweis von Fahrunsicherheit begeht ein Kraftfahrzeugführer ab einer BAK von 0,5 Promille eine Ordnungswidrigkeit gemäß § 24a StVG und ab einer BAK von 1,1 Promille (sog. „absolute Fahrunsicherheit") nach der Rechtsprechung eine Straftat nach § 316 StGB. [...] Bei Fahrradfahrern setzt die neuere Rechtsprechung den Grenzwert für die „absolute Fahrunsicherheit" bei einer BAK von 1,6 Promille fest.

BMJV: Das Verkehrsstrafrecht einschließlich des Rechts der Verkehrsordnungswidrigkeiten, Oktober 2015, S.33

4. Arbeite aus **M2** die Unterscheidungsmerkmale von Straftaten und Ordnungswidrigkeiten im Zusammenhang mit Alkohol im Straßenverkehr heraus und notiere den jeweiligen Strafrahmen.

5. Begründe anhand von **M1** und **M2**, warum der Gesetzgeber deiner Meinung nach zwischen Straftat und Ordnungswidrigkeit unterscheidet.

M3 Illegale Abfallbeseitigung

Wer seinen Müll auf die Straße wirft oder illegal im Wald loswird, begeht in der Regel eine Ordnungswidrigkeit. [...] Eine entscheidende Rolle spielt die Menge des Abfalls. Die entscheidet nicht nur, ob es sich noch um eine Ordnungswidrigkeit oder schon um eine Straftat handelt, sondern von ihr hängt auch die Höhe des Bußgelds ab. Je mehr Müll auf einmal entsorgt wird, desto teurer wird es. Ebenfalls betrachtet wird die Größe der Gegenstände, deren Zustand und Beschaffenheit.

Das Wegwerfen von Pappbechern, Taschentüchern und Zigarettenschachteln bis zu 0,5 Kilo kann in Bayern beispielsweise 20 Euro kosten. Das Abladen mehrerer Gegenstände wie Kühlschränke, Kommoden und Badewannen gilt auch bei mehr als 100 Kilogramm noch als Ordnungswidrigkeit, dafür können bis zu 2.500 Euro fällig werden.

Bafas, Irini: Illegale Müllentsorgung – Straftat oder Ordnungswidrigkeit?, www.br.de, 25.03.2019

6. Vergleiche die Beispiele (**M3**) mit den objektiven Tatbestandsmerkmalen und dem Strafmaß des § 326 I StGB.

7. Begründe anhand von **M3**, was an diesem Beispiel den Unterschied zwischen Straftat und Ordnungswidrigkeit ausmacht. Gehe dabei auch auf die Intention des Gesetzgebers ein.

8. Entscheide, welche Bilder in **M1** Straftaten, welche Ordnungswidrigkeiten darstellen.

4.3.9 Was ist der Unterschied zwischen Strafe und Schadensersatz?

Du unterscheidest bei Rechtsfällen die straf- und zivilrechtlichen Folgen strafbarer Handlungen.

Privatrecht und öffentliches Recht sind zwei ganz unterschiedliche Rechtsgebiete, das weißt du seit dem letzten Jahr. Aber beide Rechtsgebiete können Auswirkungen auf die Folgen ein und derselben Tat haben. Du kannst also für eine Tat bestraft werden und musst vielleicht zusätzlich noch Schadensersatz leisten... ist das gerecht?

M1 Schüler verursachen Wasserschaden in Schule in Neu-Ulm

Die Lehrkräfte und Schüler einer Grundschule erlebten eine böse Überraschung, als sie am Freitagmorgen das Gebäude betraten. Im dritten Stock war ein massiver Wasserschaden entstanden, der auch darunterliegende Räumlichkeiten beschädigt hatte.

Die Polizeiinspektion Neu-Ulm übernahm die Ermittlungen, nachdem sich der Schaden nicht als technischer Defekt sondern als vorsätzliche Handlung herausstellte. Bereits nach kurzen Ermittlungen ergaben sich Hinweise auf zwei 14-Jährige und einen 13-Jährigen, die die Tat einräumten.

Die drei Jungen hatten sich am [Vortag] getroffen und in den Waschräumen die Abläufe verstopft und das Wasser aufgedreht. Der Schaden beläuft sich auf rund 100.000 Euro. Die beiden strafmündigen Schüler müssen mit einer Anzeige sowie zivilrechtlichen Forderungen rechnen. Außerdem wird das Jugendamt über den Vorfall in Kenntnis gesetzt.

Die Feuerwehr beim Aufsaugen des Wassers

Basierend auf: Obeser, Mario: Schüler verursachen aus Langeweile 100.000 Euro Wasserschaden in Schule in Neu-Ulm, www.bsaktuell.de, 17.10.2014

1. Erkläre den Unterschied zwischen Strafmündigkeit und Deliktsfähigkeit (Wiederholung).
2. Begründe, dass nur die beiden 14-Jährigen eine Straftat im Sinne des § 303 StGB begangen haben können.
3. Lege mit Hilfe der §§ 823, 828 BGB dar, dass alle drei Täter grundsätzlich zivilrechtlich für den verursachten Schaden zur Verantwortung gezogen werden können.
4. Nimm Stellung zu der Aussage, dass auf die Eltern der Schüler zivilrechtliche Forderungen zukommen können. Beachte dabei § 832 BGB.

M2 Teure Jugendsünden

Wenn ein Kind einen Schaden verursacht hat und dies von einem Gericht festgestellt wurde, kann es für diesen Schaden auch Jahre später noch Schadensersatz zahlen müssen. Zwar verfügt ein Kind noch nicht über ein Einkommen und muss daher nicht für einen Schaden aufkommen. Aber wenn es später Geld verdient, wendet sich das Blatt. „30 Jahre lang kann man einen Gerichtstitel vollstrecken", sagt Eva Becker, [Berliner Rechtsanwältin und Vorsitzende der Arbeitsgemeinschaft Familienrecht im Deutschen Anwaltverein]. Jugendsünden können dann später also noch richtig teuer werden.

Waschatz, Berit: Wann Eltern für die Schäden ihrer Kinder haften, www.welt.de, 04.08.2013

5. Erkläre unter Verwendung von **M2**, welche Bedeutung ein zivilrechtliches Gerichtsurteil für das weitere Leben der 13- und 14-jährigen Täter haben könnte.
6. Beurteile die Vollstreckungsfrist von 30 Jahren für Kinder und Jugendliche von 7 bis unter 18 Jahren vor dem Hintergrund der Gerechtigkeit.
7. Begründe mithilfe der §§ 823, 828 BGB, dass auf die beiden strafrechtlich verurteilten Jugendlichen (S. 134, Fall **M1** und **M2**) auch noch zivilrechtliche Folgen zukommen können. Unterscheide dabei zwischen den Schäden am Auto und einem möglichen Schmerzensgeld des Besitzers.

M3 Was die private Haftpflichtversicherung nicht abdeckt

Versicherte erhalten keine Leistungen für Schäden, die sie selbst erleiden oder die sie sich gegenseitig zufügen. Vom Schutz der Haftpflichtversicherung sind beispielsweise ausgeschlossen:

- vorsätzlich herbeigeführte Schäden
- reine Vertragsverpflichtungen wie zum Beispiel der Anspruch auf Rückzahlung eines Darlehens
- Geldstrafen und Bußgelder
- Schäden, die durch ein Kraftfahrzeug verursacht werden. Dafür gibt es die Kfz-Haftpflicht.
- Schäden, die durch den Gebrauch eines Wasser- oder Luftfahrzeugs sind. Hierfür gibt es spezielle Haftpflichtversicherungen.

Mediencode: 82213-12 Erklärfilm zur privaten Haftpflichtversicherung

8. Schaut euch gemeinsam den Erklärfilm zur privaten Haftpflichtversicherung im Mediencode an.
   a) Arbeite heraus, warum der Abschluss einer privaten Haftpflichtversicherung vernünftig ist. Gehe dabei auch auf mögliche Schadensfälle aus dem Film ein.
   b) Erkläre, wie sich eine Haftpflichtversicherungsgesellschaft finanziert.
   c) Beschreibe, welche Akteure bei einem Haftpflichtversicherungsfall aktiv sind.
9. Schätze unter Verwendung von **M3** ab, ob die Haftpflichtversicherung der Eltern im Fall **M1** greift.
10. Begründe, warum eine Haftpflichtversicherung bei vorsätzlich herbeigeführten Schäden nicht zahlt und leite daraus Folgerungen für zivilrechtlichen Schadensersatzforderungen bei vorher begangenen Straftaten ab.

4.3.10 Warum werden Jugendliche anders bestraft als Erwachsene?

Du schätzt die Folgen widerrechtlichen Handelns ab. Dabei begründest du auch die Intention des Gesetzgebers hinter dem Jugendgerichtsgesetz (JGG) und zeigst dessen Besonderheiten auf.

Du weißt, dass man ab 14 Jahren strafmündig ist, aber die Taten nicht mit den gleichen Konsequenzen wie bei Erwachsenen geahndet werden. Der Gesetzgeber hat für Jugendliche und Heranwachsende ein eigenes Gesetz verfasst. Aber was ist das Besondere an diesem Gesetz?

M1 Straftaten Jugendlicher

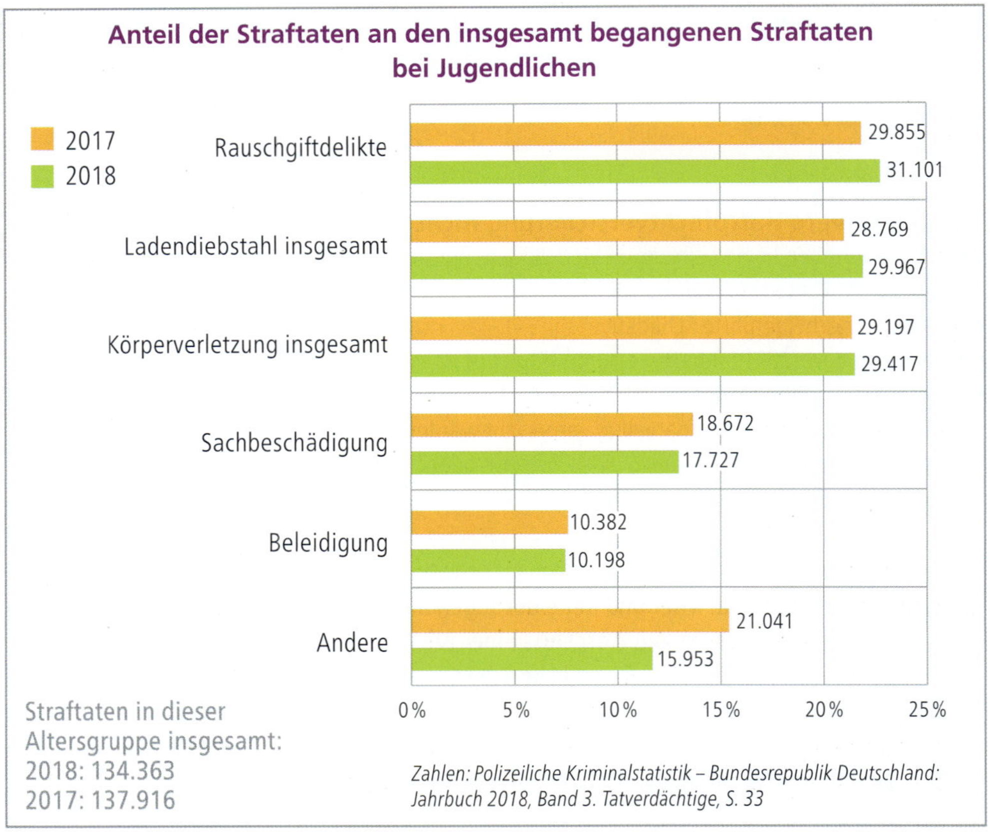

Zahlen: Polizeiliche Kriminalstatistik – Bundesrepublik Deutschland: Jahrbuch 2018, Band 3. Tatverdächtige, S. 33

1. Interpretiere die Grafik **M1** und recherchiere aktuelle Zahlen aus der Polizeilichen Kriminalstatistik.
2. Entwickle Erklärungsansätze für den zeitlichen Verlauf.

4

M2 Ausgewählte Paragrafen des Jugendgerichtsgesetzes (JGG)

§ **§ 1 Persönlicher und sachlicher Anwendungsbereich**

(1) Dieses Gesetz gilt, wenn ein Jugendlicher oder ein Heranwachsender eine Verfehlung begeht, die nach den allgemeinen Vorschriften mit Strafe bedroht ist.

(2) Jugendlicher ist, wer zur Zeit der Tat vierzehn, aber noch nicht achtzehn, Heranwachsender, wer zur Zeit der Tat achtzehn, aber noch nicht einundzwanzig Jahre alt ist.

§ **§ 2 Ziel des Jugendstrafrechts; Anwendung des allgemeinen Strafrechts**

(1) [1]Die Anwendung des Jugendstrafrechts soll vor allem erneuten Straftaten eines Jugendlichen oder Heranwachsenden entgegenwirken. [2]Um dieses Ziel zu erreichen, sind die Rechtsfolgen und unter Beachtung des elterlichen Erziehungsrechts auch das Verfahren vorrangig am Erziehungsgedanken auszurichten.

§ **§ 5 Die Folgen der Jugendstraftat**

(1) Aus Anlass der Straftat eines Jugendlichen können Erziehungsmaßregeln angeordnet werden.

(2) Die Straftat eines Jugendlichen wird mit Zuchtmitteln oder mit Jugendstrafe geahndet, wenn Erziehungsmaßregeln nicht ausreichen.

(3) Von Zuchtmitteln und Jugendstrafe wird abgesehen, wenn die Unterbringung in einem psychiatrischen Krankenhaus oder einer Entziehungsanstalt die Ahndung durch den Richter entbehrlich macht.

→ **3.** Arbeite aus **M2** in Stichpunkten heraus,
   a) unter welchen Voraussetzungen das JGG gilt,
   b) was der Unterschied zwischen einem Jugendlichen und einem Heranwachsenden ist,
   c) welche Zielsetzung das JGG verfolgt und
   d) welche Rechtsfolgen das JGG für Straftaten Jugendlicher vorsieht.
   e) warum das JGG offensichtlich keine eigenen Straftatbestände definiert.

4. Erkläre anhand des § 2 JGG, welche Strafzwecktheorie bei der Beurteilung von Fällen nach dem JGG vorherrschen dürfte.

5. Begründe mit Blick auf Alter und Reife der Jugendlichen, warum „das Verfahren vorrangig am Erziehungsgedanken“ (§ 2 Satz 2 JGG) auszurichten ist.

6. Erläutere, welche Rechtsfunktionen in der Intention des JGG sichtbar werden.

7. Bildet in der Klasse mehrere Gruppen, die sich jeweils eines der folgenden Themen aussuchen. Erstellt pro Gruppe ein Handout, auf dem ihr die grundlegenden Fakten zu eurem Thema zusammenstellt. Analysiert dazu die angegebenen Paragrafen.

Erziehungsmaßregeln:
Arten, Weisungen (§§ 9, 10 JGG)

Zuchtmittel:
Arten, die Verwarnung, Auflagen (§§ 13, 14, 15 JGG)

Zuchtmittel:
Jugendarrest (§§ 13, 16, 16 a JGG)

Jugendstrafe und Strafaussetzung
(§§ 17, 18, 21 JGG)

M3 Falsche Milde?

Der 16-jährige Elias […] hatte aus einer Laune heraus einen friedlich in einer U-Bahn-Station der Hamburger Innenstadt sitzenden jungen Mann mit einem Messerstich getötet. […] Der Hamburger […] hatte schon 20 zum Teil schwere Straftaten auf dem Kerbholz, aber nur eine einzige hatte eine kleine Konsequenz – einen lächerlichen Arbeitseinsatz. Nach der Bluttat in der U-Bahn erklärte er einem Sachverständigen, er habe sich zur eigenen Disziplinierung regelrecht gewünscht, einmal eingesperrt worden zu sein. […] Die kriminelle Karriere des Hamburger Intensivtäters begann schon im Alter von zehn Jahren. Damals schlug er grundlos einen Gleichaltrigen so brutal, dass der mit dem Rettungswagen ins Krankenhaus eingeliefert werden musste. Als 15-Jähriger brach er einem Erzieher, der in der Schule einen Streit schlichten wollte, den Unterkiefer. Warum er in all den Jahren nicht aus der Obhut der verwahrlosten Familie herausgelöst worden ist, konnte weder durch die Recherche unserer Reporterin noch in einer öffentlichen Sitzung des Familien-, Kinder- und Jugendausschusses der Hamburger Bürgerschaft aufgeklärt werden. […] Noch kurz vor der Verurteilung von Elias wegen Totschlags sprach sich der für ihn bis dahin zuständige Jugendgerichtshelfer dafür aus, ihn aus dem Gefängnis zu entlassen und einem offenen Heim zu überantworten. So als habe Elias gerade ein Huhn gestohlen und nicht einen Menschen umgebracht, einfach weil ihm danach war.

Di Lorenzo, Giovanni: DIE ZEIT. Falsche Milde, www.zeit.de, 27.01.2011

8. Beschreibe deine Gefühle nach der Lektüre des Artikels mit Blick auf Gerechtigkeit.
9. Diskutiert in der Klasse: Ist das deutsche Jugendstrafrecht zu mild?

M4 Kinder als Täter

Nach der mutmaßlichen Vergewaltigung einer 18-jährigen Frau in Mülheim an der Ruhr ist am Montag […] ein 14-jähriger Tatverdächtiger verhaftet worden. Zwei Gleichaltrige und zwei Zwölfjährige sollen beteiligt gewesen sein – sie bleiben vorerst auf freiem Fuß. Kinder-Psychotherapeut Christian Lüdke aus Essen plädiert für ein entschiedenes Vorgehen auch bei sehr jungen Straftätern. […]

WDR: Was macht man mit solchen Tätern?
Lüdke: Man sollte meiner Meinung nach auch bei Zwölfjährigen schon sehr harte Strafen anwenden, zum Beispiel einen „Warnschuss"-Arrest. Die Botschaft: Wenn Du das tust, bekommst Du diese Strafe. Und zwar sofort. Leider ist das bisher nicht vorgesehen.

WDR: Kinder als Täter: Harte Strafen wirken, www.wdr.de, 09.07.2019

10. Mit „Warnschuss"-Arrest bezeichnet man die Rechtsfolge des § 16a JGG. Erkläre den Begriff und nimm Stellung zu dieser Rechtsfolge.
11. Diskutiert in der Klasse: Sollte das Alter der Strafmündigkeit herabgesetzt werden?

M5 Beim Klauen erwischt

FORUM

16-Jährige beim Klauen erwischt?

Ich wurde vor ein paar Wochen beim Klauen von ca. 100 Euro erwischt. Ich habe gestanden, dass ich schon mehrmals etwas gestohlen habe und die Dinge der Polizei, nachdem wir zu mir nach Hause gefahren waren, übergeben. Ich weiß nicht, wieviel das insgesamt sind, vielleicht so 300 Euro. Ich bin 16 Jahre alt und ich wurde davor noch nie erwischt. Ich habe eine Vorladung. Was sollte ich am besten dort machen und welche Strafe erwartet mich? Muss ich in den Knast?

Vielen Dank für Antworten, mir ist klar, dass das eine dumme Idee war.

12. Prüfe, ob die 16-Jährige eine Straftat begangen hat (§ 242 StGB).

13. Erörtert gemeinsam in der Klasse, welche Strafe ihr als Richter nach eurem Gerechtigkeitsempfinden für die 16-Jährige aussprechen würdet.

M6 Die Jugendhilfe als Unterstützung in Strafverfahren

Wird strafrechtlich gegen Jugendliche und Heranwachsende ermittelt, ist immer das Jugendamt beteiligt. Die Jugendgerichtshilfe soll junge Menschen fördern und dazu beitragen, Benachteiligungen zu vermeiden oder abzubauen. Im Gerichtsverfahren hat die Jugendgerichtshilfe laut JGG mitzuwirken und erzieherische Aufgaben wahrzunehmen. Sie prüft, ob der Beschuldigte Hilfe benötigt, leitet geeignete Hilfen ein und informiert darüber die Staatsanwaltschaft und das Gericht.

Die Jugendgerichtshilfe ist auch während der Gerichtsverhandlung dabei und hat ein Rederecht. Die Jugendgerichtshilfe äußert sich zum Beispiel dazu, ob betroffene Jugendliche und Heranwachsende als verantwortlich für die Tat anzusehen sind und ob Heranwachsende nach Jugendstrafrecht oder nach allgemeinem Strafrecht beurteilt werden sollten. Die Jugendgerichtshilfe kann lediglich Empfehlungen aussprechen, die Entscheidung trifft der/die Richter/in. Jugendgerichtshelfer sind Sozialarbeiter im Jugendamt, die die Betroffenen auch über den weiteren Ablauf des Verfahrens und dessen Folgen informieren. Darunter fallen auch Fragen zur Wohnung, Schule oder Ausbildung.

Nach: Scheffler, Gabriele: Wenn Jugendliche straffällig werden …, Bonn 2008, S. 46

14. Arbeite aus **M6** heraus, wie die Jugendhilfe einen Jugendlichen bei einem Strafverfahren unterstützen kann.

15. Diskutiere die Maßnahmen der Jugendhilfe.

Grundsätze der Rechtsstaatlichkeit

Deutschland ist ein Rechtsstaat, das heißt, es gelten die Grundsätze der Rechtsstaatlichkeit. In Anlehnung an die Auslegung der EU-Kommission kann man darunter folgende Grundsätze verstehen:

- **Rechtmäßigkeitsprinzip**: Der Gesetzgebungsprozess muss demokratisch und transparent ablaufen.
- **Rechtssicherheit**: Die Rechtsvorschriften müssen klar und vorhersehbar sein und dürfen nicht rückwirkend geändert werden.
- **Gleichheit vor dem Gesetz**: Jeder wird vor dem Gesetz gleichbehandelt, unabhängig von Beruf, Aussehen, Geschlecht, gesellschaftlichem Stand etc.
- **Willkürverbot**: Eingriffe in die private Betätigung bzw. in die Privatsphäre jeder Person bedürfen einer Rechtsgrundlage. So darf z. B. die Polizei niemand ohne Rechtsgrundlage willkürlich festnehmen, Gerichte dürfen einen Menschen nicht ohne Gesetzesgrundlage bestrafen.
- **Rechtsschutz durch unabhängige Gerichte**: Es gibt eine Gewaltenteilung, d. h. die Gerichte sind unabhängig von dem Gesetzgeber. Durch unparteiische Richter kommt es so zu fairen Verfahren.

Strafmonopol des Staates

Die Rechtsstaatlichkeit führt zu automatisch zu einem **Strafmonopol** des Staates, d. h. der Staat ist alleinig rechtlich dafür zuständig, Straftaten gesetzlich zu definieren, Straftaten zu verfolgen, die Täter mit Strafen zu belegen und die Strafen zu vollziehen. Das Strafmonopol ermöglicht ein geordnetes Zusammenleben und schützt alle Menschen innerhalb des Staates vor willkürlichen Übergriffen und Selbstjustiz. Ebenso wie das Recht an sich eine **Ordnungs- und eine Schutzfunktion** hat, kann man in diesem Zusammenhang auch von einer Ordnungs- und Schutzfunktion des Staates sprechen, da dieser durch das Erlassen und Durchsetzen der Gesetze eben diese Funktionen ausfüllt.

Strafzwecktheorien

Staatliches Bestrafen ist ein großer Eingriff in das Leben der Täter. Um diesen Eingriff zu begründen und zu rechtfertigen, gibt es die **Strafzwecktheorien**. Diese zeigen auf, warum gestraft wird.

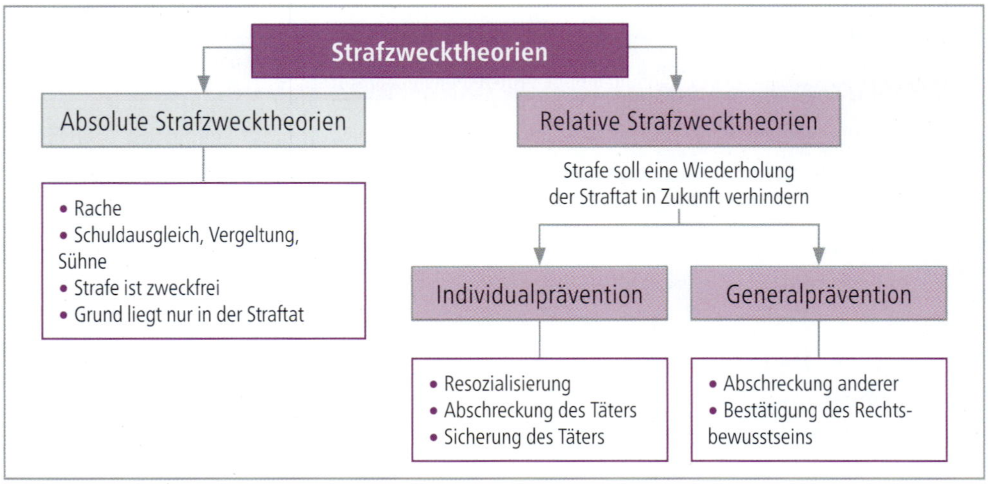

Voraussetzungen einer Straftat

Voraussetzungen einer Straftat

- Tatbestandsmäßigkeit
- Rechtswidrigkeit
- Schuld

Bei der **Tatbestandsmäßigkeit** unterscheidet man zwischen dem objektiven und dem subjektiven Tatbestand. Die objektiven Tatbestandsmerkmale sind erfüllt, falls die Tat den im Gesetz niedergeschriebenen Voraussetzungen entspricht. Dies überprüft man durch Subsumtion, also durch Zuordnung des Sachverhalts zu der Rechtsnorm. Bei den subjektiven Tatbestandsmerkmalen überprüft man die innere Haltung des Täters zur Tat. Zum einen ob er mit Wissen und Wollen (Vorsatz) die Tatbestandsverwirklichung wollte. Zum anderen gibt es für einige Straftaten auch noch weitere subjektive Tatbestandsmerkmale, wie z. B. die Zueignungsabsicht beim Diebstahl (§ 242 StGB).

Eine Tat ist **rechtswidrig**, falls sie die Tatbestandsmerkmale einer im Gesetz beschriebenen Tat verwirklicht und es keine Rechtfertigungsgründe für diese Tat gibt. Als Rechtfertigungsgründe gelten z. B. Notwehr (§ 32 StGB) oder Notstand (§ 34 StGB). Liegt einer dieser Gründe vor, so ist zwar die Tatbestandsmäßigkeit verwirklicht, die Tat an sich aber nicht rechtswidrig.
Eine rechtswidrige Tat allein ist aber noch nicht genug für eine Straftat. Die rechtswidrige Tat muss dem Täter auch persönlich vorwerfbar sein und er muss sie auch verschuldet haben. In diesem Schritt überprüft man deshalb u. a. die **Schuldfähigkeit** des Täters (vgl. § 20 StGB), also ob er strafmündig ist, und ob es sogenannte Entschuldigungsgründe gibt, welche die Tat entschuldigen. Beispiele für Entschuldigungsgründe sind z. B. der Notwehrexzess (§ 33 StGB) oder der Entschuldigende Notstand (§ 35 StGB).

Rechtsfolgen im deutschen Strafrecht

Das deutsche Strafrecht sieht als Rechtsfolgen einerseits **Strafen**, andererseits **Maßregeln der Besserung und Sicherung** vor:

Strafen
Schuldabhängige Rechtsfolgen auf eine Straftat

- **Hauptstrafen**
  - Freiheitsstrafe
    - lebenslang
    - zeitig (ggf. auf Bewährung)
  - Geldstrafe
    - in Tagessätzen
- **Nebenstrafen**: Können nur mit einer Hauptstrafe zusammen verhängt werden, zur Zeit nur Fahrverbot (§ 44 StGB)
- **Nebenfolgen**: Erfolgen automatisch ab einem gewissen Urteil, z. B. Verlust der Amtsfähigkeit, der Wählbarkeit, des Stimmrechts (§ 45 StGB)

Keine Strafe ohne Schuld!

Ziel: Individualprävention, Generalprävention, Vergeltung

Rechtsfolgen im deutschen Strafrecht

Maßregeln der Besserung und Sicherung (§ 61 StGB)
Verschuldensunabhängige Rechtsfolgen auf eine rechtswidrige Tat

mit Freiheitsentzug	ohne Freiheitsentzug
• Unterbringung in einem psychiatrischen Krankenhaus • Unterbringung in einer Entziehungsanstalt • Unterbringung in Sicherungsverwahrung	• Führungsaufsicht • Entziehung der Fahrerlaubnis • Berufsverbot

Ziel: Schutz der Allgemeinheit vor und Besserung von gefährlichen Tätern

Ablauf eines Strafverfahrens

Ein Strafverfahren lässt sich in drei Schritte untergliedern:

Ermittlungsverfahren → Zwischenverfahren → Hauptverhandlung

Ermittlungsverfahren

Am Beginn eines Strafverfahrens steht eine Anzeige. Die „Herrin" des Ermittlungsverfahrens ist die Staatsanwaltschaft, sie leitet die Ermittlungen. Meist ist es aber so, dass die Polizei ermittelt und ihre Ergebnisse dann der Staatsanwaltschaft weitergibt. Während der Ermittlungen werden z. B. Tatortspuren gesichert und Zeugen oder auch der Tatverdächtige verhört. Der Tatverdächtige heißt während dieser Phase **Beschuldigter**. Die Kernfrage im Ermittlungsverfahren lautet: Ist ein hinreichender Tatverdacht gegeben, sodass Anklage erhoben werden kann? Kann diese Frage mit „Ja" beantwortet werden, so erhebt die Staatsanwaltschaft Anklage oder beantragt einen Strafbefehl, mit dem das Gericht ohne mündliche Verhandlung eine Geldstrafe oder eine kurze Freiheitsstrafe bei weniger schweren Straftaten verhängen kann. Falls die Antwort „Nein" lautet, so wird das Verfahren eingestellt. Die Staatsanwaltschaft kann jedoch auch bei geringer Schuld des Täters oder bei leichten Straftaten das Verfahren z. B. gegen die Zahlung einer Geldauflage einstellen.

Zwischenverfahren

Im Zwischenverfahren übernimmt das Gericht die Kontrolle. Es überprüft nochmals die Anklage und gibt dem **Angeschuldigten** (so heißt der Tatverdächtige im Zwischenverfahren) die Möglichkeit, sich zu den Anschuldigungen zu äußern. Falls sich das Gericht unsicher ist, kann es zu diesem Zeitpunkt weitere Ermittlungen veranlassen. Die Kernfrage in dieser Phase lautet: Ist ein hinreichender Tatverdacht gegeben, sodass ein Hauptverfahren eröffnet werden kann? Kann diese Frage mit „Ja" beantwortet werden, so beschließt das Gericht die Eröffnung eines Hauptverfahrens, anderenfalls lehnt es die Eröffnung ab.

Hauptverhandlung

Während der Hauptverhandlung klärt das Gericht folgende Kernfrage: Hat der **Angeklagte** (so heißt der Tatverdächtige im Hauptverfahren) die ihm zur Last gelegte Tat begangen? Am Anfang der Verhandlung überprüft der Richter die Anwesenheit aller am Prozess Beteiligten und belehrt die Zeugen und Sachverständigen über ihre Pflichten. Die Zeugen verlassen danach den Gerichtssaal und warten auf ihre Aussage, die Sachverständigen dürfen in der Regel bleiben. Nachdem der Richter den Angeklagten zu seinen persönlichen Verhältnissen befragt hat, verliest die Staatsanwaltschaft den Anklagesatz, indem die Vorwürfe gegen den Angeklagten dargestellt sind. Anschließend darf sich der Angeklagte zu den Anschuldigungen äußern oder von seinem Schweigerecht Gebrauch machen. Dann beginnt die Beweisaufnahme. Zuerst vernimmt der vorsitzende Richter die Zeugen oder Sachverständigen. Nach ihm dürfen auch beisitzende Richter und Schöffen, Staatsanwalt, Verteidiger und der Angeklagte Fragen stellen. Nach Abschluss der Beweisaufnahme erteilt der Richter dem Staatsanwalt und dem Verteidiger das Wort zu den Plädoyers, den Schlussvorträgen. Im Anschluss daran bekommt der Angeklagte das letzte Wort, bevor sich das Gericht zur Beratung zurückzieht. Bei der Beratung sind sowohl die Berufsrichter als auch die Schöffen gleichermaßen stimmberechtigt, die Schuld des Angeklagten muss mit einer 2/3-Mehrheit festgestellt werden. Dann kehrt das Gericht zurück in den Gerichtssaal und verkündet „Im Namen des Volkes!" das Urteil. Falls weder der Angeklagte bzw. die Verteidigung noch die Staatsanwaltschaft das Urteil anficht, also je nach Fall Berufung einlegt oder Revision beantragt, so wird das Urteil rechtskräftig.

Ordnungswidrigkeiten

Ordnungswidrigkeiten sind vorsätzliche oder fahrlässige Handlungen oder Unterlassungen, die einen als ordnungswidrig bestimmten Tatbestand erfüllen. Auch der Versuch einer Ordnungswidrigkeit kann geahndet werden, aber nur wenn das Gesetz dies ausdrücklich bestimmt. Da der Gesetzgeber diese Taten als nicht so erheblich ansieht, werden sie nicht durch strafgerichtliche Geld- oder Freiheitsstrafe geahndet.

Zur Ahndung von Ordnungswidrigkeiten sind **Verwarnungen**, gegebenenfalls mit Verwarnungsgeld, Geldbußen und Nebenfolgen (z. B. Fahrverbote) vorgesehen. Anders als eine **Geld-** oder gar Freiheitsstrafe beeinträchtigen die Rechtsfolgen einer Ordnungswidrigkeit das Ansehen des Betroffenen nicht, sondern stellen lediglich eine eindringliche Pflichtenmahnung dar. Der Gesetzgeber verhindert so eine Kriminalisierung der Bevölkerung aufgrund geringfügiger rechtswidriger Taten.

Analog zum Strafrecht können Kinder unter 14 Jahren keine Ordnungswidrigkeiten begehen. Bei Jugendlichen zwischen 14 und unter 18 Jahren ist zu prüfen, ob sie die nötige Einsicht hatten, um das Unrecht der Tat einzusehen. Ab 18 wird man ohne Ausnahme als Erwachsener behandelt.

Anspruch auf Schadensersatz

Eine Straftat kann neben strafrechtlichen Folgen auch noch **zivilrechtliche Folgen** haben. Während das Strafgericht im Rahmen des öffentlichen Rechts den Täter für die eigentliche Tat bestraft, kann das Opfer zivilrechtliche Schadensersatzansprüche z. B. gem. § 823 BGB an den Täter stellen. Es kann sowohl materieller Schadensersatz (z. B. Reparatur eines kaputten Autos) als auch immaterieller Schadensersatz (z. B. Schmerzensgeld) durch das Opfer eingeklagt werden.

Haftpflichtversicherung

Eine **Haftpflichtversicherung** schützt den Versicherungsnehmer und die mit ihm Versicherten (z. B. Frau und Kinder) vor zivilrechtlichen Schadensersatzansprüchen Dritter. Es gibt verpflichtende Haftpflichtversicherungen wie die Kfz-Haftpflichtversicherung und freiwillige Haftpflichtversicherungen, wie z. B. eine private Haftpflichtversicherung. Im Schadensfall übernimmt die Versicherung entweder den verursachten Schaden oder verteidigt den Versicherungsnehmer und die Mitversicherten vor ungerechtfertigten Schadensersatzansprüchen, im Zweifel auch vor Gericht. Ausgenommen sind absichtlich verursachte Schäden, also Schäden, die mit Vorsatz verursacht wurden.

Besonderheiten des Jugendstrafrechts

Die grundlegende Intention im Jugendstrafrecht ist der **Erziehungsgedanke** – primärerer Strafzweck ist also das Erziehen der jugendlichen Straftäter, um diese wieder zurück auf den richtigen Weg zu bringen und die Arbeits- oder Ausbildungsplatzsuche aufgrund von Jugendverfehlungen nicht zu erschweren. Aus diesem Grund hat das Jugendstrafrecht auch andere **Rechtsfolgen**, nämlich **Erziehungsmaßregeln**, **Zuchtmittel** und **Jugendstrafe**. Je nach Schwere der Tat und mit Blick auf die Auswirkungen auf die Jugendlichen kommen diese zur Geltung. Nur bei schweren Sanktionen (Jugendstrafe mit oder ohne Bewährung) erfolgt ein Eintrag im Bundeszentralregister, Erziehungsmaßregeln und Zuchtmittel werden dagegen ebenso wie der Jugendarrest nicht eingetragen. Das Jugendgerichtsgesetz (JGG) kennt **keine eigenen Straftatbestände**. Diese unterscheiden sich nicht von denen des Erwachsenenstrafrechts. Lediglich die Rechtsfolgen unterscheiden sich.
Das Jugendstrafrecht hat eine **eigene Gerichtsbarkeit**, die Jugendgerichte. Zum Schutz der Privatsphäre der Jugendlichen sind die Verhandlungen nicht öffentlich. Gegen ein Urteil darf auch nur ein Rechtsmittel ausgewählt werden, also Berufung oder Revision. Die Rechtsfolgen sollen möglichst rasch wirksam werden, um dem jugendlichen Täter den Zusammenhang von Strafe und Tat deutlich zu machen.

Jugendhilfe

Die Kinder- und Jugendhilfe fördert Kinder und Jugendliche in ihrer Entwicklung und hilft jungen Erwachsenen in besonders schwierigen Situationen. Eine Aufgabe ist die Mitwirkung in jugendgerichtlichen Verfahren. Man spricht dann auch von der **Jugendgerichtshilfe**. Sie informiert die Betroffenen über den Ablauf des Verfahrens, über mögliche Konsequenzen. Auch bei einem **Täter-Opfer-Ausgleich** steht die Jugendgerichtshilfe zur Seite. Sie überprüft auch, ob geeignete erzieherische Leistungen der Jugendhilfe (wie z. B. ein sozialer Trainingskurs) in Betracht kommen, die eventuell ein Absehen von der Strafverfolgung möglich machen.

Gewaltprävention

Maßnahmen der **Gewaltprävention** zielen darauf ab, gewalttätige Konflikte gar nicht erst entstehen zu lassen. Bei einer Bedrohung außerhalb der Schule sollte man sich an folgende Regeln halten:

- im Gespräch den Täter siezen, bestimmt, sachlich und ruhig bleiben
- „Verbündete" in Form von Passanten suchen, diese direkt ansprechen
- dem Täter einen Weg zum Rückzug lassen, ohne dass er sein Gesicht verliert
- den Täter nicht anfassen und festhalten

M1 Anzeige wegen Betrugs

Rechtsberatung.de

Hallo, ich habe auf einer Internetplattform ein funktionsfähiges gebrauchtes Handy gekauft und den Kaufpreis auch gleich überwiesen. Als es bei mir ankam, habe ich es mit meinem alten defekten Handy des gleichen Typs verwechselt. Dummerweise habe ich daraufhin dem Verkäufer mitgeteilt, dass das Gerät, das er mir geschickt hat, defekt ist und ihn um Rücknahme gebeten. Ich habe ihm dann das kaputte Handy geschickt. Der Verkäufer meinte aber dann, dass es sich nicht um das Gerät handelt, das er verschickt hat. Er hat die Rückerstattung abgewiesen und mir das defekte Handy wieder geschickt.

Obwohl ich erst 16 bin, habe ich beim Kauf angegeben, dass ich schon volljährig bin. Ich habe jetzt eine Vorladung als Beschuldigter für Mittwoch bei der Polizei bekommen. Bisher habe ich mir nichts zu Schulden kommen lassen, war aber in dieser Zeit sehr gestresst, wodurch es zu der Verwechslung der Geräte kam.

Wer kann helfen?
Mike

M2 Auszüge aus dem Strafgesetzbuch

§

§ 263 StGB Betrug

(1) Wer in der Absicht, sich oder einem Dritten einen rechtswidrigen Vermögensvorteil zu verschaffen, das Vermögen eines anderen dadurch beschädigt, dass er durch Vorspiegelung falscher oder durch Entstellung oder Unterdrückung wahrer Tatsachen einen Irrtum erregt oder unterhält, wird mit Freiheitsstrafe bis zu fünf Jahren oder mit Geldstrafe bestraft.

(2) Der Versuch ist strafbar. [...]

1. Begründe die Notwendigkeit des § 263 StGB (**M2**). Gehe dabei auf die Funktionen des Rechts ein.
2. Diskutiert, ob Mike (**M1**) einen Betrug im Sinne des § 263 StGB (**M2**) begangen hat.
3. Erkläre, warum Mike (**M1**) gegebenenfalls nicht mit einer Freiheits- oder Geldstrafe zu rechnen hat.
4. a) Zeige, welche Verträge zwischen Mike und dem Verkäufer des Handys (**M1**) geschlossen wurden.
   b) Erkläre, wer im Fall (**M1**) jeweils Besitzer und wer Eigentümer des funktionsfähigen Handys ist.
   c) Nimm nun an, dass das von Mike gekaufte Handy tatsächlich defekt war, als es bei ihm ankam. Beschreibe, welche Rechte Mike in diesem Fall zustehen würden. Unterscheide dabei zwischen vorrangigen und nachrangigen Rechten.

GESETZESTEXTE

Berufsbildungsgesetz (BBiG)

§ 10 Vertrag

(1) Wer andere Personen zur Berufsausbildung einstellt (Ausbildende), hat mit den Auszubildenden einen Berufsausbildungsvertrag zu schließen. [...]

§ 11 Vertragsniederschrift

(1) Ausbildende haben unverzüglich nach Abschluss des Berufsausbildungsvertrages, spätestens vor Beginn der Berufsausbildung, den wesentlichen Inhalt des Vertrages gemäß Satz 2 schriftlich niederzulegen; die elektronische Form ist ausgeschlossen. In die Niederschrift sind mindestens aufzunehmen

1. Art, sachliche und zeitliche Gliederung sowie Ziel der Berufsausbildung, insbesondere die Berufstätigkeit, für die ausgebildet werden soll,
2. Beginn und Dauer der Berufsausbildung,
3. Ausbildungsmaßnahmen außerhalb der Ausbildungsstätte,
4. Dauer der regelmäßigen täglichen Ausbildungszeit,
5. Dauer der Probezeit,
6. Zahlung und Höhe der Vergütung,
7. Dauer des Urlaubs,
8. Voraussetzungen, unter denen der Berufsausbildungsvertrag gekündigt werden kann,
9. ein in allgemeiner Form gehaltener Hinweis auf die Tarifverträge, Betriebs- oder Dienstvereinbarungen, die auf das Berufsausbildungsverhältnis anzuwenden sind,
10. die Form des Ausbildungsnachweises nach § 13 Satz 2 Nummer 7.

(2) Die Niederschrift ist von den Ausbildenden, den Auszubildenden und deren gesetzlichen Vertretern und Vertreterinnen zu unterzeichnen.

(3) Ausbildende haben den Auszubildenden und deren gesetzlichen Vertretern und Vertreterinnen eine Ausfertigung der unterzeichneten Niederschrift unverzüglich auszuhändigen. [...]

§ 13 Verhalten während der Berufsausbildung

Auszubildende haben sich zu bemühen, die berufliche Handlungsfähigkeit zu erwerben, die zum Erreichen des Ausbildungsziels erforderlich ist. Sie sind insbesondere verpflichtet,

1. die ihnen im Rahmen ihrer Berufsausbildung aufgetragenen Aufgaben sorgfältig auszuführen,
2. an Ausbildungsmaßnahmen teilzunehmen, für die sie nach § 15 freigestellt werden,
3. den Weisungen zu folgen, die ihnen im Rahmen der Berufsausbildung von Ausbildenden, von Ausbildern oder Ausbilderinnen oder von anderen weisungsberechtigten Personen erteilt werden,
4. die für die Ausbildungsstätte geltende Ordnung zu beachten,
5. Werkzeug, Maschinen und sonstige Einrichtungen pfleglich zu behandeln,
6. über Betriebs- und Geschäftsgeheimnisse Stillschweigen zu wahren,
7. einen schriftlichen oder elektronischen Ausbildungsnachweis zu führen.

§ 14 Berufsausbildung

(1) Ausbildende haben

1. dafür zu sorgen, dass den Auszubildenden die berufliche Handlungsfähigkeit vermittelt wird, die zum Erreichen des Ausbildungsziels erforderlich ist, und die Berufsausbildung in einer durch ihren Zweck gebotenen Form planmäßig, zeitlich und sachlich gegliedert so durchzuführen, dass das Ausbildungsziel in der vorgesehenen Ausbildungszeit erreicht werden kann,
2. selbst auszubilden oder einen Ausbilder oder eine Ausbilderin ausdrücklich damit zu beauftragen,
3. Auszubildenden kostenlos die Ausbildungsmittel, insbesondere Werkzeuge, Werkstoffe und Fachliteratur zur Verfügung zu stellen, die zur Berufsausbildung und zum Ablegen von Zwischen- und Abschlussprüfungen, auch soweit solche nach Beendigung des Berufsausbildungsverhältnisses stattfinden, erforderlich sind,
4. Auszubildende zum Besuch der Berufsschule anzuhalten,
5. dafür zu sorgen, dass Auszubildende charakterlich gefördert sowie sittlich und körperlich nicht gefährdet werden.

(2) Ausbildende haben Auszubildende zum Führen der Ausbildungsnachweise nach § 13 Satz 2 Nummer 7 anzuhalten und diese regelmäßig durchzusehen. Den Auszubildenden ist Gelegenheit zu geben, den Ausbildungsnachweis am Arbeitsplatz zu führen.

(3) Auszubildenden dürfen nur Aufgaben übertragen werden, die dem Ausbildungszweck dienen und ihren körperlichen Kräften angemessen sind.

§ 15 Freistellung, Anrechnung

(1) Ausbildende dürfen Auszubildende vor einem vor 9 Uhr beginnenden Berufsschulunterricht nicht beschäftigen. Sie haben Auszubildende freizustellen

1. für die Teilnahme am Berufsschulunterricht,
2. an einem Berufsschultag mit mehr als fünf Unterrichtsstunden von mindestens je 45 Minuten, einmal in der Woche,
3. in Berufsschulwochen mit einem planmäßigen Blockunterricht von mindestens 25 Stunden an mindestens fünf Tagen,
4. für die Teilnahme an Prüfungen und Ausbildungsmaßnahmen, die auf Grund öffentlichrechtlicher oder vertraglicher Bestimmungen außerhalb der Ausbildungsstätte durchzuführen sind, und
5. an dem Arbeitstag, der der schriftlichen Abschlussprüfung unmittelbar vorangeht.

Im Fall von Satz 2 Nummer 3 sind zusätzliche betriebliche Ausbildungsveranstaltungen bis zu zwei Stunden wöchentlich zulässig. [...]

(3) Für Auszubildende unter 18 Jahren gilt das Jugendarbeitsschutzgesetz.

§ 16 Zeugnis

(1) Ausbildende haben den Auszubildenden bei Beendigung des Berufsausbildungsverhältnisses ein schriftliches Zeugnis auszustellen. Die elektronische Form ist ausgeschlossen. [...]

(2) Das Zeugnis muss Angaben enthalten über Art, Dauer und Ziel der Berufsausbildung sowie über die erworbenen beruflichen Fertigkeiten, Kenntnisse und Fähigkeiten der Auszubildenden. Auf Verlangen Auszubildender sind auch Angaben über Verhalten und Leistung aufzunehmen.

§ 17 Vergütungsanspruch und Mindestvergütung

(1) Ausbildende haben Auszubildenden eine angemessene Vergütung zu gewähren. Die Vergütung steigt mit fortschreitender Berufsausbildung, mindestens jährlich, an.

(2) Die Angemessenheit der Vergütung ist ausgeschlossen, wenn sie folgende monatliche Mindestvergütung unterschreitet:

1. im ersten Jahr einer Berufsausbildung [...]
   d) 620 Euro, wenn die Berufsausbildung im Zeitraum vom 1. Januar 2023 bis zum 31. Dezember 2023 begonnen wird,
2. im zweiten Jahr einer Berufsausbildung den Betrag nach Nummer 1 für das jeweilige Jahr, in dem die Berufsausbildung begonnen worden ist, zuzüglich 18 Prozent,
3. im dritten Jahr einer Berufsausbildung den Betrag nach Nummer 1 für das jeweilige Jahr, in dem die Berufsausbildung begonnen worden ist, zuzüglich 35 Prozent und
4. im vierten Jahr einer Berufsausbildung den Betrag nach Nummer 1 für das jeweilige Jahr, in dem die Berufsausbildung begonnen worden ist, zuzüglich 40 Prozent. [...]

(4) Die Angemessenheit der vereinbarten Vergütung ist auch dann, wenn sie die Mindestvergütung nach Absatz 2 nicht unterschreitet, in der Regel ausgeschlossen, wenn sie die Höhe der in einem Tarifvertrag geregelten Vergütung, in dessen Geltungsbereich das Ausbildungsverhältnis fällt, an den der Ausbildende aber nicht gebunden ist, um mehr als 20 Prozent unterschreitet. [...]

(6) Sachleistungen können [...] angerechnet werden, jedoch nicht über 75 Prozent der Bruttovergütung hinaus.

(7) Eine über die vereinbarte regelmäßige tägliche Ausbildungszeit hinausgehende Beschäftigung ist besonders zu vergüten oder durch die Gewährung entsprechender Freizeit auszugleichen.

Bürgerliches Gesetzbuch (BGB)

§ 104 Geschäftsunfähigkeit

Geschäftsunfähig ist:

1. wer nicht das siebente Lebensjahr vollendet hat,
2. wer sich in einem die freie Willensbestimmung ausschließenden Zustand krankhafter Störung der Geistestätigkeit befindet, sofern nicht der Zustand seiner Natur nach ein vorübergehender ist.

§ 105 Nichtigkeit der Willenserklärung

(1) Die Willenserklärung eines Geschäftsunfähigen ist nichtig.

(2) Nichtig ist auch eine Willenserklärung, die im Zustand der Bewusstlosigkeit oder vorübergehender Störung der Geistestätigkeit abgegeben wird.

§ 106 Beschränkte Geschäftsfähigkeit Minderjähriger

Ein Minderjähriger, der das siebente Lebensjahr vollendet hat, ist nach Maßgabe der §§ 107 bis 113 in der Geschäftsfähigkeit beschränkt.

§ 107 Einwilligung des gesetzlichen Vertreters

Der Minderjährige bedarf zu einer Willenserklärung, durch die er nicht lediglich einen rechtlichen Vorteil erlangt, der Einwilligung seines gesetzlichen Vertreters.

§ 108 Vertragsschluss ohne Einwilligung

(1) Schließt der Minderjährige einen Vertrag ohne die erforderliche Einwilligung des gesetzlichen Vertreters, so hängt die Wirksamkeit des Vertrags von der Genehmigung des Vertreters ab.

(2) Fordert der andere Teil den Vertreter zur Erklärung über die Genehmigung auf, so kann die Erklärung nur ihm gegenüber erfolgen; eine vor der Aufforderung dem Minderjährigen gegenüber erklärte Genehmigung oder Verweigerung der Genehmigung wird unwirksam. Die Genehmigung kann nur bis zum Ablauf von zwei Wochen nach dem Empfang der Aufforderung erklärt werden; wird sie nicht erklärt, so gilt sie als verweigert.

(3) Ist der Minderjährige unbeschränkt geschäftsfähig geworden, so tritt seine Genehmigung an die Stelle der Genehmigung des Vertreters.

§ 110 Bewirken der Leistung mit eigenen Mitteln

Ein von dem Minderjährigen ohne Zustimmung des gesetzlichen Vertreters geschlossener Vertrag gilt als von Anfang an wirksam, wenn der Minderjährige die vertragsmäßige Leistung mit Mitteln bewirkt, die ihm zu diesem Zweck oder zu freier Verfügung von dem Vertreter oder mit dessen Zustimmung von einem Dritten überlassen worden sind.

§ 145 Bindung an den Antrag

Wer einem anderen die Schließung eines Vertrags anträgt, ist an den Antrag gebunden, es sei denn, dass er die Gebundenheit ausgeschlossen hat.

§ 147 Annahmefrist

(1) Der einem Anwesenden gemachte Antrag kann nur sofort angenommen werden. Dies gilt auch von einem mittels Fernsprechers oder einer sonstigen technischen Einrichtung von Person zu Person gemachten Antrag.

(2) Der einem Abwesenden gemachte Antrag kann nur bis zu dem Zeitpunkt angenommen werden, in welchem der Antragende den Eingang der Antwort unter regelmäßigen Umständen erwarten darf.

§ 280 Schadensersatz wegen Pflichtverletzung

(1) Verletzt der Schuldner eine Pflicht aus dem Schuldverhältnis, so kann der Gläubiger Ersatz des hierdurch entstehenden Schadens verlangen. Dies gilt nicht, wenn der Schuldner die Pflichtverletzung nicht zu vertreten hat.

(2) Schadensersatz wegen Verzögerung der Leistung kann der Gläubiger nur unter der zusätzlichen Voraussetzung des § 286 verlangen.

§ 281 Schadensersatz statt der Leistung wegen nicht oder nicht wie geschuldet erbrachter Leistung

(1) Soweit der Schuldner die fällige Leistung nicht oder nicht wie geschuldet erbringt, kann der Gläubiger unter den Voraussetzungen des § 280 Abs. 1 Schadensersatz statt der Leistung verlangen, wenn er dem Schuldner erfolglos eine angemessene Frist zur Leistung oder Nacherfüllung bestimmt hat. Hat der Schuldner eine Teilleistung bewirkt, so kann der Gläubiger Schadensersatz statt der ganzen Leistung nur verlangen, wenn er an der Teilleistung kein Interesse hat. Hat der Schuldner die Leistung nicht wie geschuldet bewirkt, so kann der Gläubiger Scha-

densersatz statt der ganzen Leistung nicht verlangen, wenn die Pflichtverletzung unerheblich ist.

(2) Die Fristsetzung ist entbehrlich, wenn der Schuldner die Leistung ernsthaft und endgültig verweigert oder wenn besondere Umstände vorliegen, die unter Abwägung der beiderseitigen Interessen die sofortige Geltendmachung des Schadensersatzanspruchs rechtfertigen.

(3) Kommt nach der Art der Pflichtverletzung eine Fristsetzung nicht in Betracht, so tritt an deren Stelle eine Abmahnung.

(4) Der Anspruch auf die Leistung ist ausgeschlossen, sobald der Gläubiger statt der Leistung Schadensersatz verlangt hat.

(5) Verlangt der Gläubiger Schadensersatz statt der ganzen Leistung, so ist der Schuldner zur Rückforderung des Geleisteten nach den §§ 346 bis 348 berechtigt.

§ 286 Verzug des Schuldners

(1) Leistet der Schuldner auf eine Mahnung des Gläubigers nicht, die nach dem Eintritt der Fälligkeit erfolgt, so kommt er durch die Mahnung in Verzug. Der Mahnung stehen die Erhebung der Klage auf die Leistung sowie die Zustellung eines Mahnbescheids im Mahnverfahren gleich.

(2) Der Mahnung bedarf es nicht, wenn

1. für die Leistung eine Zeit nach dem Kalender bestimmt ist,
2. der Leistung ein Ereignis vorauszugehen hat und eine angemessene Zeit für die Leistung in der Weise bestimmt ist, dass sie sich von dem Ereignis an nach dem Kalender berechnen lässt,
3. der Schuldner die Leistung ernsthaft und endgültig verweigert,
4. aus besonderen Gründen unter Abwägung der beiderseitigen Interessen der sofortige Eintritt des Verzugs gerechtfertigt ist.

(3) Der Schuldner einer Entgeltforderung kommt spätestens in Verzug, wenn er nicht innerhalb von 30 Tagen nach Fälligkeit und Zugang einer Rechnung oder gleichwertigen Zahlungsaufstellung leistet; dies gilt gegenüber einem Schuldner, der Verbraucher ist, nur, wenn auf diese Folgen in der Rechnung oder Zahlungsaufstellung besonders hingewiesen worden ist. Wenn der Zeitpunkt des Zugangs der Rechnung oder Zahlungsaufstellung unsicher ist, kommt der Schuldner, der nicht Verbraucher ist, spätestens 30 Tage nach Fälligkeit und Empfang der Gegenleistung in Verzug.

(4) Der Schuldner kommt nicht in Verzug, solange die Leistung infolge eines Umstands unterbleibt, den er nicht zu vertreten hat.

(5) Für eine von den Absätzen 1 bis 3 abweichende Vereinbarung über den Eintritt des Verzugs gilt § 271a Absatz 1 bis 5 entsprechend.

§ 323 Rücktritt wegen nicht oder nicht vertragsgemäß erbrachter Leistung

(1) Erbringt bei einem gegenseitigen Vertrag der Schuldner eine fällige Leistung nicht oder nicht vertragsgemäß, so kann der Gläubiger, wenn er dem Schuldner erfolglos eine angemessene Frist zur Leistung oder Nacherfüllung bestimmt hat, vom Vertrag zurücktreten.

(2) Die Fristsetzung ist entbehrlich, wenn

1. der Schuldner die Leistung ernsthaft und endgültig verweigert,
2. der Schuldner die Leistung bis zu einem im Vertrag bestimmten Termin oder innerhalb einer im Vertrag bestimmten Frist nicht bewirkt, obwohl die termin- oder fristgerechte Leistung nach einer Mitteilung des Gläubigers an den Schuldner vor Vertragsschluss oder auf Grund anderer den Vertragsabschluss begleitenden Umstände für den Gläubiger wesentlich ist, oder
3. im Falle einer nicht vertragsgemäß erbrachten Leistung besondere Umstände vorliegen, die unter Abwägung der beiderseitigen Interessen den sofortigen Rücktritt rechtfertigen.

(3) Kommt nach der Art der Pflichtverletzung eine Fristsetzung nicht in Betracht, so tritt an deren Stelle eine Abmahnung.

(4) Der Gläubiger kann bereits vor dem Eintritt der Fälligkeit der Leistung zurücktreten, wenn offensichtlich ist, dass die Voraussetzungen des Rücktritts eintreten werden.

(5) Hat der Schuldner eine Teilleistung bewirkt, so kann der Gläubiger vom ganzen Vertrag nur zurücktreten, wenn er an der Teilleistung kein Interesse hat. Hat der Schuldner die Leistung nicht vertragsgemäß bewirkt, so kann der Gläubiger vom Vertrag nicht zurücktreten, wenn die Pflichtverletzung unerheblich ist.

(6) Der Rücktritt ist ausgeschlossen, wenn der Gläubiger für den Umstand, der ihn zum Rücktritt berechtigen wür-

de, allein oder weit überwiegend verantwortlich ist oder wenn der vom Schuldner nicht zu vertretende Umstand zu einer Zeit eintritt, zu welcher der Gläubiger im Verzug der Annahme ist.

§ 433 Vertragstypische Pflichten beim Kaufvertrag

(1) Durch den Kaufvertrag wird der Verkäufer einer Sache verpflichtet, dem Käufer die Sache zu übergeben und das Eigentum an der Sache zu verschaffen. Der Verkäufer hat dem Käufer die Sache frei von Sach- und Rechtsmängeln zu verschaffen.

(2) Der Käufer ist verpflichtet, dem Verkäufer den vereinbarten Kaufpreis zu zahlen und die gekaufte Sache abzunehmen.

§ 434 Sachmangel

(1) Die Sache ist frei von Sachmängeln, wenn sie bei Gefahrübergang die vereinbarte Beschaffenheit hat. Soweit die Beschaffenheit nicht vereinbart ist, ist die Sache frei von Sachmängeln,

1. wenn sie sich für die nach dem Vertrag vorausgesetzte Verwendung eignet, sonst
2. wenn sie sich für die gewöhnliche Verwendung eignet und eine Beschaffenheit aufweist, die bei Sachen der gleichen Art üblich ist und die der Käufer nach der Art der Sache erwarten kann.

Zu der Beschaffenheit nach Satz 2 Nr. 2 gehören auch Eigenschaften, die der Käufer nach den öffentlichen Äußerungen des Verkäufers, des Herstellers (§ 4 Abs. 1 und 2 des Produkthaftungsgesetzes) oder seines Gehilfen insbesondere in der Werbung oder bei der Kennzeichnung über bestimmte Eigenschaften der Sache erwarten kann, es sei denn, dass der Verkäufer die Äußerung nicht kannte und auch nicht kennen musste, dass sie im Zeitpunkt des Vertragsschlusses in gleichwertiger Weise berichtigt war oder dass sie die Kaufentscheidung nicht beeinflussen konnte.

(2) Ein Sachmangel ist auch dann gegeben, wenn die vereinbarte Montage durch den Verkäufer oder dessen Erfüllungsgehilfen unsachgemäß durchgeführt worden ist. Ein Sachmangel liegt bei einer zur Montage bestimmten Sache ferner vor, wenn die Montageanleitung mangelhaft ist, es sei denn, die Sache ist fehlerfrei montiert worden.

(3) Einem Sachmangel steht es gleich, wenn der Verkäufer eine andere Sache oder eine zu geringe Menge liefert.

§ 437 Rechte des Käufers bei Mängeln

Ist die Sache mangelhaft, kann der Käufer, wenn die Voraussetzungen der folgenden Vorschriften vorliegen und soweit nicht ein anderes bestimmt ist,

1. nach § 439 Nacherfüllung verlangen,
2. nach den §§ 440, 323 und 326 Abs. 5 von dem Vertrag zurücktreten oder nach § 441 den Kaufpreis mindern und
3. nach den §§ 440, 280, 281, 283 und 311a Schadensersatz oder nach § 284 Ersatz vergeblicher Aufwendungen verlangen.

§ 438 Verjährung der Mängelansprüche

(1) Die in § 437 Nr. 1 und 3 bezeichneten Ansprüche verjähren

1. in 30 Jahren, wenn der Mangel
   a) in einem dinglichen Recht eines Dritten, auf Grund dessen Herausgabe der Kaufsache verlangt werden kann, oder
   b) in einem sonstigen Recht, das im Grundbuch eingetragen ist,
   besteht,
2. in fünf Jahren
   a) bei einem Bauwerk und
   b) bei einer Sache, die entsprechend ihrer üblichen Verwendungsweise für ein Bauwerk verwendet worden ist und dessen Mangelhaftigkeit verursacht hat, und
3. im Übrigen in zwei Jahren.

(2) Die Verjährung beginnt bei Grundstücken mit der Übergabe, im Übrigen mit der Ablieferung der Sache.

(3) Abweichend von Absatz 1 Nr. 2 und 3 und Absatz 2 verjähren die Ansprüche in der regelmäßigen Verjährungsfrist, wenn der Verkäufer den Mangel arglistig verschwiegen hat. Im Falle des Absatzes 1 Nr. 2 tritt die Verjährung jedoch nicht vor Ablauf der dort bestimmten Frist ein.

(4) Für das in § 437 bezeichnete Rücktrittsrecht gilt § 218. Der Käufer kann trotz einer Unwirksamkeit des Rücktritts nach § 218 Abs. 1 die Zahlung des Kaufpreises insoweit verweigern, als er auf Grund des Rücktritts dazu berechtigt sein würde. Macht er von diesem Recht Gebrauch, kann der Verkäufer vom Vertrag zurücktreten.

(5) Auf das in § 437 bezeichnete Minderungsrecht finden § 218 und Absatz 4 Satz 2 entsprechende Anwendung.

§ 439 Nacherfüllung

(1) Der Käufer kann als Nacherfüllung nach seiner Wahl die Beseitigung des Mangels oder die Lieferung einer mangelfreien Sache verlangen.

(2) Der Verkäufer hat die zum Zwecke der Nacherfüllung erforderlichen Aufwendungen, insbesondere Transport-, Wege-, Arbeits- und Materialkosten zu tragen.

(3) Hat der Käufer die mangelhafte Sache gemäß ihrer Art und ihrem Verwendungszweck in eine andere Sache eingebaut oder an eine andere Sache angebracht, ist der Verkäufer im Rahmen der Nacherfüllung verpflichtet, dem Käufer die erforderlichen Aufwendungen für das Entfernen der mangelhaften und den Einbau oder das Anbringen der nachgebesserten oder gelieferten mangelfreien Sache zu ersetzen. § 442 Absatz 1 ist mit der Maßgabe anzuwenden, dass für die Kenntnis des Käufers an die Stelle des Vertragsschlusses der Einbau oder das Anbringen der mangelhaften Sache durch den Käufer tritt.

(4) Der Verkäufer kann die vom Käufer gewählte Art der Nacherfüllung unbeschadet des § 275 Abs. 2 und 3 verweigern, wenn sie nur mit unverhältnismäßigen Kosten möglich ist. Dabei sind insbesondere der Wert der Sache in mangelfreiem Zustand, die Bedeutung des Mangels und die Frage zu berücksichtigen, ob auf die andere Art der Nacherfüllung ohne erhebliche Nachteile für den Käufer zurückgegriffen werden könnte. Der Anspruch des Käufers beschränkt sich in diesem Fall auf die andere Art der Nacherfüllung; das Recht des Verkäufers, auch diese unter den Voraussetzungen des Satzes 1 zu verweigern, bleibt unberührt.

(5) Liefert der Verkäufer zum Zwecke der Nacherfüllung eine mangelfreie Sache, so kann er vom Käufer Rückgewähr der mangelhaften Sache nach Maßgabe der §§ 346 bis 348 verlangen.

§ 442 Kenntnis des Käufers

(1) Die Rechte des Käufers wegen eines Mangels sind ausgeschlossen, wenn er bei Vertragsschluss den Mangel kennt. Ist dem Käufer ein Mangel infolge grober Fahrlässigkeit unbekannt geblieben, kann der Käufer Rechte wegen dieses Mangels nur geltend machen, wenn der Verkäufer den Mangel arglistig verschwiegen oder eine Garantie für die Beschaffenheit der Sache übernommen hat.

(2) Ein im Grundbuch eingetragenes Recht hat der Verkäufer zu beseitigen, auch wenn es der Käufer kennt.

§ 446 Gefahr- und Lastenübergang

Mit der Übergabe der verkauften Sache geht die Gefahr des zufälligen Untergangs und der zufälligen Verschlechterung auf den Käufer über. Von der Übergabe an gebühren dem Käufer die Nutzungen und trägt er die Lasten der Sache. Der Übergabe steht es gleich, wenn der Käufer im Verzug der Annahme ist.

§ 823 Schadensersatzpflicht

(1) Wer vorsätzlich oder fahrlässig das Leben, den Körper, die Gesundheit, die Freiheit, das Eigentum oder ein sonstiges Recht eines anderen widerrechtlich verletzt, ist dem anderen zum Ersatz des daraus entstehenden Schadens verpflichtet.

(2) Die gleiche Verpflichtung trifft denjenigen, welcher gegen ein den Schutz eines anderen bezweckendes Gesetz verstößt. Ist nach dem Inhalt des Gesetzes ein Verstoß gegen dieses auch ohne Verschulden möglich, so tritt die Ersatzpflicht nur im Falle des Verschuldens ein.

§ 828 Minderjährige

(1) Wer nicht das siebente Lebensjahr vollendet hat, ist für einen Schaden, den er einem anderen zufügt, nicht verantwortlich.

(2) Wer das siebente, aber nicht das zehnte Lebensjahr vollendet hat, ist für den Schaden, den er bei einem Unfall mit einem Kraftfahrzeug, einer Schienenbahn oder einer Schwebebahn einem anderen zufügt, nicht verantwortlich. Dies gilt nicht, wenn er die Verletzung vorsätzlich herbeigeführt hat.

(3) Wer das 18. Lebensjahr noch nicht vollendet hat, ist, sofern seine Verantwortlichkeit nicht nach Absatz 1 oder 2 ausgeschlossen ist, für den Schaden, den er einem anderen zufügt, nicht verantwortlich, wenn er bei der Begehung der schädigenden Handlung nicht die zur Erkenntnis der Verantwortlichkeit erforderliche Einsicht hat.

§ 832 Haftung des Aufsichtspflichtigen

(1) Wer kraft Gesetzes zur Führung der Aufsicht über eine Person verpflichtet ist, die wegen Minderjährigkeit oder wegen ihres geistigen oder körperlichen Zustands der Beaufsichtigung bedarf, ist zum Ersatz des Schadens verpflichtet, den diese Person einem Dritten widerrechtlich zufügt. Die Ersatzpflicht tritt nicht ein, wenn er seiner Aufsichtspflicht genügt oder wenn der Schaden auch bei gehöriger Aufsichtsführung entstanden sein würde.

(2) Die gleiche Verantwortlichkeit trifft denjenigen, welcher die Führung der Aufsicht durch Vertrag übernimmt.

§ 854 Erwerb des Besitzes

(1) Der Besitz einer Sache wird durch die Erlangung der tatsächlichen Gewalt über die Sache erworben.
(2) Die Einigung des bisherigen Besitzers und des Erwerbers genügt zum Erwerb, wenn der Erwerber in der Lage ist, die Gewalt über die Sache auszuüben.

§ 903 Befugnisse des Eigentümers

Der Eigentümer einer Sache kann, soweit nicht das Gesetz oder Rechte Dritter entgegenstehen, mit der Sache nach Belieben verfahren und andere von jeder Einwirkung ausschließen. Der Eigentümer eines Tieres hat bei der Ausübung seiner Befugnisse die besonderen Vorschriften zum Schutz der Tiere zu beachten.

§ 929 Einigung und Übergabe

Zur Übertragung des Eigentums an einer beweglichen Sache ist erforderlich, dass der Eigentümer die Sache dem Erwerber übergibt und beide darüber einig sind, dass das Eigentum übergehen soll. Ist der Erwerber im Besitz der Sache, so genügt die Einigung über den Übergang des Eigentums.

§ 985 Herausgabeanspruch

Der Eigentümer kann von dem Besitzer die Herausgabe der Sache verlangen.

Grundgesetz für die Bundesrepublik Deutschland (GG)

Art. 20 Abs. 3

(3) Die Gesetzgebung ist an die verfassungsmäßige Ordnung, die vollziehende Gewalt und die Rechtsprechung sind an Gesetz und Recht gebunden.

Art. 28 Abs.1

(1) Die verfassungsmäßige Ordnung in den Ländern muß den Grundsätzen des republikanischen, demokratischen und sozialen Rechtsstaates im Sinne dieses Grundgesetzes entsprechen. In den Ländern, Kreisen und Gemeinden muß das Volk eine Vertretung haben, die aus allgemeinen, unmittelbaren, freien, gleichen und geheimen Wahlen hervorgegangen ist. Bei Wahlen in Kreisen und Gemeinden sind auch Personen, die die Staatsangehörigkeit eines Mitgliedstaates der Europäischen Gemeinschaft besitzen, nach Maßgabe von Recht der Europäischen Gemeinschaft wahlberechtigt und wählbar. In Gemeinden kann an die Stelle einer gewählten Körperschaft die Gemeindeversammlung treten.

Jugendgerichtsgesetz (JGG)

§ 9 Arten (Erziehungsmaßregeln)

Erziehungsmaßregeln sind
1. die Erteilung von Weisungen,
2. die Anordnung, Hilfe zur Erziehung im Sinne des § 12 in Anspruch zu nehmen.

§ 10 Weisungen

(1) [1]Weisungen sind Gebote und Verbote, welche die Lebensführung des Jugendlichen regeln und dadurch seine Erziehung fördern und sichern sollen. 2Dabei dürfen an die Lebensführung des Jugendlichen keine unzumutbaren Anforderungen gestellt werden. 3Der Richter kann dem Jugendlichen insbesondere auferlegen,
1. Weisungen zu befolgen, die sich auf den Aufenthaltsort beziehen,
2. bei einer Familie oder in einem Heim zu wohnen,
3. eine Ausbildungs- oder Arbeitsstelle anzunehmen,
4. Arbeitsleistungen zu erbringen,
5. sich der Betreuung und Aufsicht einer bestimmten Person (Betreuungshelfer) zu unterstellen,
6. an einem sozialen Trainingskurs teilzunehmen,
7. sich zu bemühen, einen Ausgleich mit dem Verletzten zu erreichen (Täter-Opfer-Ausgleich),
8. den Verkehr mit bestimmten Personen oder den Besuch von Gast- oder Vergnügungsstätten zu unterlassen oder
9. an einem Verkehrsunterricht teilzunehmen.

(2) [1]Der Richter kann dem Jugendlichen auch mit Zustimmung des Erziehungsberechtigten und des gesetzlichen Vertreters auferlegen, sich einer heilerzieherischen Behandlung durch einen Sachverständigen oder einer Entziehungskur zu unterziehen. [2]Hat der Jugendliche das sechzehnte Lebensjahr vollendet, so soll dies nur mit seinem Einverständnis geschehen.

§ 13 Arten und Anwendung (Zuchtmittel)

(1) Der Richter ahndet die Straftat mit Zuchtmitteln, wenn Jugendstrafe nicht geboten ist, dem Jugendlichen aber eindringlich zum Bewußtsein gebracht werden muß, daß er für das von ihm begangene Unrecht einzustehen hat.

(2) Zuchtmittel sind
1. die Verwarnung,
2. die Erteilung von Auflagen,
3. der Jugendarrest.

(3) Zuchtmittel haben nicht die Rechtswirkungen einer Strafe.

§ 14 Verwarnung

Durch die Verwarnung soll dem Jugendlichen das Unrecht der Tat eindringlich vorgehalten werden.

§ 15 Auflagen

(1) [1]Der Richter kann dem Jugendlichen auferlegen,
1. nach Kräften den durch die Tat verursachten Schaden wiedergutzumachen,
2. sich persönlich bei dem Verletzten zu entschuldigen,
3. Arbeitsleistungen zu erbringen oder
4. einen Geldbetrag zugunsten einer gemeinnützigen Einrichtung zu zahlen.

[2]Dabei dürfen an den Jugendlichen keine unzumutbaren Anforderungen gestellt werden.

(2) Der Richter soll die Zahlung eines Geldbetrages nur anordnen, wenn
1. der Jugendliche eine leichte Verfehlung begangen hat und anzunehmen ist, daß er den Geldbetrag aus Mitteln zahlt, über die er selbständig verfügen darf, oder
2. dem Jugendlichen der Gewinn, den er aus der Tat erlangt, oder das Entgelt, das er für sie erhalten hat, entzogen werden soll.

(3) 1Der Richter kann nachträglich Auflagen ändern oder von ihrer Erfüllung ganz oder zum Teil befreien, wenn dies aus Gründen der Erziehung geboten ist. 2Bei schuldhafter Nichterfüllung von Auflagen gilt § 11 Abs. 3 entsprechend. 3Ist Jugendarrest vollstreckt worden, so kann der Richter die Auflagen ganz oder zum Teil für erledigt erklären.

§ 16 Jugendarrest

(1) Der Jugendarrest ist Freizeitarrest, Kurzarrest oder Dauerarrest.

(2) Der Freizeitarrest wird für die wöchentliche Freizeit des Jugendlichen verhängt und auf eine oder zwei Freizeiten bemessen.

(3) [1]Der Kurzarrest wird statt des Freizeitarrestes verhängt, wenn der zusammenhängende Vollzug aus Gründen der Erziehung zweckmäßig erscheint und weder die Ausbildung noch die Arbeit des Jugendlichen beeinträchtigt werden. [2]Dabei stehen zwei Tage Kurzarrest einer Freizeit gleich.

(4) [1]Der Dauerarrest beträgt mindestens eine Woche und höchstens vier Wochen. [2]Er wird nach vollen Tagen oder Wochen bemessen.

§ 16a Jugendarrest neben Jugendstrafe

(1) Wird die Verhängung oder die Vollstreckung der Jugendstrafe zur Bewährung ausgesetzt, so kann abweichend von § 13 Absatz 1 daneben Jugendarrest verhängt werden, wenn
1. dies unter Berücksichtigung der Belehrung über die Bedeutung der Aussetzung zur Bewährung und unter Berücksichtigung der Möglichkeit von Weisungen und Auflagen geboten ist, um dem Jugendlichen seine Verantwortlichkeit für das begangene Unrecht und die Folgen weiterer Straftaten zu verdeutlichen,
2. dies geboten ist, um den Jugendlichen zunächst für eine begrenzte Zeit aus einem Lebensumfeld mit schädlichen Einflüssen herauszunehmen und durch die Behandlung im Vollzug des Jugendarrests auf die Bewährungszeit vorzubereiten, oder
3. dies geboten ist, um im Vollzug des Jugendarrests eine nachdrücklichere erzieherische Einwirkung auf den Jugendlichen zu erreichen oder um dadurch bessere Erfolgsaussichten für eine erzieherische Einwirkung in der Bewährungszeit zu schaffen.

(2) Jugendarrest nach Absatz 1 Nummer 1 ist in der Regel nicht geboten, wenn der Jugendliche bereits früher Jugendarrest als Dauerarrest verbüßt oder sich nicht nur kurzfristig im Vollzug von Untersuchungshaft befunden hat.

§ 17 Form und Voraussetzungen

(1) Die Jugendstrafe ist Freiheitsentzug in einer für ihren Vollzug vorgesehenen Einrichtung.

(2) Der Richter verhängt Jugendstrafe, wenn wegen der schädlichen Neigungen des Jugendlichen, die in der Tat

hervorgetreten sind, Erziehungsmaßregeln oder Zuchtmittel zur Erziehung nicht ausreichen oder wenn wegen der Schwere der Schuld Strafe erforderlich ist.

§ 18 Dauer der Jugendstrafe

(1) 1Das Mindestmaß der Jugendstrafe beträgt sechs Monate, das Höchstmaß fünf Jahre. 2Handelt es sich bei der Tat um ein Verbrechen, für das nach dem allgemeinen Strafrecht eine Höchststrafe von mehr als zehn Jahren Freiheitsstrafe angedroht ist, so ist das Höchstmaß zehn Jahre. 3Die Strafrahmen des allgemeinen Strafrechts gelten nicht.
(2) Die Jugendstrafe ist so zu bemessen, dass die erforderliche erzieherische Einwirkung möglich ist.

§ 21 Strafaussetzung

(1) 1Bei der Verurteilung zu einer Jugendstrafe von nicht mehr als einem Jahr setzt das Gericht die Vollstreckung der Strafe zur Bewährung aus, wenn zu erwarten ist, daß der Jugendliche sich schon die Verurteilung zur Warnung dienen lassen und auch ohne die Einwirkung des Strafvollzugs unter der erzieherischen Einwirkung in der Bewährungszeit künftig einen rechtschaffenen Lebenswandel führen wird. 2Dabei sind namentlich die Persönlichkeit des Jugendlichen, sein Vorleben, die Umstände seiner Tat, sein Verhalten nach der Tat, seine Lebensverhältnisse und die Wirkungen zu berücksichtigen, die von der Aussetzung für ihn zu erwarten sind. 3Das Gericht setzt die Vollstreckung der Strafe auch dann zur Bewährung aus, wenn die in Satz 1 genannte Erwartung erst dadurch begründet wird, dass neben der Jugendstrafe ein Jugendarrest nach § 16a verhängt wird.
(2) Das Gericht setzt unter den Voraussetzungen des Absatzes 1 auch die Vollstreckung einer höheren Jugendstrafe, die zwei Jahre nicht übersteigt, zur Bewährung aus, wenn nicht die Vollstreckung im Hinblick auf die Entwicklung des Jugendlichen geboten ist.
(3) [1]Die Strafaussetzung kann nicht auf einen Teil der Jugendstrafe beschränkt werden. [2]Sie wird durch eine Anrechnung von Untersuchungshaft oder einer anderen Freiheitsentziehung nicht ausgeschlossen.

Strafgesetzbuch (StGB)

§ 19 Schuldunfähigkeit des Kindes

Schuldunfähig ist, wer bei Begehung der Tat noch nicht vierzehn Jahre alt ist.

§ 20 Schuldunfähigkeit wegen seelischer Störungen

Ohne Schuld handelt, wer bei Begehung der Tat wegen einer krankhaften seelischen Störung, wegen einer tiefgreifenden Bewusstseinsstörung oder wegen Schwachsinns oder einer schweren anderen seelischen Abartigkeit unfähig ist, das Unrecht der Tat einzusehen oder nach dieser Einsicht zu handeln.

§ 32 Notwehr

(1) Wer eine Tat begeht, die durch Notwehr geboten ist, handelt nicht rechtswidrig.
(2) Notwehr ist die Verteidigung, die erforderlich ist, um einen gegenwärtigen rechtswidrigen Angriff von sich oder einem anderen abzuwenden.

§ 45 Verlust der Amtsfähigkeit, der Wählbarkeit und des Stimmrechts

(1) Wer wegen eines Verbrechens zu Freiheitsstrafe von mindestens einem Jahr verurteilt wird, verliert für die Dauer von fünf Jahren die Fähigkeit, öffentliche Ämter zu bekleiden und Rechte aus öffentlichen Wahlen zu erlangen.
(2) Das Gericht kann dem Verurteilten für die Dauer von zwei bis zu fünf Jahren die in Absatz 1 bezeichneten Fähigkeiten aberkennen, soweit das Gesetz es besonders vorsieht.
(3) Mit dem Verlust der Fähigkeit, öffentliche Ämter zu bekleiden, verliert der Verurteilte zugleich die entsprechenden Rechtsstellungen und Rechte, die er innehat.
[...]

§ 46 Grundsätze der Strafzumessung

(1) [1]Die Schuld des Täters ist Grundlage für die Zumessung der Strafe. [2]Die Wirkungen, die von der Strafe für das künftige Leben des Täters in der Gesellschaft zu erwarten sind, sind zu berücksichtigen.
(2) [1]Bei der Zumessung wägt das Gericht die Umstände, die für und gegen den Täter sprechen, gegeneinander ab. [2]Dabei kommen namentlich in Betracht:
- die Beweggründe und die Ziele des Täters, besonders auch rassistische, fremdenfeindliche oder sonstige menschenverachtende,
- die Gesinnung, die aus der Tat spricht, und der bei der Tat aufgewendete Wille,
- das Maß der Pflichtwidrigkeit,

- die Art der Ausführung und die verschuldeten Auswirkungen der Tat,
- das Vorleben des Täters, seine persönlichen und wirtschaftlichen Verhältnisse sowie
- sein Verhalten nach der Tat, besonders sein Bemühen, den Schaden wiedergutzumachen, sowie das Bemühen des Täters, einen Ausgleich mit dem Verletzten zu erreichen.

(3) Umstände, die schon Merkmale des gesetzlichen Tatbestandes sind, dürfen nicht berücksichtigt werden.

§ 56 Strafaussetzung

(1) 1Bei der Verurteilung zu Freiheitsstrafe von nicht mehr als einem Jahr setzt das Gericht die Vollstreckung der Strafe zur Bewährung aus, wenn zu erwarten ist, daß der Verurteilte sich schon die Verurteilung zur Warnung dienen lassen und künftig auch ohne die Einwirkung des Strafvollzugs keine Straftaten mehr begehen wird. 2Dabei sind namentlich die Persönlichkeit des Verurteilten, sein Vorleben, die Umstände seiner Tat, sein Verhalten nach der Tat, seine Lebensverhältnisse und die Wirkungen zu berücksichtigen, die von der Aussetzung für ihn zu erwarten sind.

(2) [1]Das Gericht kann unter den Voraussetzungen des Absatzes 1 auch die Vollstreckung einer höheren Freiheitsstrafe, die zwei Jahre nicht übersteigt, zur Bewährung aussetzen, wenn nach der Gesamtwürdigung von Tat und Persönlichkeit des Verurteilten besondere Umstände vorliegen. [2]Bei der Entscheidung ist namentlich auch das Bemühen des Verurteilten, den durch die Tat verursachten Schaden wiedergutzumachen, zu berücksichtigen.

(3) Bei der Verurteilung zu Freiheitsstrafe von mindestens sechs Monaten wird die Vollstreckung nicht ausgesetzt, wenn die Verteidigung der Rechtsordnung sie gebietet.

(4) [1]Die Strafaussetzung kann nicht auf einen Teil der Strafe beschränkt werden. [2]Sie wird durch eine Anrechnung von Untersuchungshaft oder einer anderen Freiheitsentziehung nicht ausgeschlossen.

§ 223 Körperverletzung

(1) Wer eine andere Person körperlich misshandelt oder an der Gesundheit schädigt, wird mit Freiheitsstrafe bis zu fünf Jahren oder mit Geldstrafe bestraft.

(2) Der Versuch ist strafbar.

§ 224 Gefährliche Körperverletzung

(1) Wer die Körperverletzung
1. durch Beibringung von Gift oder anderen gesundheitsschädlichen Stoffen,
2. mittels einer Waffe oder eines anderen gefährlichen Werkzeugs,
3. mittels eines hinterlistigen Überfalls,
4. mit einem anderen Beteiligten gemeinschaftlich oder
5. mittels einer das Leben gefährdenden Behandlung
6. begeht, wird mit Freiheitsstrafe von sechs Monaten bis zu zehn Jahren, in minder schweren Fällen mit Freiheitsstrafe von drei Monaten bis zu fünf Jahren bestraft.

(2) Der Versuch ist strafbar.

§ 242 Diebstahl

(1) Wer eine fremde bewegliche Sache einem anderen in der Absicht wegnimmt, die Sache sich oder einem Dritten rechtswidrig zuzueignen, wird mit Freiheitsstrafe bis zu fünf Jahren oder mit Geldstrafe bestraft.

(2) Der Versuch ist strafbar.

§ 249 Raub

1) Wer mit Gewalt gegen eine Person oder unter Anwendung von Drohungen mit gegenwärtiger Gefahr für Leib oder Leben eine fremde bewegliche Sache einem anderen in der Absicht wegnimmt, die Sache sich oder einem Dritten rechtswidrig zuzueignen, wird mit Freiheitsstrafe nicht unter einem Jahr bestraft.

(2) In minder schweren Fällen ist die Strafe Freiheitsstrafe von sechs Monaten bis zu fünf Jahren.

§ 263 Betrug

(1) Wer in der Absicht, sich oder einem Dritten einen rechtswidrigen Vermögensvorteil zu verschaffen, das Vermögen eines anderen dadurch beschädigt, daß er durch Vorspiegelung falscher oder durch Entstellung oder Unterdrückung wahrer Tatsachen einen Irrtum erregt oder unterhält, wird mit Freiheitsstrafe bis zu fünf Jahren oder mit Geldstrafe bestraft.

(2) Der Versuch ist strafbar.

(3) In besonders schweren Fällen ist die Strafe Freiheitsstrafe von sechs Monaten bis zu zehn Jahren. Ein besonders schwerer Fall liegt in der Regel vor, wenn der Täter
1. gewerbsmäßig oder als Mitglied einer Bande handelt, die sich zur fortgesetzten Begehung von Urkundenfälschung oder Betrug verbunden hat,

2. einen Vermögensverlust großen Ausmaßes herbeiführt oder in der Absicht handelt, durch die fortgesetzte Begehung von Betrug eine große Zahl von Menschen in die Gefahr des Verlustes von Vermögenswerten zu bringen,
3. eine andere Person in wirtschaftliche Not bringt,
4. seine Befugnisse oder seine Stellung als Amtsträger oder Europäischer Amtsträger mißbraucht oder
5. einen Versicherungsfall vortäuscht, nachdem er oder ein anderer zu diesem Zweck eine Sache von bedeutendem Wert in Brand gesetzt oder durch eine Brandlegung ganz oder teilweise zerstört oder ein Schiff zum Sinken oder Stranden gebracht hat.

[...]

§ 263a Computerbetrug

(1) Wer in der Absicht, sich oder einem Dritten einen rechtswidrigen Vermögensvorteil zu verschaffen, das Vermögen eines anderen dadurch beschädigt, daß er das Ergebnis eines Datenverarbeitungsvorgangs durch unrichtige Gestaltung des Programms, durch Verwendung unrichtiger oder unvollständiger Daten, durch unbefugte Verwendung von Daten oder sonst durch unbefugte Einwirkung auf den Ablauf beeinflußt, wird mit Freiheitsstrafe bis zu fünf Jahren oder mit Geldstrafe bestraft.

(2) § 263 Abs. 2 bis 6 gilt entsprechend.

(3) Wer eine Straftat nach Absatz 1 vorbereitet, indem er Computerprogramme, deren Zweck die Begehung einer solchen Tat ist, herstellt, sich oder einem anderen verschafft, feilhält, verwahrt oder einem anderen überlässt, wird mit Freiheitsstrafe bis zu drei Jahren oder mit Geldstrafe bestraft.

(4) In den Fällen des Absatzes 3 gilt § 149 Abs. 2 und 3 entsprechend.

§ 303 Sachbeschädigung

(1) Wer rechtswidrig eine fremde Sache beschädigt oder zerstört, wird mit Freiheitsstrafe bis zu zwei Jahren oder mit Geldstrafe bestraft.

(2) Ebenso wird bestraft, wer unbefugt das Erscheinungsbild einer fremden Sache nicht nur unerheblich und nicht nur vorübergehend verändert.

(3) Der Versuch ist strafbar.

§ 326 StGB Unerlaubter Umgang mit Abfällen

(1) Wer unbefugt Abfälle, die

1. Gifte oder Erreger von auf Menschen oder Tiere übertragbaren gemeingefährlichen Krankheiten enthalten oder hervorbringen können,
2. für den Menschen krebserzeugend, fortpflanzungsgefährdend oder erbgutverändernd sind,
3. explosionsgefährlich, selbstentzündlich oder nicht nur geringfügig radioaktiv sind oder
4. nach Art, Beschaffenheit oder Menge geeignet sind,
   a. nachhaltig ein Gewässer, die Luft oder den Boden zu verunreinigen oder sonst nachteilig zu verändern oder
   b. einen Bestand von Tieren oder Pflanzen zu gefährden,

außerhalb einer dafür zugelassenen Anlage oder unter wesentlicher Abweichung von einem vorgeschriebenen oder zugelassenen Verfahren sammelt, befördert, behandelt, verwertet, lagert, ablagert, ablässt, beseitigt, handelt, makelt oder sonst bewirtschaftet, wird mit Freiheitsstrafe bis zu fünf Jahren oder mit Geldstrafe bestraft.

[...]

Straßenverkehrsgesetz (StVG)

§ 24a StVG 0,5 Promille-Grenze

(1) Ordnungswidrig handelt, wer im Straßenverkehr ein Kraftfahrzeug führt, obwohl er 0,25 mg/l oder mehr Alkohol in der Atemluft oder 0,5 Promille oder mehr Alkohol im Blut oder eine Alkoholmenge im Körper hat, die zu einer solchen Atem- oder Blut-alkoholkonzentration führt.

(2) Ordnungswidrig handelt, wer unter der Wirkung eines in der Anlage zu dieser Vorschrift genannten berauschenden Mittels im Straßenverkehr ein Kraftfahrzeug führt. Eine solche Wirkung liegt vor, wenn eine in dieser Anlage genannte Substanz im Blut nachgewiesen wird. Satz 1 gilt nicht, wenn die Substanz aus der bestimmungsgemäßen Einnahme eines für einen konkreten Krankheitsfall verschriebenen Arzneimittels herrührt.

(3) Ordnungswidrig handelt auch, wer die Tat fahrlässig begeht.

(4) Die Ordnungswidrigkeit kann mit einer Geldbuße bis zu dreitausend Euro geahndet werden.

(5) [...]

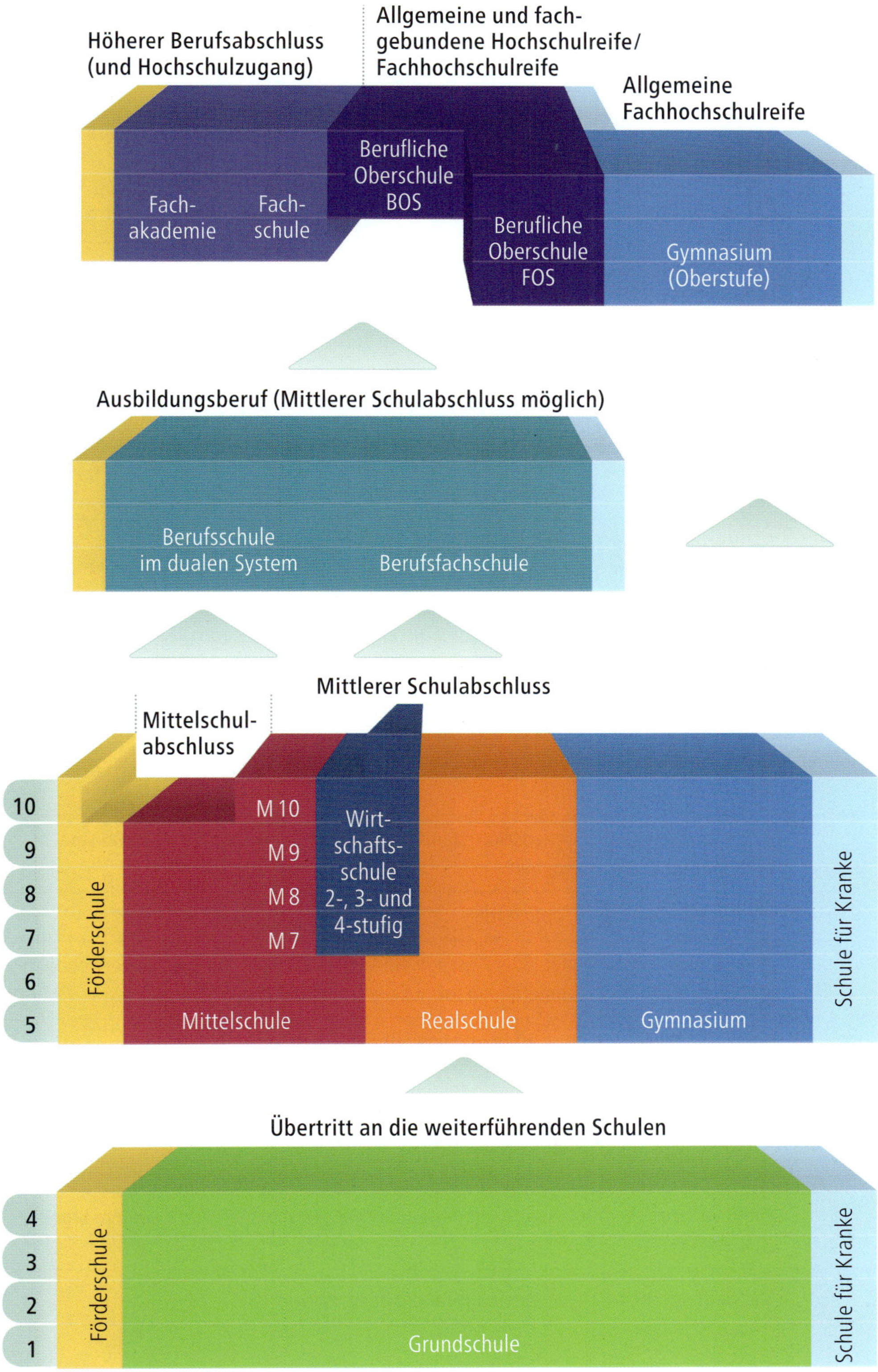
Höherer Berufsabschluss (und Hochschulzugang)
Allgemeine und fachgebundene Hochschulreife/ Fachhochschulreife
Allgemeine Fachhochschulreife
Fachakademie
Fachschule
Berufliche Oberschule BOS
Berufliche Oberschule FOS
Gymnasium (Oberstufe)
Ausbildungsberuf (Mittlerer Schulabschluss möglich)
Berufsschule im dualen System
Berufsfachschule
Mittlerer Schulabschluss
Mittelschulabschluss
10
9
8
7
6
5
M 10
M 9
M 8
M 7
Wirtschaftsschule 2-, 3- und 4-stufig
Förderschule
Mittelschule
Realschule
Gymnasium
Schule für Kranke
Übertritt an die weiterführenden Schulen
4
3
2
1
Förderschule
Grundschule
Schule für Kranke

ERLÄUTERUNGEN ZU DEN OPERATOREN

Operator	Bedeutung / Erwartung
abgrenzen	unterschiedliche Sachverhalte begründet voneinander trennen
ableiten	auf der Grundlage wesentlicher Merkmale sachgerechte Schlüsse ziehen
abwägen	nach bestimmten Kriterien Gemeinsamkeiten und/oder Unterschiede ermitteln, einander gegenüberstellen und vergleichen
analysieren	wichtige Bestandteile oder Eigenschaften von Sachverhalten und Problemstellungen systematisch, gezielt und wertfrei herausarbeiten
anwenden	erworbenes Wissen sowie Fähigkeiten auf eine neue Aufgaben- beziehungsweise Problemstellung beziehen
auf etwas schließen	auf der Grundlage wesentlicher Merkmale sachgerechte Schlüsse ziehen
aufstellen	Sachverhalte zu einem bestimmten Zweck ordnen, formieren
auswählen	zutreffende Informationen aus mehreren Alternativen herausfinden
auswerten	Aussagen, Daten oder Einzelergebnisse in einen Zusammenhang stellen und gegebenenfalls zu einer abschließenden Gesamtaussage zusammenführen
begründen	hinsichtlich Ursachen und Auswirkungen nachvollziehbare Zusammenhänge herstellen
belegen	etwas durch ein Dokument, eine Berechnung, ein Gesetz oder Ähnliches nachweisen bzw. beweisen
beschreiben	einen Sachverhalt in eigenen Worten unter Berücksichtigung der Fachsprache sprachlich angemessen wiedergeben
bestimmen	etwas ermitteln, klären, definieren
beurteilen	zu einem Sachverhalt oder einer Aussage ein selbstständiges Urteil unter Verwendung von Fachwissen und Fachmethoden formulieren und begründen
charakterisieren	Sachverhalte in ihren Eigenarten erkennen und beschreiben
darstellen	einen erkannten Zusammenhang oder Sachverhalt strukturiert wiedergeben
definieren	die Bedeutung eines Begriffs unter Angabe unveränderlicher Merkmale präzise bestimmen
diskutieren	einen Sachverhalt untersuchen und das Für und Wider abwägen, um zu einem Ergebnis zu kommen
einordnen	Sachverhalte begründet in einen Zusammenhang stellen

Operator	Bedeutung / Erwartung
einschätzen	etwas in bestimmter Weise beurteilen
entscheiden	bei Alternativen sich begründet auf eine Möglichkeit festlegen
entwickeln	zu einem Sachverhalt / einer Problemstellung ein konkretes Lösungskonzept begründet erstellen
erklären / erläutern	Informationen und Sachverhalte so darstellen, dass Bedingungen, Ursachen, Folgen und Gesetzmäßigkeiten verständlich werden
ermitteln	Zusammenhänge oder Lösungswege aufzeigen, um daraus ein Ergebnis zu gewinnen
erstellen	Sachverhalte übersichtlich und fachgerecht erstellen
formulieren	etwas in eine angemessene sprachliche Form bringen
herausarbeiten	aus Materialien bestimmte Sachverhalte bzw. Positionen ermitteln und darstellen – auch wenn sie nicht explizit genannt werden
interpretieren	Sinnzusammenhänge aus Materialien erschließen
konkretisieren	etwas im Einzelnen ausführen, näher bestimmen, verdeutlichen
nachweisen	Aussagen oder Sachverhalte durch Berechnungen, Herleitungen beziehungsweise logische Begründungen bestätigen
nennen	Informationen, Begriffe, Merkmale, ... ohne Erklärung wiedergeben
prüfen / überprüfen	Fragestellungen, Sachverhalte oder Probleme nach fachlich üblichen Kriterien beurteilen
recherchieren	aus Quellen geeignete Informationen auswählen
sammeln	zu einer neuen Fragestellung Ideen zusammentragen
skizzieren	die wesentlichen Eigenschaften eines Sachverhalts darstellen
Stellung nehmen	ausgehend vom Sachurteil, unter Einbeziehung individueller Wertmaßstäbe, zu einem begründeten Werturteil kommen
systematisieren	Informationen ordnen sowie Zusammenhänge aufdecken und darstellen
unterscheiden	anhand von Kriterien Sachverhalte voneinander abgrenzen
vergleichen	Gemeinsamkeiten, Ähnlichkeiten und Unterschiede ermitteln und gegenüberstellen
vervollständigen	geeignete Begriffe und / oder Zahlen in Belege, Texte, Grafiken, Tabellen, usw. sinnvoll ergänzen
zuordnen	Sachverhalte begründet in einen vorgegebenen Zusammenhang stellen
zusammenfassen	den inhaltlichen Kern kurz und übersichtlich wiedergeben

GLOSSAR

A

Aktie
Wertpapier, das den Anteil an einer Aktiengesellschaft bescheinigt

Angebot
Menge an Gütern und Dienstleistungen, die auf einem Markt bereitgestellt werden. Im Preis-Mengen-Diagramm werden die vielen Anbieter zusammengefasst dargestellt.

Angeklagter
Person, die in einem Strafverfahren beschuldigt wird, eine Straftat begangen zu haben

Anschreiben
hier: Teil einer schriftlichen Bewerbung, der in Textform das Interesse und die Eignung an der ausgeschriebenen Stelle darlegt

Arbeit
Begriff, der meistens für Erwerbsarbeit zur Sicherung des Lebensunterhalts verwendet wird. Sie umfasst u. a. geistige und körperliche, aber auch gelernte und ungelernte Arbeit.

Arbeitsangebot
Angebot an Erwerbsarbeit der privaten Haushalte

Arbeitsmarkt
bezeichnet das Aufeinandertreffen von Arbeitsangebot und Arbeitsnachfrage

Arbeitsnachfrage
Nachfrage nach Erwerbsarbeit durch die Unternehmen und den Staat

Assessmentcenter
strukturiertes Testverfahren mit verschiedenen Aufgaben zur Auswahl neuer Mitarbeiter

Automatisierung
Übertragung von Teilen des Produktionsprozesses vom Menschen auf technische Systeme

B

Bedürfnis
Mangelgefühl mit einem Drang, diesen Mangel zu beseitigen

Beruf
Tätigkeit, die ein Mensch in der Regel gegen Entgelt erbringt bzw. für die er ausgebildet oder berufen ist

Besitz
bezeichnet die tatsächliche Herrschaft über eine Sache

Biosiegel
Qualitätssiegel, welche Informationen über ökologische Faktoren der Herstellung geben, z. B. über den Einsatz von Pestiziden oder artgerechte Tierhaltung

Bruttoeinkommen
Einkommen vor Abzug der Steuern, Sozialabgaben und sonstiger Abgaben

Bundesagentur für Arbeit
Bundesbehörde, die sich unter anderem um Arbeitsvermittlung und Arbeitsförderung kümmert

Bundesfreiwilligendienst (BufDi)
wurde als Ersatz für den Zivildienst geschaffen und ist auch für ältere Bewerber zugänglich

Bürgerliches Gesetzbuch (BGB)
regelt die Rechte und Pflichten der Bürger untereinander

C

chronologischer Lebenslauf
Lebenslauf, gegliedert nach der tatsächlichen zeitlicher Abfolge

Cookies
kleine Dateien, die Webseiten auf dem Computer des Nutzers speichern. Sie enthalten Informationen über Aktionen des Nutzers während seines Besuches auf der Webseite.

D

Deliktsfähigkeit
Fähigkeit, für einen verursachten Schaden zur Verantwortung gezogen werden zu können

Demographischer Wandel
Veränderung der Altersstruktur der Bevölkerung eines Landes

Dienstleistung
Tätigkeit oder Leistung (z. B. Haare schneiden), die gegen ein Entgelt angeboten wird

Digitalisierung
beschreibt den zunehmenden Einsatz digitaler Systeme in der Wirtschaft und allen anderen Lebensbereichen

Dispokredit
vom Kreditinstitut eingeräumter Überziehungsspielraum des Girokontos

Dividende
auf eine Aktie entfallender Anteil vom Gewinn einer Aktiengesellschaft, der an die Aktionäre verteilt wird

Duale Ausbildung
Ausbildung an zwei Ausbildungsorten: Berufsschule zum Erwerb theoretischen Fachwissens und Betrieb zum Erwerb praktischer Fertigkeiten

Effektiver Jahreszins
(auch Effektivzins) umfasst sämtliche Kosten, die jährlich für einen Kredit anfallen. Neben dem Zinssatz wird dabei z. B. auch das Disagio miteinbezogen.

E

Eigentum
bezeichnet die rechtliche Herrschaft über eine Sache

Eigentumsrechte
In der sozialen Marktwirtschaft ist das Privateigentum gewährleistet und grundsätzlich geschützt. Gleichzeitig wird aber auch die Sozialpflichtigkeit des Eigentums betont.

Eigentumsvorbehalt
vertraglicher Vorbehalt, nach dem eine verkaufte und übereignete Sache bis zur vollständigen Bezahlung des Käufers Eigentum des Verkäufers bleibt

Entschuldigungsgründe
Gründe, die eine tatbestandsmäßige und rechtswidrige Tat entschuldigen können, z. B. entschuldigender Notstand

Erfüllungsgeschäft
Rechtsgeschäft, das der Erfüllung einer Schuld dient.

Erziehungsberechtigte
Person, die das Erziehungsrecht für einen Minderjährigen hat

Erziehungsmaßregeln
unterste Stufe der Sanktionen des Jugendstrafrechts aus Anlass der Straftat eines Jugendlichen (Weisungen und Anordnungen), vgl. §§ 9 ff. JGG

F

Fachkräftemangel
Zustand einer Wirtschaft, bei dem viele Stellen nicht besetzt werden können, weil entsprechend qualifizierte Mitarbeiter auf dem Markt fehlen

Fairtrade
Bei fairem Handel wird gewährleistet, dass benachteiligte Produzenten in den Herstellerländern gerecht bezahlt werden sowie deren soziale Rechte gesichert werden. Fairtradesiegel garantieren eine Herstellung unter diesen Bedingungen.

Fakeshop
ein vermeintlicher Online-Händler, der seine Ware meist zu sehr günstigen Preisen gegen Vorauskasse anbietet. Meist werden die Waren dann nicht oder nicht in der versprochenen Qualität geliefert.

Fallstudie
(oft Teil eines Assessmentcenters) Bearbeitung eines Falles aus verschiedenen Blickwinkeln, um Fähigkeiten der Problemlösung zu demonstrieren

Forderungen
Anspruch auf eine Leistung

Freie Marktwirtschaft
Wirtschaftssystem, in dem wirtschaftliche Entscheidungen durch Angebot und Nachfrage auf dem freien Markt getroffen werden

Freiwilliges soziales / Ökologisches Jahr (FsJ/FÖJ)
Freiwilligendienst auf Länderebene im sozialen / ökologischen Bereich für junge Erwachsene bis 26 Jahre

G

Gebot
zu befolgende Anweisung, etwas zu tun

Generationenkonflikt
Das zahlenmäßig unausgeglichene Verhältnis zwischen Jung und Alt birgt die Gefahr eines Konflikts zwischen den Generationen. Dadurch entstehen große Finanzierungsprobleme für die gesetzliche Sozialversicherung (v.a. für die gesetzliche Rentenversicherung).

Generationenvertrag
bei der Rentenversicherung geltender Grundsatz, dass die derzeit Arbeitenden die Rentenzahlungen für die Rentner erarbeitet

Geschäftsfähigkeit
Fähigkeit, Rechtsgeschäfte selbstständig wirksam vornehmen zu können

Gesetz
Verbindliche Regeln, die vom Gesetzgeber, z. B. dem Bundestag oder dem Bayerischen Landtag, erlassen werden

Girocard
Bankkarte (auch „EC-Karte" oder „Girokarte") mit der man in Geschäften bargeldlos bezahlen und am Geldautomaten Bargeld abheben kann

Girokonto
Konto bei der Bank, über das der tägliche bargeldlose Zahlungsverkehr abgewickelt wird

Gläubigerpapier
(= Schuldverschreibungen) Wertpapier, das dem Inhaber bescheinigt, eine Forderung gegenüber dem Aussteller des Wertpapiers zu haben

Grundgesetz
höchstes Gesetz in Deutschland (geltende Verfassung der Bundesrepublik Deutschland)

Güter
Mittel zur Befriedigung von Bedürfnissen. Die Preise der Güter sind ein Maßstab für deren Knappheit.

H

Hard Skills
berufsspezifische Fachkompetenzen

Heranwachsende (im Sinne des Rechts)
Person zwischen 18 und unter 21 Jahren

Homeoffice
flexibles Arbeiten von Zuhause

J

Jahreseinkommen
Gesamtheit aller Einkünfte, die innerhalb eines Jahres erzielt wurden

Jugendgerichtsgesetzt (JGG)
Gesetz, das die Sonderregelungen für Jugendliche und Heranwachsende bei Straftaten beinhaltet

Jugendhilfe
fördert Jugendliche in ihrer Entwicklung und hilft jungen Erwachsenen in besonders schwierigen Situationen, z. B. bei einem Gerichtstermin

Jugendschutzgesetz (JuSchG)
Gesetz, das Kinder und Jugendliche vor negativen Einflüssen in der Öffentlichkeit und den Medien schützt

Jugendstrafe
speziell für und Heranwachsende konzipierte Freiheitsstrafe, vgl. §§ 17 ff. JGG

Jugendstrafrecht
Sonderstrafrecht für Jugendliche und für heranwachsende Straftäter, bei dem der Erziehungsgedanke im Vordergrund steht

K

Kennzeichnungspflicht
Bestimmungen, welche den Vergleich von Produkten vereinfachen. Es gibt sie u. a. bei Lebensmitteln und Textilien. Sie geben Informationen z. B. über Inhaltsstoffe und Herkunft.

Kind (im Sinne des Rechts)
Person unter 14 Jahren

Konsum
bezeichnet den Übergang von Gütern an die Verbraucher

Kreditkarte
Zahlungskarte, die weltweit zur bargeldlosen Zahlung und zur Bargeldbeschaffung an Geldautomaten eingesetzt werden kann

Kurs
Preis für Wertpapiere oder andere vertretbare Güter, die an einer Börse gehandelt werden

Kundenrezension
Bewertung einer Sache aus der Sicht des Kunden. Sie sind vor allem in Online-Shops üblich.

L

Lebenslauf
Teil einer schriftlichen Bewerbung zur Auflistung der wichtigsten individuellen Daten und Lebensstationen einer Person

Liquidität
Fähigkeit eines Unternehmens, seine Schulden rechtzeitig zu begleichen

M

Marketing
gezielte Ausrichtung aller Unternehmensaktivitäten auf den Kunden, um den Absatz zu steigern

Markt
realer oder virtueller Ort, an dem Angebot und Nachfrage aufeinandertreffen. Das Grundprinzip des Marktes ist der Tausch.

Minderung
Herabsetzung des Kaufpreises bei mangelhafter Leistung. Die Minderung wahrt das Wertverhältnis des tatsächlichen Zustandes zum mangelfreien Zustand.

N

Nachfrage
Menge an Gütern und Dienstleistungen, die für einen bestimmten Preis nachgefragt werden. Im Preis-Mengen-Diagramm werden die vielen Nachfrager zusammengefasst dargestellt.

Nachhaltigkeit
umsichtige Verwendung von Gütern in der Herstellung und bei deren Nutzung, um den Fortbestand einer wirtschaftlichen oder ökologischen Einheit langfristig zu sichern

Nettoeinkommen
Einkommen, das dem Arbeitnehmer nach Abzug der Steuern und sonstiger Abgaben zur freien Verfügung steht

O

Online Bezahlsysteme
internetbasierte elektronische Zahlungsarten

Ordnungsfunktion des Rechts
Aufgabe des Rechts, durch Regelungen Ordnung zu schaffen

Ordnungswidrigkeit
vorsätzliche oder fahrlässige Handlungen oder Unterlassungen, die einen als ordnungswidrig bestimmten Tatbestand erfüllen

Öffentliches Recht
Teil der Rechtsordnung, der die Rechtsbeziehungen zwischen dem Staat und den Bürgern regelt

P

Paragraf
Abschnitt eines Gesetzestextes

Personalisierte Werbung
individuelle Werbung, die direkt auf den Kunden und dessen Interessen ausgerichtet ist, z. B. Retargeting

Pflichtverletzung
Nichteinhaltung einer vertraglich festgeschriebenen Pflicht

Preis-Mengen-Diagramm
Diagramm zur Veranschaulichung der Preisbildung mithilfe von Angebot und Nachfrage. Auf der x-Achse ist dabei die Menge und auf der y-Achse der Preis abgetragen. Der Gleichgewichtspreis ist der Preis, bei dem sich Angebot und Nachfrage treffen.

Preisangabenverordnung
Beispiel für eine gesetzliche Kennzeichnungspflicht. Die Preisangabenverordnung erlaubt ein einfaches Vergleichen der Preise durch den Bezug auf einen einheitlichen Grundwert (z. B. Preis pro 100 g).

Preissuchmaschinen
Seiten im Internet, die für den User einen Online-Preisvergleich zu einem gewünschten Produkt durchführen

Privater Haushalt
wirtschaftlich handelnde Personen oder Personengemeinschaften, die auf Märkten als Anbieter von Arbeitskraft und als Nachfrager von Gütern auftreten

Privatrecht
Teil der Rechtsordnung, der die Rechtsbeziehungen zwischen den Bürgern regelt

Q

Qualitätssiegel
ein Zeichen, das eine gewisse Qualität der Ware (z. B. Bio-Siegel) oder der Homepage (z. B. Trusted Shops) verspricht

R

Ratenkauf
Vereinbarung zwischen Verkäufer und Käufer, den zu entrichtenden Betrag nicht in einer Summe, sondern in mehreren Teilzahlungen (Raten) zu begleichen

Rechtfertigungsgründe
Gründe, die eine tatbestandsmäßige Tat rechtfertigen können, z. B. Notwehr

Rechtsfähigkeit
Fähigkeit, Rechte und Pflichten zu haben

Rechtsfolge
Bestandteil einer Rechtsnorm, der angibt, welche rechtlichen Folgen sich ergeben, wenn alle Voraussetzungen dafür erfüllt sind

Rechtsnorm
gesetzliche Regelung

Rechtsordnung
Gesamtheit aller Rechtsnormen in einem Staat

Rechtssicherheit
Sicherheit, die dadurch besteht, dass die Rechtsordnung klar, bestimmt und beständig ist und umstrittene Rechtsfragen in angemessener Zeit geklärt werden

Rechtsstaatlichkeit (Grundsätze)
In einem Rechtsstaat wie Deutschland gelten Grundsätze der Rechtsstaatlichkeit, diese sind z. B. das Rechtmäßigkeitsprinzip, Rechtssicherheit, Gleichheit vor dem Gesetz, das Willkürverbot sowie Rechtsschutz durch unabhängige Gerichte.

Rendite
Differenz zwischen Aufwand und Ertrag bei einer Geldanlage

Rentabilität
Ertrag im Verhältnis zum eingesetzten Kapital

Rente
Einkommen, das ohne aktuelle Gegenleistung bezogen wird, z. B. als Ruhegehalt nach dem Arbeitsleben

Retargeting
Online-Marketingmaßnahme. Nach dem Besuch einer Produktseite wird dem User beim weiteren surfen im Internet immer wieder Werbung zu dem vorher angeklickten Produkt gezeigt. Ermöglicht wird das u. a. durch das Speichern von Cookies auf dem lokalen Rechner.

Rücktritt
Zurücktreten von einem bereits geschlossenen Vertrag

S

Sachmangel
Pflichtverletzung, bei der die vereinbarte Leistung zwar erbracht wird, allerdings einen Mangel enthält

Sachverhalt
alle Tatsachen und Umstände, die für die rechtliche Lösung eines Rechtsfalls von Bedeutung sind

Schadensersatz
Ausgleichsleistung für einen entstandenen Schaden

Schuldfähigkeit
Fähigkeit einer Person, das Unrecht einer Tat einzusehen und nach dieser Einsicht zu handeln

Schutzfunktion des Rechts
Aufgabe des Rechts, durch Regelungen den jeweils Schwächeren zu schützen

Soft Skills
berufsunabhängige (persönliche und soziale) Schlüsselqualifikationen

Soziale Marktwirtschaft
Wirtschaftssystem, das die Freiheit auf dem Markt mit der Idee des sozialen Ausgleichs verbindet

Soziale Sicherung
Unterstützung für den Einzelnen in Notlagen, die aus eigener Kraft nicht mehr bewältigt werden können (z. B. bei Krankheit, Unfall, Pflegebedürftigkeit, Arbeitslosigkeit oder Alter)

Sozialstaat
Ein Staat, der sich um soziale Gerechtigkeit bemüht und die soziale Sicherheit seiner Bürgerinnen und Bürger anstrebt.

Sozialversicherungssystem
Bezeichnung für die Gesamtheit gesetzlicher Pflichtversicherungen in Deutschland (Arbeitslosen-, Renten-, Kranken-, Pflege- und Unfallversicherung). Sozialversicherungspflichtig sind alle abhängig Beschäftigten. Die Versicherungsbeiträge teilen sich Arbeitgeber und Arbeitnehmer.

Strafgesetzbuch (StGB)
Gesetz, das festlegt, welche Taten bestraft werden und welche Strafe festzulegen ist

Strafmonopol
Der Staat ist alleinig rechtlich dafür zuständig, Straftaten gesetzlich zu definieren, Straftaten zu verfolgen, die Täter mit Strafen zu belegen und die Strafen zu vollziehen.

Strafmündigkeit
vom Alter und der geistigen Reife abhängige Fähigkeit, für eine strafbare Handlung verantwortlich gemacht werden zu können

Strafprozess
gerichtliches Verfahren, in dem die Schuld oder Unschuld eines Angeklagten festgestellt und ein Urteil gefällt wird

Straftat
eine strafbare Handlung, die durch den Gesetzgeber mit Strafe bedroht ist. Bestandteile einer Straftat sind Tatbestandsmäßigkeit, Rechtswidrigkeit und Schuld.

Strafverfahren (auch Strafprozess)
gerichtliches Verfahren, in dem die Schuld oder Unschuld eines möglichen Täters festgestellt und ein Urteil gefällt wird. Es besteht aus dem Ermittlungsverfahren, dem Zwischenverfahren und der Hauptverhandlung.

Strafzwecktheorien
Ansätze, um den Sinn und Zweck einer Strafe zu erklären

Subsumtion
Zuordnung eines Sachverhalts zu den Tatbestandsmerkmalen einer Rechtsnorm. Wenn alle Tatbestandsmerkmale einer Rechtsnorm erfüllt sind, tritt die Rechtsfolge ein.

T

Tatbestandmerkmal
Voraussetzung, die erfüllt sein muss, damit die Rechtsfolge einer Rechtsnorm eintritt

Tatverdächtiger
Person, die beschuldigt wird, eine Straftat begangen zu haben

Teilhaberpapier
Wertpapier, das die Beteiligung an einem Unternehmen bescheinigt, z. B. Aktie

Transaktionen
Übertragung von Leistungen oder Gütern von einem Akteuren auf einen anderen (z. B. Unternehmen, private Haushalte)

U

Umlageverfahren
Methode zur Finanzierung von Sozialversicherungen, speziell der Altersvorsorge. Die eingezahlten Beiträge werden unmittelbar an die Leistungsempfänger wieder ausbezahlt.

Unerlaubte Handlung
Handlung, die ein Recht eines anderen verletzt und ihm dadurch einen Schaden zufügt

Überschuldung
liegt vor, wenn das Vermögen und das Einkommen eines Schuldners nicht ausreichen, um die bestehende n Schulden zurückzuzahlen.

V

Verbot
zu befolgende Anweisung, etwas zu unterlassen

Verbraucher
Person, die ein Rechtsgeschäft vorwiegend für ihren privaten Nutzen abschließt

Verbraucherportale
Webseiten, die Verbraucher informieren. Die meisten Portale haben eine spezielle Ausrichtung, z. B. auf Testergebnisse oder Preisvergleiche.

Verbraucherzentralen
Vereine, die sich aufgrund eines staatlichen Auftrags mit dem Verbraucherschutz befassen und Beratungs- und Informationsleistungen erbringen

Vereinigungstheorie:
Die Verbindung von Elementen verschiedener Strafzwecktheorien, bei der Ansätze sowohl mit Blick auf die Zukunft des Täters und der Gesellschaft als auch auf eine Vergeltung der Tat vereinigt sind.

Verfassung
Das oberste Gesetz eines Landes. In Deutschland heißt die Verfassung „Grundgesetz"

Verjährung
nach Ablauf einer festgeschriebenen Frist (z. B. 2 Jahre) erfolgter Verlust der Möglichkeit, einen Anspruch durchzusetzen

Verpflichtungsgeschäft
Rechtsgeschäft, das eine Verbindlichkeit (Schuld) begründet

Vertrag
durch übereinstimmende Willenserklärung zustande gekommene Einigung von mindestens zwei (juristischen) Personen

VPN (Virtuelles Privates Netzwerk)
ein in sich geschlossenes Netzwerk, das eine verschlüsselte Übertragung von Informationen über das Internet ermöglicht. Bei der Nutzung freier oder öffentlicher WLAN-Hotspots ist so eine sichere Kommunikation möglich.

W

Willenserklärung
Äußerung des Willens mit dem Ziel, rechtlich etwas zu erreichen

Wirtschaftsordnung
Setzt sich zusammen aus den Regeln und Institutionen, die die Rahmenbedingungen wirtschaftlichen Handelns abstecken. Klassisch werden v. a. Fragen der Eigentumsrechte, der Preisbildung und der Steuerung von Wirtschaftsprozessen entschieden.

Wirtschaftswachstum
Zunahme der wirtschaftlichen Leistung

Z

Zinsen
Preis für die vorübergehende Überlassung von Geld

Zuchtmittel
bestimmte Sanktionen des Jugendstrafrechts, wenn Erziehungsmaßregeln nicht ausreichend erscheinen und dem Täter eindringlich zum Bewusstsein gebracht werden muss, dass er für das von ihm begangene Unrecht einzustehen hat (Verwarnungen, Auflagen oder Jugendarrest), vgl. §§ 13 ff. JGG

REGISTER

BILDNACHWEIS

123rf.com / nerthuz – S. 31 / AdobeStock / DOC RABE Media – S. 90; – / DWP – S. 110; – / GrafKoks – S. 90; – / LIGHTFIELD STUDIOS – S. 101; – / STUDIO GRAND WEB – S. 110 / AllFacebook.de / https://allfacebook.de/fbmarketing/facebook-retargeting-Strategien – S. 81 / Alnatura Produktions- und Handels GmbH – S. 86

Baaske Cartoons, Müllheim / Mester – S. 93 / Bankenverband – S. 92 (2) /Wolfgang Berger, Filderstadt – S. 121 / Bioland e. V. – S. 86 / Bundesinstitut für Bevölkerungsforschung | Demografieportal – S. 65 / Bundesministerium der Justiz und für Verbraucherschutz – BMJV – S. 147 / Bundesministerium für Landwirtschaft und Ernährung – S. 86

cartoonstock / Dave Allen – S. 123 / check24.de – S. 77

demeter e. V. – S. 86 / dm-drogeriemarkt – S. 86 / dpa Picture-Alliance / imageBROKER, Barbara Boensch – S. 101; – / imageBROKER, Raimund Kutter – S. 101; – / Julian Stratenschulte – S. 104; – / Westend61, Frank Röder – S. 84

EHI Retail Institute GmbH – S. 76 / Ludwig Erhard, Wohlstand für alle © 2020 Econ Verlag in der Ullstein Buchverlage GmbH, Berlin – S. 57 / EU-Kommission – S. 86

FFW Markt Grassau – S. 150

Getty Images Plus / iStock Editorial, David_Bokuchava – S. 84; – / iStock Editorial, LewisTsePiuLung – S. 84; – / iStock Editorial, tichr – S. 136; – / iStock Unreleased, Joel Carrilet – S. 84; – / iStockphoto, AaronAmat – S. 24, 26, 29; – / iStockphoto, AlexRaths – S. 60, 134; – / iStockphoto, Anayivanova – S. 34; – / iStockphoto, Andrey Popov – S. 110; – / iStockphoto, Animaflora – S. 137, 148; – / iStockphoto, AntonioGuillem – S. 34, 110; – / iStockphoto, artolympic – S. 115; – / iStockphoto, chengyuzheng – S. 30; – / iStockphoto, Chris Ryan – S. 135; – / iStockphoto, Cobalt88 – S. 73; – / iStockphoto, Deagreez – S. 123; – / iStockphoto, Detailfoto – S. 102; – / iStockphoto, dragana991 – S. 41; – / iStockphoto, Evgen_Prozhyrko – S. 108; – / iStockphoto, fizkes – S. 14; – / iStockphoto, Guzaliia Filimonova – S. 138; – / iStockphoto, Harvepino – S. 54; – / iStockphoto, Highwaystarz – S. 33; – / iStockphoto, hiphoto40 – S. 84; – / iStockphoto, industryview – S. 34, 148; – / iStockphoto, iStock-r – S. 84; – / iStockphoto, itsajoop – S. 148; – / iStockphoto, JackF – S. 48, 117; – / iStockphoto, Jacob Wackerhausen – S. 22; – / iStockphoto, Jucksy – S. 90; – / iStockphoto, Kwangmooza – S. 97; – / iStockphoto, LightFieldStudios – S. 124 (2); – / iStockphoto, Ljupco – S. 10; – / iStockphoto, LuckyBusiness – S. 58; – / iStockphoto, MangoStar_Studio – S. 118; – / iStockphoto, Milkos – S. 117; – / iStockphoto, monkeybusinessimages – S. 12, 84; – / iStockphoto, mrohana – S. 148; – / iStockphoto, Nikolay_Popov – S. 124; – / iStockphoto, photobac – S. 117; – / iStockphoto, Poike – S. 117; – / iStockphoto, scanrail – S. 75; – / iStockphoto, SeanPavonePhoto – S. 54; – / iStockphoto, solar22 – S. 138; – / iStockphoto, tiler84 – S. 118; – / iStockphoto, tommaso79 – S. 148; – / iStockphoto, valeo5 – S. 31; – / iStockphoto, VGL – S. 83; –/ iStockphoto, ViewApart – S. 70; – / iStockphoto, Vladimiroquai – S. 31 (2); – / iStockphoto, Wavebreakmedia – Cover; – / Stockbyte, Jupiterimages – S. 34; – / Valeuline, David De Lossy – S. 100

Chaz Hutton, Selbstklebende Wahrheiten © 2017 für die deutsche Ausgabe: DuMont Buchverlag, Köln, S. 14 – S. 11

imago images / Manngold – S. 102; – / Rene Traut – S. 94; – / Sascha Ditscher – S. 102 / iStockphoto / Hispanolistic – S. 110; – / Mypurgatoryyears – S. 110; – / skynesher – S. 98; – / zu_09 – S. 148

© marketoonist / Tom Fishburne – S. 79 / mauritius images / Alamy Stock Photo, Kevin Britland – S. 98; – / Juice Images, IanLishman – S. 98 / Mittelbayerische Zeitung / Johannes Schiedermeier – S. 139

Naturland – Verband für ökologischen Landbau e. V. – S. 86 / Netto Marken-Discount – S. 86

© Christiane Pfohlmann – S. 133

REWE Group – S. 86

shutterstock.com / Ariana P Habich – S. 46; – / Dubo – S. 33; – / eurobanks – S. 108; – / Konstantin Savusia – S. 141; – / Syda Productions – S. 98 / statista GmbH, Hamburg – S. 78 / © STC Research – S. 64 / Klaus Stuttmann, Berlin – S. 69

TransFair e. V., Köln – S. 85 / TSV München von 1860 – S. 94 (4)

Visum Foto GmbH, Hamburg / Holde Schneider – S. 116 (3), 118, 126